城市不动产的创新集聚效应研究

程小燕　著

山东人民出版社·济南
国家一级出版社　全国百佳图书出版单位

图书在版编目（CIP）数据

城市不动产的创新集聚效应研究/程小燕著．—济南：山东人民出版社，2019.8

ISBN 978-7-209-12272-6

Ⅰ．①城… Ⅱ．①程… Ⅲ．①城市经济－不动产－产业发展－研究－中国 Ⅳ．①F293.3

中国版本图书馆CIP数据核字（2019）第180136号

责任编辑：王　路
封面设计：琥珀视觉

城市不动产的创新集聚效应研究
程小燕　著

主管部门　山东出版传媒股份有限公司
出版发行　山东人民出版社
社　　址　济南市英雄山路165号
邮　　编　250002
电　　话　总编室（0531）82098914
　　　　　市场部（0531）82098027
网　　址　http：//www.sd-book.com.cn
印　　装　三河市华东印刷有限公司
经　　销　新华书店

规　　格　16开（710mm×1000mm）
印　　张　16
字　　数　192千字
版　　次　2019年8月第1版
印　　次　2020年1月第1次
ISBN 978-7-209-12272-6
定　　价　68.00元
　　　　　如有印装质量问题，请与出版社总编室联系调换。

摘 要

中国社会经济的快速发展推动人口从欠发达地区向经济发达地区流动。以人口为核心的创新要素越来越明显地突破组织、地域的界限，在全球范围内高速流动，最终在某些城市高度集聚，支配着城市空间结构的发展与重构，影响着城市不动产的增值或贬低。研究揭示了创新要素在城市间高速流动到重新配置，导致有些城市的创新集聚力持续增强与不动产不断增值，而另一些城市则是相反的时空演化规律。研究主要运用了固定效应回归、动态面板回归、面板分位数回归、广义矩估计回归、面板 VAR 模型等多种计量方法，结合国内外创新城区建设经典案例，从城市、区域两个层面分别进行了不动产的创新集聚效应研究，凝练出创新要素市场配置作用下不动产的动态优化路径，解决了在创新集聚作用下，城市不动产结构的优化路径问题。主要创新点包括五个方面。

1. 构建了 SCSCP 模型，揭示创新集聚作用下城市不动产价值分异的演化路径。

研究从全新视角揭示了中国城市不动产价值分异的根源，探求了城市不动产价值自组织持续提升的有效路径。具体运用城市形态理论、创新城市发展理论，将系统自组织理论与 SCP 经典模型相结合，构建完成创新集聚对不动产市场影响机理的 SCAP，城市不动产价值自组织提升的 SCSCP 模型，模型揭示了在创新集聚要素影响下，不动产市场自组织发展的运行路径以及两种运行结果，重点明晰了不动产市场系统在不断调整的过程中，自发地从无序走向有序，由低级有序走向高级有序的演变过程，得出了创新集聚是导致城市不动产价值分异和市场量价分化的重要成因之一的研究结论。

2. 构建了 REP–IAA 与 REP–IAC 模型，揭示创新集聚能力与特质对不动产的显著作用。

从人文性、绿色性、智慧性、虹吸性四个方面刻画城市基本特征，构建了影响城市不动产价格的创新集聚能力模型，将影响不动产市场的城市创新集聚能力从经济基本面因素中进行剥离，并使用面板分位数回归模型，集中分析了创新集聚能力对城市房价的影响效应。进一步地，构建半参数模型，从城市创新集聚特质视角，利用广义矩估计方法建立线性和非线性结构中参数的相合估计，揭示了创新集聚特质对城市不动产价格的非线性影响机理，验证了创新集聚对城市房价、地价均具有显著直接影响作用的研究结论。

3. 构建了 REP–IAP 模型，揭示高新区创新集聚绩效对不动产的正向周期性推动作用。

研究选取了全国 22 个有代表性的高新技术开发区为样本，考察了创新集聚绩效对不动产市场的影响。研究选择了商业营业房地产与商务写字楼房地产，分别构建静态与动态面板数据模型，探讨创新集聚绩效对不同类型不动产的作用结果。结论表明，高新区经济发展规模的马太效应能更强效地吸引企业、人才等创新要素集聚于此，从而加速不动产价格的不断上升。

4. 构建了动态面板 VAR 模型，揭示创新集聚通过人口流动对不动产存在间接影响效应。

依据影响机理概念模型，具体选取创新集聚、人口流动、不动产市场三要素的代表性指标，并使用因子分析提取核心因子，进而构建面板 VAR 模型，探讨三者之间的因果联动关系，同时利用正交化脉冲响应和方差分解进行检验。结论表明，创新集聚通过人口流动对房价变化具有间接促进作用；同时，城市不动产结构对创新集聚有强反哺作用，不动产结构的持续优化会不断加速创新要素的再集聚。

5. 通过国内外创新城区建设经典案例，分析创新集聚作用下不动产结构的优化路径。

国外以全球第一创新城区巴塞罗那普布诺为例，国内选取上海创新城区为例，探讨了创新集聚影响下从老工业区到创新城区转型过程中，城市不动产的城区更新、经济复兴与社会再构的规划、动力和机制，从发展理念、更新内容、发展机制、实施路径等方面总结创新驱动不动产结构优化的模式，总结创新城区形成与发展过程中的动力机制、结构特征以及发展规律。

本书从创新集聚视角系统研究了城市间不动产价值空间区位分异，以及在创新集聚影响下，城市不动产结构的优化路径问题，一定程度上丰富了创新驱动的城市经济增长理论体系，为城市不动产优化决策提供了参考依据。

ABSTRACT

It has promoted the flow of population from underdeveloped areas to developed areas with the rapid development of China' s social economy. The innovative elements with population as the core are more and more clearly breaking through the boundaries of organization and region, moving rapidly in the world, and finally gathering in some cities, which dominates the development and reconstruction of urban spatial structure, and affects the value added or devaluation of urban real estate. The research reveals that the high speed flow to reconfiguration between cities leads to the continuous enhancement of the cohesiveness of innovation in some cities and the constant increment of the real estate, and the contrary time and space evolution in other cities.The research mainly uses the fixed effect regression,the dynamic panel regression,the panel quantile regression,the generalized moment estimation regression,the panel VAR model and so on, and studies the effect of innovation agglomeration of real estate from two levels of city and region, concretes the dynamic optimization path of real estate under the effect of market allocation of innovation factors, and solves the problem of optimization path of urban real estate structure under the effect of innovation agglomeration.

Major research and conclusions are as follows:

1. The SCSCP model is constructed to reveal the evolutionary path of urban real estate value differentiation under the effect of innovation

agglomeration.

The study employs urban morphological theory and innovation city development model theory, and integrates system self-organizing theory and SCP classic model to construct the conceptual model about the influence of innovation agglomeration on real estate market. The model reveals the running path and the running result of self-organizing development in real estate market under the influence of innovation agglomeration factors and clarifies the evolution process of real estate market system spontaneously from disorder to order and from a low level to a high level. The study concludes that innovation agglomeration is the main cause resulting in the rise of property price and the differentiation of property price.

2. The REP-IAA and REP-IAC models are constructed to reveal the remarkable effect of innovation agglomeration ability and characteristics on real estate.

The paper establishes the innovation agglomeration model which will affect the urban real estate price, dividing urban characteristics into four aspects of humanity, greenness, wisdom and innovation, and separates the feature of urban innovation that affects real estate market from economic fundamentals and analyzes the impact of technological innovation agglomeration on urban real estate with quantile regression model for panel data. Moreover, the paper builds semi-parametric model and establishes consistent estimate of linear and non-linear parameter with generalized method of moments to reveal how urban innovation agglomeration affects real estate price of the city.

3. The REP-IAP model is constructed to reveal the positive cyclical effect

of the innovation and agglomeration performance of high–tech zones on real estate.

The paper studies the impact of innovation performance output on real estate market among 22 typical high and new technology industrial development zone in China. Furthermore, the study constructs respectively static and dynamic panel data model for commercial business real estate and commercial office building to explore how innovation performance affects different types of real estate market. It is concluded that the economic development scale in high and new technology industrial development zone can attract efficiently enterprises and talents because of Matthew Effect, and consequently push the rising property prices. The conclusion shows that innovation agglomeration has a significant direct impact on urban housing prices and land prices.

4. The dynamic panel VAR model of innovation agglomeration through the indirect impact of population mobility on the real estate market is constructed to reveal the indirect effect of innovation agglomeration on real estate through population migration.

According to the influence mechanism model, the paper select the representative indexes of the three elements of innovation agglomeration, population flow and real estate market, and use factor analysis to extract core factors, and then construct the panel VAR model to explore the causal linkage between the three, and use the orthogonal impulse response and the square difference decomposition to test. The conclusion shows that the innovation agglomeration has an indirect effect on the change of house price through population flow. The continuous optimization of real estate structure will accelerate the re agglomeration of innovation elements, which has a certain inhibitory effect on the innovation agglomeration.

5. Through the classical cases of innovative urban construction at home and abroad, this paper analyses the optimization path of real estate structure under the effect of innovative agglomeration.

Taking Pupuno, Barcelona, the first innovative city in the world as an example, and Shanghai as an example, this book explores the planning, motive force and mechanism of urban real estate renewal, economic revival and social restructuring in the process of transformation from old industrial areas to innovative urban areas under the influence of innovative agglomeration. In terms of capacity, development mechanism and implementation path, this book summarizes the mode of innovation-driven real estate structure optimization, and summarizes the dynamic mechanism, structural characteristics and development law in the process of formation and development of innovative urban areas.

From the perspective of innovation agglomeration, this book systematically studies the spatial differentiation of urban real estate value and the optimization path of urban real estate structure under the influence of innovation agglomeration.The research findings will enrich the theoretical system of urban economic growth driven by innovation to some extent, and provides a reference for the optimization decision of urban real estate.

目 录

第一章　基础研究

第一节　绪论

1.1　研究背景与研究意义

1.1.1　研究背景

不动产（Real Estate）也称为房地产。不动产的市场条件处于动荡不定的变化之中，而不动产市场价值的效用、稀缺性及有效需求又受到市场参与者不断变化的行业和所关注事物的影响[1]。2015年的中国房地产市场，“去库存”“市场分化”无疑是核心关键字，国家首次将房地产去库存提升到战略高度，现状却是各城市间去库存任务轻重不同，急缓各异，进一步表现为各城市间房地产市场的荣衰不同，量价分化严重。2016年的中国房地产市场既有在商品房销售面积、销售额双创历史新高之喜；又存在开发投资增速缓、新开工面积增速低、结构调整速度慢之忧。迈进2017年，强分化仍旧是房地产市场的最主要特征，且有不断加剧之势，第1—11月商品房销售面积为14.7亿平方米，同比增长5.4%①，但主要集中在中部

① 数据来源：CREIS中指数据，fdc.fang.com。

地区。城市层面，一二线热点城市“一房难求”甚至“无房可卖”；非热点二线城市量价上升；去库存任务轻的城市复苏回暖；去库存任务重的城市量价逐渐见低。土地层面，总体供应增加，地价涨幅下降，不同城市土地供应分化加剧，不同房企拿地分化加深。房企层面，品牌房企销售业绩将再创新高，百亿、千亿房企继续扩容，市场份额达 50% 以上，因地价上涨较快，开发利润降低及市场竞争白热化，部分中小型房企、民企被迫逐步退出历史舞台。

房地产市场量价分化是不动产价值分异的直接表现，一二线城市房价大涨与三四线城市房地产库存压力加大，两种极端现象的并存，其深层次原因有待深究。房地产市场的荣衰，短期看金融，中期看土地，长期看人口。历年百度春节人口迁徙大数据地图中描绘的中国各城市在春节期间流入与流出人口的动态变化热力图，与第六次人口普查结论相似，集中表现为净流入人口更加集聚于京、沪、粤、深都市群以及成渝、西咸等大城市。从每年近千万大中专毕业生多数希望就业于大城市，劳动密集型产业用工荒及转移流向各大创新城市可窥知，流动人口的主体已成为就业于知识、技术密集型产业和高端服务业的员工及家属，就业与职业再选择已成为人口流动的主要原因，具有潜在创新能力的科研技术人员已成为流动人口的主力。

“明知房价高，仍要择其居”，已成为年轻人口流动的群体行为。2017 年 11 月，中国城市房价排行榜上，四个一线城市名列前四。根据智联招聘官网相关数据，对 2014 年部分高校毕业生的简历数据库进行分析，可知初次就业理想地集中在北京、上海、广州、深圳四大城市的普通高校毕业生已高达 54.1%，即一半以上的人数，而该项追踪数据在其毕业三年后再统计，已高达 57.3%。

面对如此高的房价，为什么还有这么多年轻人愿意到北、上、广、深进行打拼？QQ大数据统计显示，从2016年2月2日至2月25日，包括高校毕业生在内的所有年轻人中，2016年从全国各地首次到北、上、广、深四大城市进行打拼的人数增至1994万，新增率达到了21%，其中18岁至29岁的年轻人占到了总人数的70%，创历史新高。一二线城市不动产价值持续攀升与部分三四线不动产价值不断走低的分异；一线城市一房难求与部分三四线城市库存严重的明显对比，是城市化进程中不动产市场发展所面临的难题，更是保证不动产市场良性发展的研究重点。种种现象和数据表明，人口迁徙的群体行为，尤其是具有潜在创新能力的科技创新型青年人才的流动，加剧了全国各大主要城市不动产市场动态变化的荣衰差异程度，比如北京、上海、深圳等都市群的不动产市场长期繁荣，房价连年上涨，而类似鄂尔多斯、长春、海口、太原等城市不动产市场呈现长期衰退。突破仅讨论抑制一二线城市房价上涨和三四线城市去库存的对策研究旧议题，从新的视角和高度探究房价暴涨和房价滞胀共存的深层原因，将是本研究的第一个核心问题。何种原因驱动人口，尤其是技术创新专业性人才的选择性流动？人口集聚区所在城市的不动产结构有何重要的共性特征，为何具备这些结构特征的不动产市场会实现其自我调控与科学发展，从而保持市场的长期繁荣？横向比较，何种原因造成城市间不动产价值差别如此之大，其严重分化的根本之源在哪？以人才为核心的创新要素如积木般集聚在创新高地，形成一种合力提升创新绩效产出的同时，对城市不动产价值提升也起了关键性作用，具体提升路径是什么？创新要素的集聚，引起城市间不动产价值分异，由此引出本书研究的第二个核心问题：在创新集聚的作用下，城市不动产结构的具体优化模式与发展规律如何？依据创新城区核心特征，城市的不动产结构应如何优化，才能使城市焕发新活力，让更多的人才驻足这里。基于此，本书将从以下几点展开研究：基于创新集聚视角，分别以中国代表性城市与高新技术开发区为研究对象，从城市及区域两个层面探析城市间房市量价分化的深层次原因；分析创新集聚对不动产结构的作用机理，完成对应的模型构建与假设验证，厘清创新集聚对不动产结构的直接影响与间接影响效应；明晰创新集聚作用下不动产市场的运行结果，探求创新集聚度的增强和科技人才的集聚对城市不动产结构的规模性影响效应，以及区域不动产结构在创新集聚的强力作用下不断优化、实现科学发展的有效路径；最后，以国内外经典城市创新城区为例，具体分析与验证创新城市不动产结构优化的发展规律。

1.1.2 研究意义

理论方面，现有文献研究成果中有关房地产市场、房地产价格波动等的研究中，缺乏将创新集聚引入的解释和实证。本书一方面较好地将创新集聚与不动产市场研究理论整合起来，对城市纵向发展历程中房地产价格宏观上持续性走向研究进行理论补充，为中国当前不动产价值分异、市场分化严重的根源提供了一种新颖的解释，论证了创新集聚在不动产市场价格分化过程中的重要作用；另一方面，已有的研究中，没有将创新集聚与不动产市场两个基础概念放在同一研究文献中进行专项研究，而对创新集聚作为不动产市场影响因素的关注也很少，因此，论文的研究结论可以丰富城市不动产经济学理论，创新集聚理论的研究成果体系，同时弥补了城市化背景下不动产市场荣衰分化、价格畸态等难题研究的缺乏。

现实方面，本书研究结论从创新集聚视角解析了为什么会出现人才向不动产价格高的城市流动的矛盾态势，揭示了不动产市场兴衰空间分化形成的根源，探求出城市不动产可持续发展规律，从长远发展考虑，为不动产市场的供给侧改革提供了切实有效的解决方案，为根本解决城市化背景下城市不动产发展不均衡、“供需之差”严重错位等难题奠定了研究基础，为不动产的投资决策、国家的宏观调控、城市的微观管制提供借鉴参考，同时也对经济学上的规模经济效应、人口学的人口流动引擎力、城市学中的城市化发展进程等社会问题的认识提供一种新的认识思路与解决策略。

1.2 国内外研究现状

主题为创新要素集聚及城市化背景下不动产市场发展的研究文献很多，通过对 Emerald、ScienceDirect、Econlit、Springer Link、CNKI 及 Google 等文献数据库搜索，研究将所搜集到的相关文献从两个方面进行了归类。本节将在梳理不动产市场的影响因素与创新集聚研究相关文献的基础上，明确已有成果在解释不动产市场荣衰严重分化动因的主要功绩与不足，明晰本研究主题的历史背景、发展过程、现状、争论焦点所在以及重要学术意义与研究的可能创新之处，为解释创新集聚影响城市不动产这一核心问题及内在的机理研究找准切入点。

1.2.1 不动产市场影响因素文献综述

在对不动产市场荣衰影响因素的研究中，众多学者主要针对房地产从不同角度、不同层面进行了研究与探索，现将已有文献参照房地产影响因素性质分类方法，从房地产市场的经济基本面影响因素与房地产市场的非经济基本面影响因素两方面进行梳理。

（1）房地产市场的经济基本面影响因素

房地产业的发展离不开社会的发展，它在一定程度上受社会经济基本面因素的影响。许多研究文献认为，房价在长期能直观反映经济基本面的影响，并给出了实证证据。国外研究中，Maisel[2]（1963）认为在房地产市场中，住房的存量一般由家庭的数量和住房的空置率所决定，而住房的流量则更多地由家庭的结构变化和折损率等因素所决定，在收入、人口等外部因素发生变化时，会引起住房开工量、住房需求等因素的变化，住房供求关系的变化则会引起住房市场价格的波动。Muellbauer Murphy[3]

（1997）指出，在 1957—1994 年的英国，金融自由化、实际利率和收入预期是影响房价变动的三大主要原因。Jud Winkler（2002）的研究表明：居民的人均收入、房地产建造投资成本、人口数量与结构的变动、资本利率等经济基本因素对房价动态变化具有显著解释作用。Leung[4]（2003）提出，经济发展是房价上涨的重要原因，且这种增长在人口是否增长的情况下均显著。Miller Peng[5]（2006）以美国 277 个大都市区为研究对象，采用 1990Q1—2002Q4 数据对房价涨跌问题进行了研究。研究结论表明，大都市区产出增长率、人均收入和未来房价波动三者之间存在着传递的因果关系，即前者是后者的 Granger 因。Wheaton & Nechayev[6]（2008）从需求角度切入研究，结论表明收入增长、人口变动均对房价上涨有显著解释力，相对来说，利率对房价的影响则不太明显。Ismail et al.[7]（2008）以 MPKU（Majlis Perbandaran Kulai）地区为研究对象，通过构建空间计量模型，论证了该地区房价波动变化过程中存在明显的空间效应。Gonzalez Ortega[8]（2009）通过分析 1998—2008 年西班牙横跨各省的移民数量对房价的影响发现，移民对住房市场价格和住房新建数量有相当大的因果影响关系。1998—2008 年期间，西班牙各区流入的移民数平均大约为当地初始劳动人口的 17%，移民流入导致房价上涨了约 52%，新建住房数量增加了约 37%，房地产市场的繁荣大约三分之一归因于流入的移民。Holly et al.[9]（2010）认为，即使受到相同的冲击波的影响，不同区域的房价波动也会因地区的差异而有所不同。Brady[10]（2011）以加利福尼亚州为研究对象，通过构建动态空间面板数据模型进行定量分析，验证得出空间滞后因子回归系数显著的有效结论。通过 Kuethe T.H. Pede V.O.[11]（2011）的研究，验证了城市间空间效应不仅存在且对房价影响显著，相邻城市间的经济变量会对房价产生影响，且信息的有效性与及时性会加剧影响的显著性。Vansteenkiste Hiebert[12]（2011）以 10 个欧洲国家为研究样本，利用1989—2007年的季度数据，通过构建GVAR模型，验证各城市间影响要素的空间关联性。结论表明：这10个国家间房价存在关联关系，彼此间影响稳定且具有明显的溢出效应。Galati et al.[13]（2011）通过对住房的具体数据进行分析，验证了居民的主观房价除了与资本利率、通货膨胀率、人口失业率等宏观因素有关外，住房的具体区位、购房者的家庭结构及受教育程度、住房的建筑年限等微观因素也是影响房价的重要指标。Pivo et al.[14]（2011）重点指出，区位因素对房价存在显著影响作用，其中步行环境的好坏对房价具有1%~9%的影响。Debrezion et al.[15]（2011）利用特征价格模型，重点研究了城市的基础设施和交通对当地房地产价格波动的影响，最终得出城市公共服务设施、交通便捷性等基本特征对房价影响显著的有效结论。Bruyne Hove[16]（2013）指出，城市的房地产价格不仅与人均收入、城市人口密度等基本面因素相关，还受其与商业城区中心距离的影响，具体表现为距离越近房价越高。Gyourko Mayer Sinai[17]（2013）认为，房地产市场的供给侧方面缺乏必要的弹性；而从需求的角度来讲，一些高收入的群体进入又使得房价迅速上涨；二者间的失衡使得房价分化日益加剧。Huang [18]（2014）的研究表明，相比其他因素，FDI并不是上海房价上涨的主要原因。在Grum & Govekar（2016）[19]的研究中，法国、希腊、挪威和波兰等国家的房价与失业率显著相关，而在斯洛文尼亚，房价更多地与股票指数相关。Xiaolin Lu & Zhi Dong（2016）[20]的研究表明，房地产价格与国际短期资本流动之间存在着稳定的正相关关系：当房地产价格上升时，相关系数升高，短期国际资本进入；当价格出现下跌时，相关系数较低，国际资本退出。短期国际资本的进入将有助于房地产价格的上涨。Linda & Ineta [21]（2017）的研究表明，创业与房地产市场与经济发展密切相关，房地产市场的投资决策一定意义上影响创业方向的选择与发展。Valentina & Marella[22]（2018）重点从微观层面对意大利112

个省会城市房地产所处的区位、具体规划等内容进行了研究。结论表明：因与城市中心距离不同，住房价格存在梯度式变化；建筑密度的大小也是影响房价的重要因素之一。

国内对经济基本面影响房地产价格的研究中，张所地[23]（2002）指明，房地产价格在区位上存在明显差异性，研究利用城市土地特征构建了具体的土地定级估计模型，在生成对房价地价最优的影响因素组合基础上，通过权重来进行房地产市场价格的综合评定。沈悦和刘洪玉[24]（2004）以14个代表性样本城市为研究对象，证明中部住宅价格指数和相关宏观经济基本面因素，是其住宅价格水平变化的解释要素。梁云芳和高铁梅[25]（2007）的研究指出，房地产市场价格的波动变化具有很强的区域差异性，具体表现为：经济增长对中部房价的影响比东部、西部的影响表现明显；反过来，房地产开发信贷对东部、西部的影响比中部影响表现明显；相比起来，利率对房价波动的影响较小。郝前进[26]（2007）以住房的区位、公交的便捷性、轨道交通的可达性以及到中心商务区（CBD）的距离四个维度为基础，确定评价指标并完成对特征价格模型的构建，以上海市为例，对其住宅房地产市场进行了实证研究。结论表明，交通类因素可以提高区域内的住房价值，区位的可达性对住宅价格具有决定性影响作用。在周京奎等[27]（2009）的研究中突出城市的公共投资，并以此为主要指标来刻画城市特征，通过构建面板数据模型，研究城市特征下的基础设施投资、公共交通投资以及构建生态环境进行的投资额对城市房价的影响。胡荣才和刘晓岚[28]（2010）选取中国31个省区市的住房为研究对象，具体运用聚类法按房价进行分类，重点考察货币政策对房价的影响，结果表明调控作用区域差异性表现明显。张凌等[29]（2011）以中国35个大中城市为对象，将其进行沿海城市与内地城市分类，分别研究城市房价波动的自相关和均值特征，结论表明，内地城市房价波动更多因为住宅的建设成本变化，而在沿海城市，房价波动的主因更多地来自收入与人口结构或数量的变化。黄飞雪[30]（2011）基于东、中、西九城市2005年7月至2010年3月的月度数据，运用格兰杰因果检验、协整一体化及二阶段检验法进行实证分析，结果表明：中国九城市房价波动存在涟漪效应，且涟漪效应从东部城市开始，传向中部城市，最后向西部城市渗透。况伟大[31]（2010）的研究表明，与预期和投机相比，经济基本面的影响会更大；对本期房价的影响，上期房价的波动比下期影响要大；相比其他因素，利率对房价的影响最显著；收入作用对房价的影响比开发成本显著；人口结构的变化影响着房地产市场的需求，继而影响着房价波动。徐建国[32]（2011）运用案例分析研究方法，对中、美、日三国的现实进行经验研究，验证了在居民收入增加和城市化加速的双重背景下，利率是影响房价上涨的合理化因素。具体影响过程为利率调整滞后导致通货膨胀率上涨，继而引起真实利率偏低，隐性催生居民的投资性购房需求，从而推动房价上涨。郑思齐等[33]（2011）假设城市间的工资水平差异可控，在此条件下城市的住房成本受其所在城市的自然气候、城市绿化面积、医疗水平等宜居性特征正向影响，而与城市的环境污染、污水排放、交通拥堵、服务设施不完善等负相关。徐建炜[34]（2012）指明，人口数量的增加和年龄结构变化对房价波动影响显著。沈悦和李善燊[35]（2012）利用SVAR模型，对2000—2010年间的相关数据进行实证分析，研究表明，国际资本流入对我国商用地价、高档住宅的地价、商品房价、高档住宅价等均影响显著，且冲击效果依次增强。赵华平和张所地[36]（2013）认为，城市的经济环境、生态环境、自然区位条件和基础设施状况等宜居性特征，是导致城市间商品住宅价格差异的主要因素。温海珍等[37]（2013）以特征价格模型为原型，重点考察教育设施配备对房价的影响。研究表明，小学以及中学均对周边房价具备较强的学区效应，学区内住房明显价格高，而高中与大学仅表现为影响正向，且影响程度依附于交通可达性。赵华平和张所地[38]（2013）构建面板向量自回归模型，用2000—2011年中国省级面板数据对房价波动影响因素展开了研究。结论表明，人均GDP、收入、消费等均是房价的主要影响因素，影响程度在东、中、西部表现出明显的差异。谭政勋和周利[39]（2013）指出，当期房价、居民收入、贷款等各指标的均值均对房价波动影响显著，且在共同因素作用下，不同城市的房价波动表现出很强的趋同性，一定程度上表现出强截面相关性。张红等[40]（2013）的研究利用全局向量自回归（GVAR）模型，重点考察城市房地产市场对货币政策影响的区域差异性，结果表明，该传导效应在东部地区明显高于西部地区。王洋等[41]（2013）以中国286个地级市住宅价格为研究对象，以2009年相关数据为基础进行分析。结果表明，城市住宅价格空间上存在明显的异质性，具体呈现出房价在空间上存在差异，在行政等级上有别的分化格局。张所地等[42]（2014）以中国35个大中城市为样本，构建动态面板数据变系数模型，并对1998—2010年面板数据进行住房的销售价格与租赁价格间的关系实证研究，结论表明，售价与租金之间存在明显的城市差异性。范允奇等[43]（2014）人的研究以动态面板数据模型和递归为主要研究方法，通过局部动态调整模型对城市房价的基本运行规律与特征进行分析，验证了人口数量变化、收入变化、租金不同、土地成本等基本因素在影响房价方面的空间差异性与影响强度的不同。刘嘉毅等[44]（2014）以中国30个省市为研究对象，利用2002—2010年的面板数据对城市产业结构与房价的关系进行了实证分析，结论表明，产业结构对房价有影响，且这种影响存在显著的区域差异性，同时人口数据与结构、人均收入水平等因素对房价也存在区域上的差异性影响。谢旦杏和林雄斌[45]（2014）以广东省21个地级市为研究样本，构建了固定效应面板数据模型，对样本城市2005—2010年的相关数据进行实证分析，表明城市的人口变化、GDP增长、规模变化、政策变化、环境变化等因素均对房价有影响。张传勇[46]（2014）通过数据实证分析，得出居民的收入差距对住房价格影响显著，且这种影响存在区域差异性。范新英[47]（2015）利用中国35个大中城市的1993—2013年的数据，应用分位数、门限、混合地理加权回归模型进行了实证分析，研究结论显示，同一特征（收入、利率、人口密度、GDP、成本、公共服务水平、城市品质）对城市房价的影响及对房价波动的影响在空间差异上都呈现非线性性。李超、倪鹏飞和万海远[48]（2015）认为，城市常住人口、流动人口数量、收入分配对城市住房需求具有深远影响作用，且住房供需矛盾在经济发展水平较高的一线城市更为凸显，存在明显空间失配。张所地和范新英[49]（2015）利用分位数回归方法，实证分析收入与利率对房价波动的影响关系。研究表明：大中城市的房价波动更多地受收入的影响，房价水平越高，收入对其影响越大。张李昂和朱显平[50]（2015）通过横向比较结合实证研究，分析区域经济差异对房价的影响。研究表明，劳动参与率是影响中部房价的核心要素，城市化、城市房地产业的投资水平是影响西部房价的主要原因。李仲飞和张浩[51]（2015）认为，成本与需求在不同区位对房地产的拉动影响度不同，这也是中国房地产市场价格波动的原因，具体表现为房价上涨过快的城市或区域理念具有需求拉动特征。陈鹏和王聪[52]（2017）指明，中国城市间房价波动存在较强的联动效应，全国共同因子对一线城市的影响要高于二线城市，不同的区域因子对区位不同的城市房价影响不同，且差异度明显。

（2）房地产市场的非经济基本面影响因素

房地产作为一种特殊商品，研究影响其价格变化的非经济面因素主要是要关注政府出台的各种政策以及预期、投资等因素，此方面的研究同样硕果累累。国外研究中，Phillips[53]（1988）认为，预期本身在一定程度上会显著地推高房价。Zorn & Sackley[54]（2005）指出了住房买卖双方信息的不对称，预期因素的瞬息变化的不可忽略，认为预期与房价的关系不稳定。Malpezzi Wachter[55]（2005）通过构建房地产投机模型，研究投机因素对房地产价格的影响。结论表明，住房供给与投机均对房价波动有重大影响，且当供不应求时，这种影响更大。Brueckneret al.[56]（2012）认为住房市场处于繁荣期时，乐观预期会弱化违约风险，在次级抵押贷款因素驱动下的住房需求将推高房价。Algieri[57]（2013）研究表明，人均收入、资本利率、股票价格和通货膨胀率等经济因素对房价影响显著。除此之外，预期也是影响房价的重要因素。Kim et al.[58]（2000）指明，政策的制定直接影响着房地产市场的发展，且在对待房地产市场相关政策的制定时，政府属于风险规避型。Glaesar Gottlieb Gyourko[59]（2010）的研究针对引起2000—2006年城市房价出现波动的核心原因进行分析，结论表明，比起信贷政策，住房市场的供给面对房价的影响更大。Nanan Yuan[60]（2014）通过对中国30个省的2002Q2—2014Q4面板季度数据进行整理分析，目的是对中国政府宏观政策下城市房地产市场调控的效果进行实证研究，结果表明，这些宏观调控政策在房价的抑制方面效果显著。Tang & Wang[61]（2017）认为在发展中国家，土地开发政策的延迟导致了住房需求的上升，继而影响房地产价格的上升，建议政府应推动公共房屋交易平台的建立，及时出台土地开发管理政策，帮助开发商与消费者克服不完全信息的局限，加快城市房地产市场的发展周期。Mika & Anne[62]（2018）以芬兰的代表性城市为研究对象，探讨了创业公共房地产政策的出台对房地产市场的影响，研究表明，该项政策的出台，加速了将公有土地出售给那些以高价出售的公寓的私人开发商，弱化了城市提供社会性住房的优势。

国内研究中，况伟大（2010）在构建包含预期在内的房价均衡模型基础上，从需求的角度上验证投机与消费两个因素分别占主导时，房价的波动变化与上一期房价的相关关系，具体结论为投机占主导时为正相关，消费占主导时为负相关。王松涛[63]（2011）运用住房存量流量模型，并联合应用干预分析模型和面板数据模型，对北京等 6 个重点城市的住房市场政府干预政策进行定量评价，结果显示，无论长期还是短期政府干预政策对抑制房价均效果显著，但对不同城市，效果的显著性存在差异，具体表现为对二线城市的抑制作用明显高于一线城市。张亚丽等[64]（2011）研究表明，预期影响着房价的快速上涨，是住房价格波动的主要影响因素，尤其是人均收入预期和房地产收益率的预期影响更显著。范新英、张所地[65]（2013）运用状态空间模型，研究货币政策和土地政策对房价的影响。研究结果表明：利率对房地产价格的影响表现不显著，相对而言，地价对房价有程度较强的正向影响。史金艳[66]（2013）认为，在不同经济发展水平的省市，货币政策对房价的影响不同，即存在区域差异性，具体表现为货币的信贷规模和银行存款准备金率这两大要素对房价波动的影响在欠发达地区要比发达地区表现更为明显。张娟锋[67]（2013）认为，作为外生干预事件，宏观调整政策对房地产市场具有一定的冲击性，且这种冲击性存在显著的区域不均衡性，地区差异明显。张德荣和郑晓婷[68]（2013）的研究主要依据住房的限购区域和户籍政策两要素，对不同的住房限购政策进行划分，并利用 GMM 方法定量分析限购等住房政策对调控房价波动的效果。通过验证表明，限购政策对非户籍购房人员的影响更大一些，但在市区范围内，该政策则难以见效。冯涛等[69]（2014）构建动态随机均衡模型研究货币政策对房价的影响，研究指出，降低贷款价值等政策在提升政策调控、稳定经济的正向作用下，还能够直接降低房地产市场的各种金融风险，且效果良好。高波等[70]（2014）构建了预期均衡价格模型，在此基础上结合适应性预期考察了中国城市房价泡沫的区域差异性，认为房价泡沫虽然存在但仍处于可控范围内。林江、徐世长、黄建新[71]（2015）基于深圳市 1991—2011 年的年度数据，通过构建长期均衡协整方程模型进行实证研究，对深圳市房地产市场开展了研究。研究表明，居民的工资收入与适应性预期一起，共同推高了深圳的房价，致使深圳房地产市场长盛不衰。李斌、张所地[72]（2015）认为，首先，理性预期对房地产市场，尤其是对商品住宅价格的影响显著。其次，预期对住房调控政策以及商品住宅市场预期的形成与扩散也表现出显著影响。叶杰、王国松[73]（2015）指出，消费者和投资商对房价的预期存在显著一致性，此时市场参与者行为会在很大程度上影响房价，此时政府应出台相应政策，调控房地产市场。陈忠斌、黄露露[74]（2018）认为，农民工群体中，自购房与独立租赁住房者、大专及以上文化程度者迁移至大城市的意愿更强，而对房价高的城市的选择则更注重公租房制度。马小香、苏枕芳[75]（2016）重点考察了居民心理预期对房价预期的影响，研究发现：男性及收入较低者更容易预期房价上涨；一旦拥有高市值住房，则更多地会担心房价下跌。唐凯等[76]（2017）以重点城市为研究样本，构建房价地价的联立方程模型，对模型参数进行回归分析，证实常住人口、人均可支配收入及房地产投资是拉升房价的主要因素，而销售面积则影响房价提升，对价格的涨跌预期是房价波动的主要影响因素。

（3）房地产市场影响因素的研究述评

上述文献基于供求均衡等经典理论从多个层面对影响房地产市场的各类因素进行了研究，达成了很多共识，为完善房地产市场价格理论和揭开房地产市场价格涨跌表象下的深层原因贡献颇多，但相关研究仍存在以下拓展空间：第一，无论是国外研究还是国内研究，众多学者研究得出人口的数量、结构、收入水平、受教育程度、消费理念均是影响房价的重要原因，且结论基本一致。但是对于同时具备数量快速增长、受教育程度较高、青年人口比例较大、收入水平相对较高等特征的人群集中地的房地产市场价格变化缺乏深层研究。第二，在已有的研究中，区位是影响房地产价格的重要因素，主要通过交通便捷性、到中央商务区的距离、基础设施的完备、教育设施的配套、生态环境的质量等指标反映。第三，房地产市场的价格变化具有较强的空间异质性，但同时又存在一定的空间关联性，这种关联性主要体现在与经济增长水平高，技术创新、知识溢出程度强的地区，在房地产供需关系上的空间失配比普通地区更明显，其中根由值得一探。第四，房地产作为一种特殊商品，投资是其特有属性之一，这种特有的投资属性使得预期和投机也成为房地产价格波动的代表性影响因素，国内外专家对此也进行了很多研究。消费者的心理预期是房价上涨的推力之一，房价的高低影响人口流动的行为选择，但是对于高房价的一线城市以及部分二线城市，人口仍然向这些地方流动不止的原因，没有进行明确深入的分析。第五，政府的宏观调控政策对部分城市房价上涨能起到一定的抑制作用，其中以土地政策、货币政策、公租房租赁政策、税收政策等影响较为显著，但是对不同城市，这些政策在抑制房价效果的显著性上存在显著差异，具体表现为对二线城市的抑制作用明显高于一线城市。因此，政策影响的地区差异性与一线城市的区位特殊性，要求出台特殊的土地政策、公租房租赁政策、房地产税收政策等，使其火热的房地产市场得以平稳发展，而这些政策的出台也需要针对这些城市的最新研究结论作为支撑与参考依据。

鉴于以上不足，本研究将从以下三方面实现突破：一是对房地产市场影响因素的补充。在传统的影响房地产市场的众多因素中，将创新集聚从中剥离，集中考察创新集聚对房地产市场的影响，以及创新集聚作用下房地产市场的运行情况；二是突破对城市房价一定时期内波动变化的影响研究，将关注点锁定于城市纵向发展历程中，房价一定时期内的单向变化或涨或跌现象（忽略小幅波动），从国家层面上进行横向比较，聚焦城市间房地产量价的分化现状，探究其分化成因；三是流动人口在进行目标城市选择决策时，住房市场无疑是其考虑的重要因素，他们用脚量出了心目中的理想之城，而测量所用之尺正是目标城市是否是个人发展与价值实现的理想地。基于此，创新集聚的驱动与房价涨跌理性预期，哪个更能影响人才对城市的选择行为，谁的作用更大？本研究将给出明确结论。

1.2.2 创新集聚研究文献综述

创新集聚，技术创新发展过程中的最重要特征之一，是国内外众多学者关注的研究焦点。创新集聚从产业集聚中脱颖而出，也就顺其自然地遗传了产业集聚的一些特征与框架，但与产业集聚不同的是，在参与主体上，创新集聚以高新技术企业为主，在集聚效果上，创新集聚是人才、技术、金融、知识产权等核心创新要素的高度集聚，强溢出效应的高度共享性和最大化实现特征进一步推动了高技术企业和专业技术人才在空间上的集聚。

（1）创新集聚的国外研究进展

Marshall[77]（1980）认为，拥有异质知识和不同技能的专业技术人才，或者具备不同资源的企业群体，能够在短时间内实现知识的共享、累积，继而实现创新的扩散，实现经济增长。但是如果长时间内没有异质群体的加入，则以上结论值得商榷。Ellison & Glaeser（1997）的研究表明，不同行业间存在区域上集聚现象，而且这种集聚特征在具有上、下游分工联系的行业之间表现得更加明显。Ottaviano（1998）指出，集聚特征使经济主体的优势得到扩大，即 1+1>2 效果明显。集聚在地理空间上的显式性，通过市场作用改变了区域间的准入机制，且在集聚经济中，经济主体的主观预期会加剧集聚的自强化过程。Combes（2000）将服务经济理论与现实经济相结合，二者的共同驱动，各产业的共同集聚，加剧了创新集聚效应与实体经济的发展，推进了二者的关联性研究。Baldwin（2001）指明，迁移是集聚形成的必要过程和条件。迁移成本对集聚的形成具有显著的影响作用。当成本过高时，迁移与固守之间需要权衡，而权衡的标准则更多地取决于迁移前后收益的差异大小。当成本过低时，则会更多地选择迁移，从而实现创新要素的集聚。Fujita & Krugman（2004）运用新经济地理理论（New Economic Geography，NEG）从空间地理角度探析经济集聚的成因，研究表明，经济集聚在国家、地区、城市、街区等不同的地理层级下，其组成结构存在明显差异性。到2007年，他再次提出在新知识的形成过程中，异质群体之间的合作与共享是催化剂，而交互、迁移则是实现集聚、合作与资源共享的根本途径，在交互与迁移的作用下，区域间的集聚程度会呈现动态性。在Dimitrios[78]（2014）的研究中，认为创新集聚是创新创业型的大、中、小企业以及研究机构集中在一个特定的地区，旨在刺激创新活动，促进彼此间密集互动，共享公共设施、专业知识等，并通过有效的技术转移，实现网络信息的共享与传播。Wen–Min Lu[79]（2014）认为，创新是人才、资金、资源集聚的结果，是国家经济和国际竞争的重要资本，其中智力资本、人力资本的集聚是创新的源泉，通过人才的流动和交换可提高创新绩效。Tor Eriksson[80]（2014）的研究以五个高技术行业的员工流动为背景，重点讨论了人力资源管理实践和创新的关系。结果表明，研发人员的能力与创新绩效是正相关的，新员工的纳入，即人才的流动可提高行业的创新强度。Tayfun & Zafer[81]（2015）认为，集聚是创新发展的一种重要模式。技术是行业发展的核心，技术的创新对企业来说至关重要，因此对土耳其来说，国家政策应把重点放在行业、企业的创新集聚上，提高创新的效果。Herliana[82]（2015）的研究表明，集群方式是增加中、小企业成长的途径之一，集群发展与中、小企业成长的支持方案就是创建区域创新集群。要实现国家创新系统的有效性和生产性，并促进国民经济增长，必须加强区域创新集聚，形成创新系统，原因是创新必须是学术界、工业界和政府之间的合作。Adriana et al.[83]（2015）指出，创新是组织发展的核心和关键要素，研究以巴西为例，通过分析和比较创新指标，确定国际公司与位于产业集群的公司哪个的创新指数较高。集聚更有利于创新，资本、人才的集聚是创新的根本。Broekel & Fornahl [84]（2015）认为，处于创新集聚区的企业更容易成功。位于创新集聚区的企业，更可能获得来自欧盟框架计划资金的扶持，创新集聚区的知识溢出效应，使得集群内的企业在国家知识网络的基础上进行联合研发更有利。Ornella Wanda Maietta[85]（2015）的研究采用来自塔里亚集团（Capitalia）的调查数据，以研究性大学—企业共同研发为驱动力，采用 Probit 模型，验证了产品创新受地理位置的影响，靠近大学的区域由于它的知识高度溢出而更有利于创新，因此大学毕业生更倾向于到这些企业就业，而企业更希望集聚于大学或科研场所附近。Rune Dahl Fitjar[86]（2015）以位于挪威五大城市地区的 1604 个公司为对象进行研究。结果表明，位于创新区内的合作型企业，受区域内知识禀赋的正向影响，创新成果更高效；高投资研发背景下的区域合作，受过高等教育的劳动力的加入，更有利于知识的吸收与扩散，加速创新。Ulrich Kaiser et al.[87]（2015）基于丹麦公司观察到的 1999—2004 年的人口的研发活动数据，进行了人口流动与创新成果关联性的研究。研究发现，劳动力的流动性能增强新老雇主的总创新活动。劳动力的流动，由于知识的更高效转移，促进了一个国家或地区的整体创新。Pierre-Richard Agénor[88]（2015）通过面板数据回归分析与数值模拟研究，得出以下结论：较高的创新绩效能促进经济增长；公共资本能直接或间接促进经济增长；人力资本的集聚能提高创新能力；创新的绩效吸引人力与资本的集聚。Lutao Ning[89]（2016）认为，外商直接投资的空间溢出效应取决于城市内或跨城市的创新集聚的强度，强度越高，空间溢出效应越强。Ward Ooms[90]（2016）指出，硅谷是区域创新系统成功的案例，它的成功很大程度上取决于人才的集聚，且其集聚过程是依赖于某种特定路径的。Jose-Luis[91]（2017）分析推动产业集聚化进程的主要机制。研究结论表明，创新要素的集聚和社会基础的合作力量，使该地区更利于企业间合作，甚至竞争者之间资源的共享。

（2）创新集聚的国内研究进展

国内学者的研究中，邬滋[92]（2010）指出，在邻近区域间企业创新行为具有明显的空间交互性，空间溢出效应显著，进而形成了创新行为在空间上的集聚与分散。詹宇波等[93]（2010）通过构造一个修正的E–G指数来度量中国制造业的产业集聚度，证明了集聚理论中对要素禀赋（如通信设备制造业）和中间产品依存度较高（交通运输设备制造业）的产业存在较大集聚程度。王桂新等[94]（2012）的研究指出，人口迁移表现出极强的特征：迁出迁入地强者恒强，弱者更弱；迁移原因更多的是所在城市的经济发展水平、收入水平、个人价值实现机会等。任远等[95]（2013）在省级区域研究层面，对企业技术创新能力地区的分布特征进行分析。研究指出，企业技术创新能力存在明显的区域差异性，且对东部沿海、东北、中部和西部四大地区的创新能力水平进行了详细分析。陈玉娟[96]（2013）以区域科技创新、内生增长和创新集聚理论为研究基础，分国家东、西、中部研究知识溢出、区域科技创新及其竞争力三者间的关系，实证得出知识溢出对创新能力的提高具有显著促进作用的结论。刘孝斌[97]（2014）确定创新集聚影响因素，创新集聚的衡量指标梳理，创新集聚通过影响创新效率与影响区域经济增长的不平衡性对经济增长产生影响。马名杰、石光[98]（2014）通过案例研究，定性结合数据分析北京、深圳、上海等发达城市已成为创新要素高度禽息之地，且中国正处于创新要素快速流动，创新集聚优势分化的过程中。王有国[99]（2015）的研究表明，区域经济发展、创新与人才资源结构具有高度相关性。高丽娜等[100]（2016）认为，创新能力、要素集聚是城市群增长的核心动力，创新要素不断集聚与创新绩效的溢出效应及空间依赖度均对城市产生明显极化效应。冯南平等[101]（2016）指出，中国各省市区域创新要素集聚水平呈献明显差异，依据创新要素集聚规模可分为成熟型、扩张型、赶超型及落后型四大类，成熟型区域对周边地区发展具有辐射带动作用。胡琳娜、张所地、陈劲[102]（2016）研究以锚定 + 创新街区为研究对象，提出“创新人才—创新街区—大学交互”概念模型并进行实证分析，研究表明，年轻创新人才是创新街区发展的核心驱动力。刘书瀚、于化龙[103]（2017）认为，中国中心城市的发展需要生产性、服务性产业的集聚来推动。当前经济下，创新性产业高度集聚已成为全球中心城市的主要特征。倪进峰、李华[104]（2017）的研究表明，人力资本、区域创新能力、产业集聚三者间形成互动式推动关系，人力资本对数值是否超过 0.0886，协同集聚对区域创新能力的影响不同，大于时表现为正影响，小于时表现为负影响关系。卓乘风等[105]（2017）认为，在城市层面上，创新绩效产出存在明显区位差异，东部地区明显高于中西部；国家层面上，创新绩效产出呈 U 型趋势，而创新要素的集聚程度与创新绩效的产出，则存在显著的倒 U 关系。

（3）创新集聚研究文献述评

创新的基本规律，就是大量的人才、资本和技术等核心创新要素，高度集聚到一个拥有合理的不动产结构特征的狭小物理空间，进行无休止的争辩、讨论和实验。只有创新要素在某一空间下达到一定的浓度，才会加速创新的绩效产出。国内外学者在创新集聚的研究中，对创新集聚的内涵、重要性、溢出效应以及区域差异性等内容进行了较为明确的研究，给出了基本结论与合理解释，并在某些观点上达成了一致。首先，在创新和集聚的关系研究方面：创新需要学术界、工业界和政府之间的密切合作，需要具备异质知识和不同专业技术人才的不断累积才能完成，而这个累积是一个动态集聚的过程，位于创新集聚区的企业，较强知识溢出效应使其更容易成功。其次，在创新和人才流动的关系研究方面：人才流动是集聚形成的必要条件，是企业合作和资源共享的根本途径，人才在决策过程中的主观预期会加剧集聚的自强化过程，人才的流入可以带动知识的高效转移，从而提高创新强度。最后，在创新的区位差异研究方面：空间溢出效应的差异性形成了创新行为在空间上的集聚与分散，人才的流动造成了创新要素优劣势差严重分化，甚至产生城市间明显的极化效应，且他们的流动依赖于特定的路径，其中的一个重要结论就是靠近知名研究性大学或科研机构的区域，由于它的知识高度溢出而更有利于创新，因此大学毕业生更倾向于到这些企业就业，而企业更希望集聚于大学或科研场所附近。

通过梳理，创新集聚的相关研究仍有进一步拓展的空间，本书的研究将从以下几方面进行补充：第一，创新集聚的作用结果上，创新集聚的直接作用使创新绩效产出显著提升，城市创新能力大幅增强，区域经济增长明显提高，但对区域不动产市场的作用机理缺乏研究，作用路径有待探求，对城市不动产建设的反哺作用有待揭示；第二，技术创新能力存在明显的区域差异，创新能力的提高是知识溢出的结果，而在城市创新能力的研究上，研究者更多地是将重点放在城市创新能力的评价以及区域差异性上，而对城市创新能力在引致人力资本集聚，吸纳企业入驻后，对当地不动产的需求方面产生的影响研究关注不够；第三，区域间创新的空间溢出效应存在显著差异的研究结论无可非议，带来这种差异性的根本原因正是创新要素的定向流动所致也持之有故，但这种流动规律的内在驱动机理需要揭示，高度集聚的作用结果有待延伸。

1.2.3 研究文献述评

当前城市化进程中，技术创新引致的马太效应导致产业和人才在全球范围某些城市空间集聚，重新布局，同时推动着不动产业开发建设日新月异，增量快速扩存、质量不断提升、城际快速交通网密布、集聚效应变化增强，深刻影响着不动产市场的供给者和需求者的享用、投资、投机的动态预期和决策行为。各城市不动产市场呈现冰火两重天的景象，北、上、广、深等城市不动产价值持续攀升，不动产价涨涨不停，不动产交易量盈千累万，不动产市场长盛不衰；而鄂尔多斯、温州、唐山等城市却跌跌不息，不动产交易有价无市，不动产市场奄奄一息。种种现象凸显出面对当前不动产市场发展不均衡甚至荣衰分化的严重局面，其研究理论方法大大滞后于现实需求，其创新研究难以适应市场变化。

综合国内外相关研究，首先，虽然已有研究从空间视角对宏观、微观、预期、特征等和不动产价的互动关系做了一定的考察，但对于创新集聚、人口流动与不动产市场关系的分析则更多停留在现象性描述上，而且对这种现象的内在机制缺乏探讨；其次，缺少在城市化进程中具有抵押风险能力，能应对可能出现的各种风暴的不动产市场发展理论，以满足当前现实需求。具体表现在：（1）创新集聚度的空间差异性是否影响城市不动产市场的波动起伏和荣衰分化？现有研究未从此方面展开研究，难以从宏观和微观层面揭示不动产市场分化与成因中创新集聚的作用规律；（2）创新集聚是在不动产市场健康持续发展的动力和引擎前提下，创新集聚对不动产市场的内在作用机理如何？路径不清晰，需要细化研究；（3）创新集聚对不动产市场的影响过程中，中间有哪些核心要素存在，它们之间又是如何实现因果联动，来推动不动产市场实现良性发展的；（4）创新要素在城市某些区位的高度集聚，对城市的不动产结构提出了新的要求，在此要求的驱动下，城市不动产的结构应如何优化？聚焦国内外优秀创新城区，它们的发展规律有何共同之处？为此，本书的研究将从以上两个问题切入，深入剖析创新集聚对城市不动产的影响效应，探求具体的作用路径，从而实现创新集聚，人口流动与不动产市场繁荣三者间的有效互促，并引致不动产市场的自组织良性发展。此研究结论将为市场作用下城市创新资源要素的合理配置提供指导，为不动产市场消除“供需错位”之痛和有效实现供给侧改革开出一剂“良方”。

1.3　研究目标与研究框架

1.3.1　研究目标

研究总目标：对已有不动产市场荣衰分化及影响因素的相关理论和模型进行拓展和延伸，结合空间统计学和计量经济学相关知识，借助空间地理学与计量统计软件工具，将定性分析与定量实证相结合，从机理分析、模型构建、假设提出、实证分析、理论验证等层面展开，论证不动产市场分化的创新集聚影响效应，探求创新集聚作用下不动产市场的自组织运行路径及结果，提出改善不动产“供需不匹配”、价值分异局面的有效举措，解决当前制约中国不动产市场健康发展的“瓶颈”难题。

理论层面：吸收已有研究成果结论，针对中国实情探讨城市不动产市场荣衰分化形成机理，设计一个较为完善的创新集聚对不动产市场影响研究的理论框架，提出能将不动产市场价与创新集聚的时间序列数据进行综合评估的理论模型，厘清创新集聚对不动产市场的直接与间接影响机理，分析创新集聚作用下不动产市场的运行路径与结果，从而实现对现有不动产市场研究理论的推进与完善。

现实层面：分析创新集聚影响下城市不动产的市场差异化特征及其形成原因，揭示不动产市场荣衰的空间差异规律，探求创新集聚因素对不动产市场发展的重要性作用。研究成果一方面可为国家制定创新要素流动和集聚相关政策提供事实基础；另一方面可对城市不动产市场的调控，城市不动产市场可持续发展的引导，乃至创新型城市群的建设和发展提供思路借鉴。

1.3.2　研究框架

本书以城市不动产市场的理论方法及研究成果为基础，致力于在国家城市层面和区域层面上探求创新集聚对城市不动产的影响效应。根据研究总目标，特将研究任务分解为三部分。（1）基础性研究。（2）创新集聚对城市不动产的影响研究。（3）创新集聚作用下城市不动产结构的优化研究。其中第二部分分为六个子研究，分别是：①创新集聚对不动产市场的影响机理分析；②城市创新集聚能力对不动产市场的直接影响效应；③城市创新集聚特质对不动产市场的直接影响效应；④高新区创新集聚绩效对不动产市场的直接影响效应；⑤创新集聚通过人口流动对不动产市场的间接影响效应；⑥创新集聚下城市不动产价值的提升路径研究。第三部分分为四个子研究：①创新城区不动产结构的特征及优化路径；②国外创新城区不动产结构优化改造案例分析；③国内创新城区不动产结构优化改造案例分析；④ 创新集聚影响下城市不动产新空间结构的发展规律。

概括来讲，研究拟解决两个关键问题：（1）命题识别：创新集聚是否是不动产市场荣衰分化的根源，创新集聚度的空间差异是否是造成不动产市场区位“冰火两重天”的核心引擎力；（2）路径探求：通过创新集聚对不动产市场的影响机理分析，明晰创新集聚对不动产市场的直接与间接作用过程，探求创新集聚下城市不动产市场实现迭代趋优的自组织价值提升路径，从根本上解释供不应求与库存压力并存的矛盾局面，并结合国内外优秀案例，从实践上梳理创新城区不动产结构的优化过程与发展规律。

以研究问题需求为导向，设计本书的研究框架，具体如图 1–1 所示。城市的创新集聚程度是其潜在的创新集聚能力的体现，本质上受城市的创新集聚特质所制约。二者相互作用下，决定着城市的创新集聚水平，最终通过城市创新空间的新载体——创新城区的创新集聚绩效反映出来[106]。基础研究首先对中国 35 个大中城市的创新集聚差异性进行了测度，直观反映城市创新集聚程度空间差异的存在性。其次，核心研究分为三个层次：一是在文献梳理的基础上，厘清创新要素间的互动关系，分析创新集聚对不动产市场的影响机理及作用结果；二是从城市、区域两个层面，从城市创新集聚能力、城市创新集聚特质、区域创新集聚绩效三个维度研究创新集聚对不动产市场的直接影响效应，进一步探求了创新集聚、人口流动与不动产市场三要素间的因果联动关系，验证创新集聚对不动产市场的间接影响效应；三是在影响机理分析和影响作用论证的基础上，构建了不动产市场迭代趋优模型，勾勒出创新集聚作用下城市不动产价值提升的有效路径。

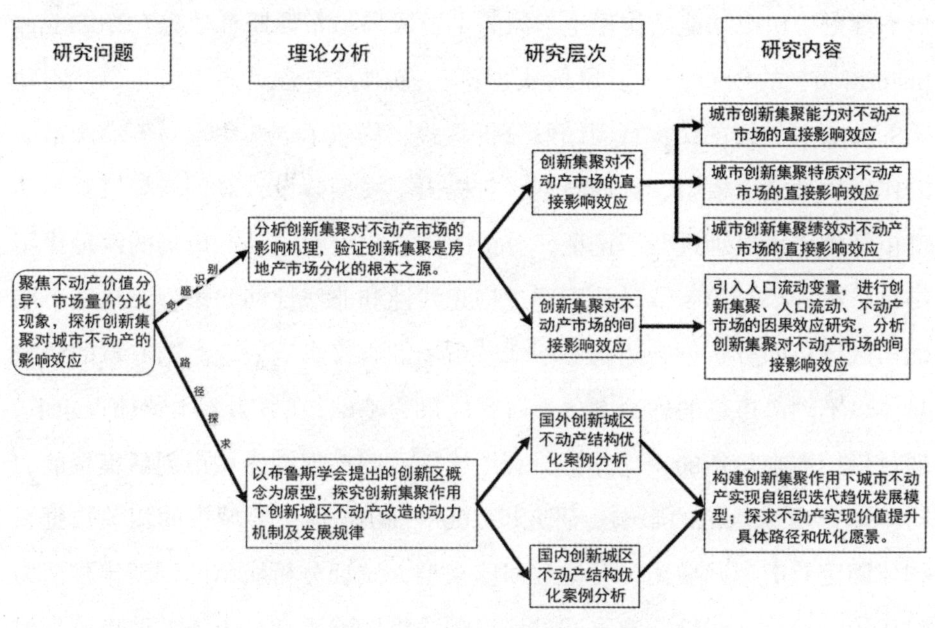

图 1–1　研究基本框架设计图

根据研究内容，设定本书的框架结构主要包括三大篇章。

第一篇章包括第 1 节至第 4 节，为基础性研究章节。第 1 节主要介绍本书的研究背景、选题依据、研究意义、国内外研究现状、研究框架、研究方法及创新点等内容。第 2 节为整篇论文的基本概念及基础理论章节，重点围绕创新集聚、不动产两大主体进行基本概念和基础理论的阐述，初步建立创新集聚对城市不动产影响的理论框架。第 3 节、第 4 节为基础性研究章节，主要完成空间区域上的创新集聚差异化测度、科技型人口流动的现状及规律、房地产市场量价分化的基础性研究，并进行数据表象下的内因分析。

第二篇章包括第 5 节至第 9 节，主要分析与验证创新集聚对城市不动产的影响过程与机理。其中第 5 节为本篇章的统领性章节，重点进行创新集聚对不动产市场作用机理的分析以及作用结果的探求。研究重点以城市形态理论中城市功能结构理论学派的主要成果与布鲁斯金学会（Brookings Institution）的创新城区发展模式理论为基础，结合贝恩（Bain）、谢勒（Scherer）教授的结构行为绩效分析范式，构建了创新集聚对不动产市场的作用机理概念模型、数理模型，并提出了模型假设，对创新集聚对不动产市场的作用机理进行了论证，分析了创新集聚对不动产市场的两种作用结果。第 6 节至第 8 节，分别通过构建线性和非线性回归模型，从城市层面与区域层面分析创新集聚对不动产市场的直接影响效应。第 6 章的研究具体以不动产市场的理论方法及研究成果为基础，在城市基本特征视角下，通过供给需求均衡的理论分析，利用线性回归模型探索城市创新集聚能力对不动产市场价格的影响。研究以 2008—2016 年主要城市的相关数据，构建固定效应回归模型和分位数回归模型，实证分析城市的创新集聚能力对房价、地价的线性影响。通过该模型，将影响不动产市场的城市创新能力从经济基本面因素中进行剥离，重点对城市的人文、绿色、智慧、创新集聚能力进行研究，目的是集中考察创新集聚能力对城市不动产市场的影响效应。第 7 节的研究采用非线性回归模型，更一般性地研究城市的创新集聚特质对不动产价格的影响。研究完全利用数据驱动的思想，由实例数据出发建立半参数模型（即模型中同时包括线性和非线性结构），并利用广义矩估计（GMM）的方法建立线性和非线性结构中参数的相合估计，合理诠释城市创新集聚特质对不动产市场影响的非线性机理。第 8 节重点从区域层面进行创新集聚绩效对不动产市场的研究。研究以高新区所处的区位及创建时间为选择依据，选取了 22 个代表性高新区为样本，以商业营业房地产与商务写字楼房地产为主要研究对象，分别构建静态和动态面板数据模型，探讨创新集聚绩效对不同类型不动产市场的影响，旨在揭示高新区创新集聚绩效产出的经济效应对不动产市场影响的外部表征与内在机理。研究表明，高新区的不动产业以服务于加速集聚人才、聚集高科技产业从而实现资本积累为最终目标，首期投入之后，区内的基础设施、固定资产及各类不动产是否追加投资、如何决策，很大部分取决于高新区的经济产值与发展趋向，即高新区的创新集聚绩效一定程度上对自身不动产业的荣衰变化起着重要的直接影响作用。第 9 节，主要进行创新集聚对不动产市场的间接影响效应的论证。在创新集聚对不动产市场的作用过程中，引入中间要素——人口流动，重点考察创新集聚、人口流动和不动产市场的动态影响关系，探求创新集聚通过人口流动这一中间变量对不动产市场的间接影响作用。具体研究中构建了面板 VAR 模型，对 2008—2016 年 35 个大中城市的相关数据进行实证分析，通过脉冲响应函数和方差分解，明晰三要素的因果联动关系，进一步论证概念模型中间接作用存在的科学性与合理性。

第三篇章包括 10—14 节，主要研究在创新集聚作用下，创新城区不动产结构优化的具体路径。第 10 节为过渡性章节，以布鲁斯学会的创新区概念为原型，从创新经济新空间的地理区位价值、创新城区的发展历程以及创新要素对城市不动产的新型空间需求，梳理归纳创新城区成长的动力与发展机制，并总结出创新城区空间组织以小尺度为主、提升主体之间的联系、空间组织主线的变化、土地利用突出混合开发、空间体系存在扁平特征等五大共性规律。第 11 节、第 12 节为案例研究。具体研究国外以普布诺为例，从城区不动产的空间结构维度、创新活动维度和网络联系维度，分析创新城区不动产的结构优化机制；国内以上海为例，梳理创新城区转型发展的综合系统及空间要求，指明当前中国城市空间结构存在的主要问题，并基于基础理论与发展现状提出创新城区城市空间结构优化的主要建议。第 13 节、第 14 节在第二篇的机理分析、实证研究基础上，以数据事实为依据，以第 11 节、第 12 节的案例分析为参考，通过理论分析，构建了创新集聚作用下不动产市场的自组织迭代趋优模型，探讨了在各要素相互作用、错综复杂的过程中，创新集聚影响下不动产市场价值持续提升的演化路径以及创新城区发展的优化愿景。

全书第 15 节，为结论与展望。对本书研究的所有结论进行归纳整理，并对下一步的再研究提出设想。

1.4 技术路线与研究方法

1.4.1 技术路线

针对论文的研究框架和拟解决的关键问题，确定本书研究的基本思路、技术路线及研究方案。

基本思路：研究从目标城市与其密切联系的创新城区的不动产与影响因素出发，进行创新集聚对不动产市场的影响机理分析，构建影响机理模型，提出模型假设；在此基础上，通过城市、区域两个层面，论证创新集聚对不动产市场的影响效应。首先，以城市的房价、地价两个指标为被解释变量，从城市的人文性、绿色性、智慧性、虹吸性四大特征为评价角度，通过指标对这四个特征进行分指数计算，比较研究这四个指数对不动产价格的影响显著性及影响程度，在此基础上构建半参数模型，利用 GMM 广义矩估计方法建立线性和非线性相合估计，探求城市创新集聚特质对不动产市场的影响程度；其次，区域层面，以商业营业用房价格、写字楼用房价格为被解释变量，选取国内国家级 22 个高新区为例，研究其创新集聚绩效对两类不动产的影响；再次，进一步探究创新集聚对不动产市场的间接影响，以创新集聚对不动产市场的作用路径为基础，以事实数据为依据，对创新集聚、人口流动、房地产市场三者间的因果联动效应进行实证研究，具体以 35 个大中城市为研究对象，建立三要素的评价指标，应用主成分分析法对各因素的进行降维，凝练出各因素的综合指标，继而构建 VAR 动态面板模型，进行三要素间的因果联动关系分析，验证创新集聚对不动产市场的间接影响作用；最后，在创新集聚影响城市不动产的作用机理上，分析创新城区不动产结构优化的动力机制和发展规律，对国内外创新城区发展改造过程进行剖析，进一步构建了城市不动产的迭代趋优发展模型，探讨了在创新集聚作用下，城市不动产市场从无序到有序、从低级有序到高级有序实现持续良性健康发展的具体路径，并提出创新城区不动产结构的优化愿景。

技术路线：根据研究需要，从研究问题、研究内容及方法、主要研究结论或研究取向三个方面设计本书的技术路线，具体如图 1–2 所示。

1.4.2　研究方法

（1）文献分析与逻辑归纳法

通过传统与现代检索方法搜集整理创新集聚效应与不动产价格影响因素的相关研究文献，在确定本研究的选题和内容后，设定文献的收集和描述范围。将搜集到的文献按类型与内容分别进行编号整理，类型分新闻报道、专家访谈主要观点、学术报告、期刊或学位论文；内容分不动产市场分化、创新集聚两方面的研究基础理论、研究方法、前期结论，继而在分类梳理的基础上确定需要精读的主要文献。通过阅读文献，梳理出前人的研究结论，并采用逻辑归纳法明确以下内容：创新集聚对不动产市场影响的内在机理模型构建理论基础、不动产市场的主要影响指标、人才流动的主要动因及规律、城市创新集聚度的评价指标、创新集聚效应的空间差异化、各影响因素对不动产市场作用的正负效应关系等。

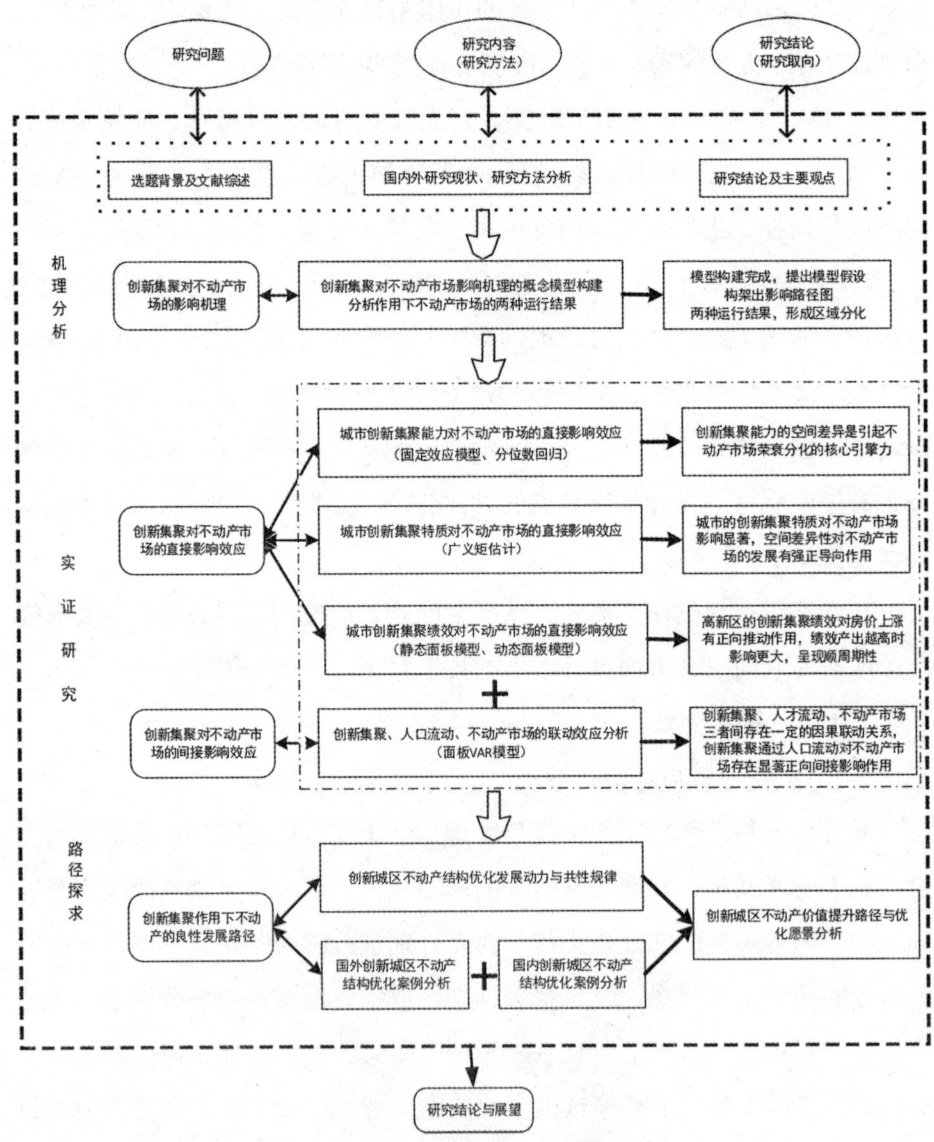

图 1–2　研究技术路线图

（2）地理信息系统空间分析法

地理信息系统中有关空间分析功能的发展与完善，使其在复杂数据背景下的研究得以广泛应用。地理信息系统空间分析法中对数据的可视化处理手段，从空间角度与数据可视化两个层面满足了本研究的需求。具体体现在：应用地理信息系统空间分析方法，可视化体现创新集聚度的空间差异性，直观展现不动产市场区位差异的分化强度，追踪科技创新人才的空间流动走向及集聚效果展示。

（3）面板计量分析方法

鉴于实证研究的科学性，为使研究的假设得到进一步论证，研究拟在定性分析与模型构建的基础上，通过构建固定效应回归模型和分位数回归模型，考察了城市的创新性特质对房价、地价的影响；利用数据驱动的思想，由实例数据出发建立半参数模型，合理诠释城市创新集聚效应对不动产价格影响的非线性机理；通过构建静态面板模型和动态面板模型，考察了国家级高新技术产业开发区的技术创新绩效产出对商业营业用房和写字楼用房的影响；构建面板 VAR 模型，通过脉冲响应函数和方差分解，考察创新集聚效应、人口流动、不动产市场三者之间的因果联动作用关系。

（4）空间统计分析方法

为满足需要，研究中将经典回归方法与空间统计分析方法结合起来使用。经典回归方法存在空间非平衡现象时，将会出现偏差，而且当解释变量与被解释变量不在同一区域时，将会导致标准误差增大。而空间统计分析方法一定程度上允许参数估计误差的存在，降低标准误差、提高拟合优度的同时可使估计结果与现实更符合。研究在分析城市的创新集聚影响因素时，使用空间统计分析法，分析不同城市的创新集聚效应的差异性特征；在构建创新集聚对不动产市场影响机理模型时，使用空间统计分析，凝练创新集聚对不动产市场的直接与间接作用机理以及作用路径。

（5）案例分析法

作为管理学中具有探索性研究的科学方法，案例分析法有可能发现传统统计方法忽视的特殊现象，从不同的角度提供易于理解的解释。为此，在创新集聚对不动产市场的影响机理模型构建中，研究采用案例研究法——结合研究需要，选取美国波士顿剑桥的肯德尔广场（Kendall Square）、巴塞罗那 22@ 创新区以及中国深圳科技创新园区为重点研究案例，对其发展现状、创新集聚特征以及不动产的规划布局进行了具体分析、解剖，抽象归纳其公共特质，为创新集聚对不动产市场影响机理模型的构建提供了充分的事实依据。以普布诺、上海为例，进一步对创新城区不动产结构的发展过程进行剖析，归纳梳理其发展的动力机制以及共性规律，为后续的不动产价值提升路径以及优化愿景的提出提供事实依据。

1.5 主要创新点

本书主要创新点有以下五个方面：

1. 创新集聚对不动产市场的影响机理 SCAP 以及创新集聚作用下不动产市场迭代趋优 SCSCP 概念模型构建与数理模型的构建。分析创新集聚对不动产市场的作用机理，为中国城市房价暴涨与去库存压力并存的分化现象提供了一个新的解释视角，拓展了创新集聚溢出效应和不动产市场相关研究的脉络体系。创新集聚对不动产市场的影响机理概念 SCAP 模型，揭示了创新集聚对不动产市场的作用过程及不动产市场的两种运行结果。SCSCP 模型厘清了城市不动产价值提升的运行路径，重点明晰了不动产市场在不断调整的过程中，自发地从无序走向有序，由低级有序走向高级有序的演变过程。

2. 城市层面不动产价格基于创新集聚能力影响的 REP–IAA 模型与基于创新集聚特质的 REP–IAC 模型构建。基于城市特征视角下不动产价格的市场供需均衡模型，分别从城市创新集聚能力和创新集聚特质角度探讨了创新集聚对城市不动产价格的影响程度，验证创新集聚的空间差异是不动产市场荣衰分化的核心引擎力。结论表明：城市创新集聚能力对房价、地价的影响在各个分位点上均显著，且随着价格上涨这种作用更为明显；城市创新集聚特质评价指标中城市创新性指标对房价、地价均影响显著。

3. 区域层面不动产价格基于创新集聚绩效产出影响的 REP–IAP 模型构建。以国内 22 个高新技术开发区为研究对象，厘清高新区“创新集聚绩效产出”与“不动产价格”之间的耦合协同关系，并在宏观层面上给出科学的研究判定后，应用空间计量方法定量测度创新集聚绩效相关指标对商业营业房地产和写字楼房地产价格的影响，从区域层面揭示了创新集聚绩效对不动产价格的影响机理。研究结论如下：高新区科技收入占比对房价上涨有显著性正向推动作用，无论是对于办公楼用房还是写字楼用房，本期价格会受到上期价格的影响，且这种影响显著为正；其次，高新区的创新绩效产出越高，则对房价的影响更大，呈现顺周期性。两个主要研究结论同时说明，高新区创新集聚绩效产出对房价上涨的推动作用正向显著，具有连续效用。

4. 创新集聚通过人口流动对不动产市场间接影响的动态面板 VAR 模型的构建。该模型揭示了创新集聚对不动产市场的间接影响关系，为人口流动的动因提供了一种创新集聚驱动视角下的新证据。在创新集聚对不动产市场的作用机理模型基础上，实证分析创新集聚、人口流动、城市不动产市场三者间的联动因果关系，揭示创新集聚效应驱动下不动产市场虹吸效应的内在机理。研究结论表明：创新集聚通过人才流动因素对不动产市场有正向显著间接影响作用。三要素联动关系的辨析进一步验证了创新集聚对不动产市场作用机理模型构建的科学性及合理性。

5. 创新城区不动产价值提升模型的构建以及发展路径与优化愿景的

提出。

首先，研究以布鲁斯学会的创新区概念为原型，从创新经济新空间的地理区位价值、创新城区的发展历程以及创新要素对城市不动产的新型空间需求，梳理归纳创新城区成长的动力与发展机制，并总结出创新城区空间组织以小尺度为主、提升主体之间的联系、空间组织主线的变化、土地利用突出混合开发、空间体系存在扁平特征等五大共性规律；其次，从城区不动产的空间结构维度、创新活动维度和网络联系维度，分析创新城区不动产的结构优化机制；最后，以上海为例，梳理创新城区转型发展的综合系统及空间要求，构建了创新集聚作用下不动产市场的自组织迭代趋优模型，探讨了在各要素相互作用、错综复杂的过程中，创新集聚影响下不动产市场价值持续提升的演化路径以及创新城区发展的优化愿景。

第二节 基本概念和基础理论

2.1 基本概念

2.1.1 不动产概念

因研究需求，本书对不动产、不动产结构、不动产价值与不动产市场等相关概念及含义进行梳理。

不动产：不动产（Immovable Property）（查尔斯·J. 雅各布斯[107]，2007；简德三，2003），广义上指土地和附着于土地之上的相对永久性的建筑物、构筑物及其他附属设施，具有所属位置的固定性和不可移动性，除此之外，还包括与上述物质有关的权益和由其所衍生的权利。不动产在经济学上又被称为房地产，是房产和地产的统称，通常有三种存在形态：土地、建筑物、房地合一。房地产按用途一般分为住宅用房房地产、商业营业用房房地产、写字楼用房房地产、行政用房房地产、生产用房房地产等。商业营业用房房地产：房地产市场中的商业营业用房，由“市”演变而来。市，即集中交易之场所，演变至此取其商铺之意。具体概念不仅包括商业零售地，还包括餐饮、娱乐以及旅游业所用到的房地产，甚至体育场所、银行、证券等营业性质的建筑物实体。通过商业营业用房的概念及特征，可以更深入地认识其发展历程，从最初的商品物品经营地，增加到如今服务性商品、体验性商品的经营地层面，经历的不仅仅是经营的物品内容的增加，还包括场所的具体位置、区位、大小、交通条件、空间结构、装修风格，甚至其配套条件与基础设备等的改变与完善。作为城市建设和发展的重要组成部分，商业营业用房也是房地产业的核心组成部分，是学者们关注和研究的重点。写字楼用房房地产：写字楼，顾名思义是用于办公的建筑物，或者说特指办公大楼，具体来讲是集中进行信息收集、决策制定、文书处理以及其他经济活动的场所。曾经的写字楼，过于侧重效率而忽视了舒适度，很难满足人们更高的对办公环境的要求，在这种背景下，一种5O型，更加重视绿色、环保及舒适度的写字楼应运而生。5O写字楼，是指具备Oxygen（氧气）、Office Park（花园办公）、Open（开放而自由）、Own（独立私家电梯/空调）、Opportunity（发展前景）五大特征的写字楼，这种写字楼一般有如下共同点：偏离繁华都市区、生态环境优良、地段好、建筑密度相对较低、规模大，具有明显集聚特征。对高新技术产业开发区来讲，其建筑物特征明显属于5O型写字楼类型，且是其建筑物主体构成部分，因此就本书的主题内容来讲，写字楼用房也是本研究的重点组成部分。

不动产结构：结构（Structure）是组成整体的各部分的搭配和安排。不动产结构（Immovable Property Structure）描述的是城市或区域内土地、房屋及由自然或者人力添附于土地并且不可分离的不可移动的各类财产资源的整体布局与配置，本书研究中所指并非某建筑物等不动产自身的内部结构，本研究中称为不动产结构，正是与房地产内部结构加以区分。不动产结构，内含不动产的物理关系结构与逻辑关系结构。不动产的物理关系结构，指城市或区域内所包含的土地、住房、公共服务设施及自然要素的数量及它们之间的方向排列与位置定位，研究中具体描述为不动产的空间结构；不动产的逻辑关系结构，特指城市或区域内各类不动产间的功能联系、关系匹配，研究中具体描述为不动产的资产结构。

不动产价值：是凝结在不动产投资建设过程中的无差别的人类劳动力或抽象的劳动力，此处特指不动产作为一种特殊的商品客体，自身与相关主体之间的需求的满足程度评价，投资主体既包括投资主体，又包括消费主体，因此不动产价值包括投资价值与消费价值两个层面含义。不动产价值由主体效用、稀缺性及有效需求所决定，同时又受市场参与者不断变化的行为所影响。基于此，本书重点关注创新城市 / 城区因为不动产结构的不同，引致不动产相关主体效用、稀缺性及有效需求的变化，以人才为主要因素的各种创新要素的流动并且集聚，最终引起城市间不动产价值的分异。

不动产市场：由不动产所引起的一切商品交换关系的总和。部分性是不动产市场的一个主要特征，即并非所有的不动产都可以进入市场交易，因此作为不动产市场中的交易主体，本书中所述的不动产市场，特指房地产市场，主要包括城市土地使用市场和房产市场。土地使用市场是指国家对城市土地使用权的有偿让出或者有偿转让的场所；房产市场是指各类房产进行转让、租赁、抵押、交易的场所。

不动产价格：不动产价格是指在某个时间点上为取得他人不动产且获得相应权益或者仅取得使用权所支付的代价。与普通商品一样，不动产是使用价值和价值的统一体，不动产价格的高低是其价值大小的直接体现，同时它与普通商品又有所区别，其在具有普通商品特性的同时又具有一定的特殊性。按照价格的形成方式，一般的不动产价格可分为理论价格、评估价格和实际成交价格三种。考虑房地产是不动产市场的交易主体，后文实证研究中所使用的不动产价格，直接选用了各城市的房地产价格。房地产价格指数，是通过百分数来反映房价在不同时期涨跌幅度的一项重要指标，它是不动产价格变动趋势和程度的相对数，研究中所使用的房（地）产价格指的是房（地）产的市场价格，是城市每年的房（地）销售总额（交易双方的实际成交价格总额）除以总销售面积，即房（地）的平均销售价格，简称房（地）价。

2.1.2 创新集聚概念

为研究需要，对创新、集聚、创新集聚的概念及含义进行梳理。

创新（Innovation），是指以现有的、已经存在或认可的思维模式提出有别于常规或常人思维的见解，或者利用现有的知识和物质，在特定的环境中，改进或创造出新的事物、方法、路径等对象，为获得一定的有益效果或满足某种社会需求。创新概念的理解和提出起初是从技术与经济相结合的角度开始的，主要代表人物就是约瑟夫•熊彼特，现代创新理论之父。他认为[108]，创新的本质就是将创新要素再次组合，即要建立一种新的生产函数，具体表现为在生产过程中，引进一种新的生产要素或者改变生产条件将生产要素重新组合。详细来讲，生产过程中有以下五种情况之一出现均称之为创新：生产出一种新的产品；采用了一种新的生产方法；开辟了一个新的产品销售市场；生产要素、原材料的改变或者替换；实现了一种生产过程中的新的组织形式。这五种情形分别称之为产品创新、技术创新、市场创新、资源配置创新、组织创新。

集聚（Agglomeration），辞海中意为“集合，聚合”。集聚效应是一种常见的经济现象，是指各种产业和经济活动在空间上的集中，而这种空间上的集中所产生的经济效果以及推动经济活动向该地区不断靠近的“向心力”，即称为集聚效应，它是促进城市形成和不断扩大的重要因素。

创新集聚：创新具有明显的集聚效应和规模经济特征，创新集聚本质上是创新要素的集聚，创新集聚反映的是创新要素的集聚效应，创新要素包括创新主体、创新机会、创新活动以及创新资源。创新集聚效应形成的过程，就是各城市之间要素互相流动、互相补给、创新思想碰撞产生且最终产生效益的过程，创新要素是创新集聚效应产生的基础，集聚效应的存在，使得创新要素主体对知识的共享和传播成为可能。本研究所指的创新集聚（Innovation Agglomeration），是指由于创新技术或创新成果的溢出效应在某个特定的空间地理区域内高度集中，从而引起资本要素、人才要素等创新核心要素在区域空间范围内受某驱动力影响不断向创新区汇聚的过程。这种创新特指在技术、产品生产流程中体现的新的和能创造价值的理念，它主要包括促进经济增长、就业、创业和结构性改革，提高生产力和竞争力（《二十国集团创新增长蓝图》，2016，中国杭州）。创新导致产业、资本、人才、技术等创新要素在全球范围某些城市或区域空间集聚，深刻影响着城市不动产价值的升降变化，驱动着不动产市场的荣衰分化。这种创新集聚效应引起的不动产市场的变化过程，正是本书研究的主题。

2.2　基础理论

2.2.1　供求均衡理论

《管子·轻重》中描述到“物多则贱，寡则贵；有余则轻，不足则重”，简单的几句话道出了供求均衡理论的机理。均衡是指各种力量处于平衡的状态，它是一种动态过程，供求均衡指的是供给与需求两种变量处于相对静止，一定时期内不再变动的状态。需求描述了在某一特定时期内或某一特定环境下，消费者对某种商品在某一价格水平下愿意而且能够购买的数量，需求刻画了两层含义，既要有购买欲望又有购买能力，是一种有效需求。影响消费者需求变化的因素很多，这种需求的变动是指在商品本身价格保持不变的情况下，由其他影响因素，如流行趋势、产品性能变化、替代品的出现等变化所引起的消费者对商品需求数量的变动。与需求相对的是，供给是从厂商的角度描述了在某一特定时期内，厂商对某种商品在某一价格水平下愿意而且能够供应的数量。与需求相同，供给刻画的也是两层含义，既要有供给欲望，又要有供给能力，二者缺一不可。同理，供给的变动是指在商品本身价格保持不变的情况下，由其他影响因素，如生产技术提高、原材料等变动引起的厂商对商品供给数量的变动。

均衡价格是指某种商品的市场需求和市场供给数量相等时，所对应的商品价格。均衡价格的形成过程就是该商品市场供求均衡形成的过程，它是商品市场需求和市场供给两种力量共同作用的结果，是供求双方竞争过程中自发形成的，并随着二者的变动而变动。

2.2.2 创新集聚经济理论

集聚经济理论，由工业区位经济学家韦伯（A.Weber，1909）于1909年首次提出，他将区位因素划分为区域因素和集聚因素两大类，重点是将集聚因素剥离出来后，从而对集聚形成的规则进行量化，探讨产业集聚因素的影响作用。产业在空间上的集聚回避了中间环节，节约了交易成本，促进了劳动力组织的专业化，各类产业在集聚的过程中，共享着各类资源的同时有效地节省了企业的成本。

在此基础上，经济学家巴顿（K.J.Button，1976）突破性地分析了企业集聚与创新绩效之间的关系，二者之间的关系可以从以下几方面来理解：一是企业在空间上的集聚，集中在一起更容易带来竞争，而竞争的同时又促进了创新；二是企业在空间上的集聚，提高了资源的共享度，加速了信息的传播速度与质量，这种资源共享和信息沟通产出了更多的创新绩效；三是众多企业的集聚地中，便捷的交通、高端的通讯，加快了所在集聚区创新成果产生的速度。

产业经济理论中，早在古典经济学时期，亚当·斯密（1776）在其著名的《国富论》中，从产业聚集的视角对集聚经济做出了描述，产业聚集是若干企业为完成某种生产而联合组成的群体，这些企业有个共同的特征，即分工明确。1890年，阿尔弗雷德·马歇尔在《经济学原理》一书中，首次定义了产业集聚、空间外部经济、内部集聚等概念，提出了集聚形成的三种原因：一是分工进一步专业化的需求；二是企业集聚于一个特定的空间，才能更便捷地提供产业技能所需要的劳动力市场；三是产业集聚后才能产生更多的规模效应和溢出效应。以后的研究中，他进一步得出了相同产业的企业聚集于同一区域，会利于劳动力、资金、资源、运输以及其他专业性资源的聚集，提高生产效应，增强所在区域内企业的竞争力。

产业区位理论中，屠能（1826）创造性地开创了区位理论的先河，他以工业及典型城市周围的农业活动模式为研究对象，用各种要素来解释集聚经济现象，将规模收效不变和完全竞争的标准假设实现了最完美的结合。作为集聚概念的首个提出者，韦伯（1909）从成本的角度，阐明了成本费用最小区才是最好的区位，而集聚是企业节约成本的最便捷方式，企业只有在区位上相互靠近才能获利最大，成本最低。勒施（1940）将产业集聚与城市的形成进行了相关研究。他认为相似企业集聚一处，随着这个区位的扩张，就有可能形成城市，这就是城市化的过程。

新竞争优势理论中，著名的当是波特的钻石模型。1990 年，波特通过对产业集聚现象进行研究，分析了企业的竞争优势，提出了产业群的概念，并利用 Diamond 钻石模型对产业集聚及产业群进行了研究。波特的钻石模型中，企业的竞争优势核心因素是创新，也是企业创新市场及保持市场份额的重心。

新制度经济的交易费用理论中，科斯（1937）认为，企业内部通过管理控制生产，企业外部通过市场价格调控生产，二者相互协调配合，本质一样。继而提出交易费用理论，指明减少交易费用的渠道与方法，即为企业或组织搭建区域平台，将若干要素的所有者分别组织起来参加市场交换，减少市场交易者总数量，削减交易费用。在此基础上，威廉姆斯（1977）将交易费用分为事前交易费用和事后交易费用，详细分析交易费用的影响因素，并于 1994 年建立了基于区域间的动态交易费用模型。

新经济地理学规模报酬递增理论中，新经济地理学派从全新的角度阐述了产业集聚理论，各类生产要素的集聚性投入与倍数产出有效解释了递增报酬与运输成本之间的权衡关系。新经济地理学学派代表人物克鲁格曼于 1991 年借助收益递增思想，构建了产业集聚的中心—外围模型，该模型依赖于外部经济，描述了规模经济、收益递增及运输成本间的相互作用关系，模型假设工资差异是引起工人流动的动力，工人以解决厂商和消费者利益最大化为最终目标，形成了在企业间的流动机制。

2.2.3 城市形态理论

城市形态则是城市集聚地产生、成长、形式、结构、功能和发展的综合反映。形成于美国的城市形态理论有两个主要分支：第一是 20 世纪 20 年代出现的被称作文化形态研究的伯克利学派，它的主要研究对象是民居聚落而非城市；第二是形成于芝加哥大学社会学系的芝加哥学派，这一学派运用折中社会经济学理论强调城市用地分析。在社会学家伯吉斯（Burgess，1925）创立了同心圆理论的基础上，霍伊特（Hoyt，1939）发展出扇形区理论，哈里斯（Harris，1925）和尤曼（Ullman，1945）发展出多核心城市理论。20 世纪五六十年代以后，他们及其追随者的研究在世界范围内产生了广泛影响。城市功能结构理论作为城市形态研究的一部分是因为它关注城市用地，而规划和建筑设计仅被视为城市用地的载体。另外，相对于解释城市内部不同功能分布的城市功能结构理论，克里斯托尔（Christall）的“中心地理论”（Central Place Theory）分析了城市之间的空间及规模关系。城市功能结构理论反映了从社会经济学角度研究城市用地发展关系的城市形态方法。城市形态作为城市化的结果这一模型，使物质的城市形态、抽象的政治经济因素和城市规划有机地联系在一起，从而提供了一个强有力的并可以被广泛应用的方法来分析城市形态变化的动力及过程机制。

2.2.4 区域发展理论

系统的区域发展理论始于第二次世界大战以后，自 20 世纪 80 年代以来，众多主流经济学家开始涉足区域经济研究领域，形成了独特的主流经济学派区域发展理论。进入 20 世纪 80 年代以来，在国际上，迈克尔·波特（Porter.Michael）、保罗·克鲁格曼（Krugman.Paul）等著名主流经济学家开始介入空间或区域问题的研究，从而带动了一大批经济学家致力于将空间问题引入到主流经济学研究之中。其中，最有影响的理论包括：以波特为代表所提出的“产业集群理论”（Industrial Clusters Theory）；以克鲁格曼等为代表的新经济地理学（New Economic Geography）等。2014 年 6 月，美国著名智库布鲁金斯学会（Brookings Institution）发布研究报告《创新区的崛起：美国创新的新地理》（*The Rise of Innovation Districts: A New Geography of Innovation in America*），首次提出创新城区的概念，并对其进行了深入分析和阐述，该科研成果的发表，对区域创新理论进行了推进与补充。

2.2.5　结构行为绩效理论

结构行为绩效理论，又称 SCP（Structure-Conduct-Performance）模型理论。该模型[109]是由美国哈佛大学产业经济学权威梅森（Maison）等人于 20 世纪 30 年代首次提出的。它提供了一个既能深入具体环节，又有系统逻辑体系的市场结构—市场行为—市场绩效的产业分析框架。SCP 框架的基本含义是市场结构决定企业在市场中的行为，而企业行为又决定市场运行在各个方面的经济绩效，它主要从特定的行业结构、企业行为和经营绩效三个角度来分析在行为或者企业受到表面冲击时，可能进行的战略调整及行为变化。其中，行为结构主要是指宏观环境的变化对企业行为可能的影响；企业行为主要是指企业针对外部冲击和行业结构的变化有可能采取的应对措施；经营绩效主要是指外部环境方面发生变化的情况下，企业在经营利润、产品成本、市场份额等方面的变化趋势。到 20 世纪 70 年代波斯纳、斯蒂格勒等人在批评结构主义的基础上，提出了行为主义理论，认为市场结构、市场行为和市场绩效之间不是单向决定的，而是互动的关系。市场结构是自然演进的结果，规模经济往往是效率的来源。

2.2.6 自组织系统理论

自组织理论始创于20世纪60年代末，主要的研究对象是社会系统与生命系统的发展。系统[110]是指由相互作用相互依赖的若干要素组成，具有特定功能的有机整体，但相对于更大系统来说，这个有机整体又是其中的一个组成部分（钱学森）。按照发展的动力来源来分，系统可划分为自组织系统和他组织系统。自组织系统的演化是指在开放性的环境中，不需要外界条件影响干涉，利用系统内部各要素的自身矛盾，在它们既协调发展又相互促进的共同作用下，完成自行演化、自行组织、自行发展的过程。自组织是相对于他组织而言的，它描述了系统从无序到有序，从低级到高级的可持续发展的历程。耗散结构是自组织理论的重要分支，具备以下三大特征：开放性，远离平衡性，非线性。

2.3 城市不动产的创新集聚效应研究理论框架

城市形态理论中城市功能结构理论学派的观点认为，城市形态是指城市在形式方面具有某种统一特定特征，这种特征使城市具备某种核心能力，使该地区与其周围的区域区分开来。随着信息化与知识化的发展，人们逐渐认识到创新作为城市资源要素的最优组合，实际上也是城市形态演化过程的重要特征依据。人才、资本、技术等核心创新要素在某个城市的集聚，决定了这个城市发展的基本形态。这种形态朝着具备特殊城市特质的目标逐渐演化，才有了创新城区发展理论的提出与应用，本书研究中的基于创新集聚的城市发展正是基于以上理论的过程分析。

结构行为绩效（Structure-Conduct-Performance，简称SCP）理论，是由哈佛大学的代表学者梅森（Maison）教授等学者于20世纪30年代首次提出的产业经济学的经典理论。该理论按结构、行为、绩效三大模块对产业进行分析，构架了系统化的市场结构（Structure）—市场行为（Conduct）—市场绩效（Performance）的分析框架（简称 SCP 模型）。本研究借助 SCP 模型的构建办法，嫁接 SCP 理论的核心思想，突破其分析范式，将其与城市结构理论相糅合，从城市的资产结构切入，研究城市资产结构引致下的人口流动的行为选择与经济绩效的产出，最后作用于不动产市场。

耗散结构是自组织理论的重要分支，具备以下三大特征：开放性，远离平衡性，非线性。本书将对处于区域创新系统下的不动产市场的运行是否具备耗散结构的三大特征进行分析，探求创新集聚作用下不动产市场实现自组织演化，从而实现迭代趋优可持续发展的有效路径。

创新集聚是城市形态发展的重要推动力，不动产建设是城市发展的重要组成部分，虽然对二者各自的研究成果很多，但是把创新集聚作为自变量，作用于因变量不动产市场的研究并不多见，种种数据与现象让我们认识到，创新集聚应该是引起不动产价值分异的重要因素。基于以上对作用过程的分析，结合各基本理论的要点，研究构建城市不动产的创新集聚效应研究的理论框架如图 2-1 所示。

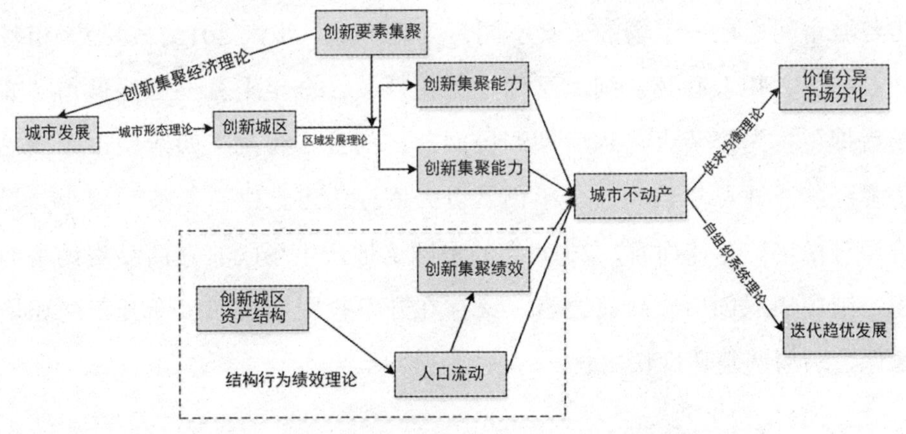

图 2-1　创新集聚影响不动产研究的理论框架图

第三节　创新人才流动引致下的房地产市场分化

2015年的房地产市场，“去库存”“市场分化”无疑是关键字，国家首次将房地产去库存提高到战略高度，足见其重要性与紧迫性。全国层面上，截至2015年10月，当时楼市真实库存约98.3亿平方米[①]，其中建成待售面积6.86亿方、在建商品房库存约49.08亿方、待建面积42.3亿方，去库存任务艰巨，困难重重；城市层面上，以“供需比”为考量指标，北、上、广、深一线城市供不应求，尤其是深圳，供需比为26.6%，市场供给严重不足，房价连年上涨。2016年8月，北京住房平均价格上涨至单价51 624元。上海、深圳仅居其后，且均在50 000元以上。而营口、鄂尔多斯，甚至太原等城市，2015年时供需比超过200%，供过于求，平均单价不足8 000元，销售量与销售额均不尽人意，房价下跌情况下依旧库存严重。去库存任务轻重不同，急缓各异，进一步表现为各城市间房地产市场的荣衰不同，分化严重。步入2016，房地产市场跌宕起伏、扣人心弦，国家层面上分化延续，全年来看一二线城市“先扬后抑”，先繁荣火热到后期调控回落；部分二线及三四线城市因商品房库存阶段性总量偏高，全年仍然以去库存为主，供需差波动较小，量价相对稳定。总体而言，2016年的中国房地产市场既有在商品房销售面积、销售额双创历史新高之喜，又存在开发投资增速缓、新开工面积增速低、结构调整速度慢之忧。

---

① 数据来源：Wind、安信证券研究中心，陈天诚。

迈进 2017 年，强分化仍旧是房地产市场最主要特征且有不断加深之势，前 11 个月商品销售面积与销售额分别增长 30.7% 和 42%，但主要集中在中部地区。城市层面，一二线热点城市“一房难求”甚至“无房可卖”，非热点二线城市量价上升，去库存任务轻的城市复苏回暖，去库存任务重的城市量价逐渐见底；土地层面，总体供应增加，地价涨幅下降，不同城市土地供应分化加剧，不同房企拿地分化加深；房企层面，品牌房企销售业绩再创新高，百亿、千亿房企继续扩容，市场份额达 50% 以上。因地价上涨较快、开发利润降低及市场竞争白热化，部分中小型房企、民企已被迫逐步退出历史舞台。

房地产市场的荣衰，短期看金融，中期看土地，长期看人口。一二线城市房价大涨与三四线城市房地产库存压力加大，两种极端现象的并存，其深层次原因有待深究。城镇化与城市化，一字之差致使不同城市房价出现高落差。单从字面上理解，城镇化看似同时包含了两层含义，即“城市化”+“乡镇化”，其含义更能体现中国当前的发展模式，比单纯的“城市化”的描述含义更广，但实质则不然！早期中国各省乡镇所盛行的“进厂不进城”“离土不离乡”的发展模式，无形中加速了 2001 年城镇化概念的正式提出，再到近期“农业转移人口市民化”的城镇化及鼓励农民工买房的各项举措一一出台，实质上都是实现农民就地城镇化的显著体现。相对而言，城市化描述的不仅是农民真正实现农转非的过程，更多体现的是大量人口由农村向城市，由小城市向大城市集聚迁移的过程，在这个过程中，城市的发展则表现为数量增加、规模扩大、服务基础设施进一步完善、城市间的经济关系更加密切，促进居民的生活方式更加文明的过程。在这个过程中，城市化更多地表现为市场主要驱动，没有太多行政干预的色彩，即仅通过市场机制，利用城市的功能与环境及特殊的区位优势和服务水平逐步吸引外来人口流入，使他们自然而然地融入于此，从而顺理成章地实现城市化，继而在真正意义上提高国家的总体城市化率。

城市化进程中人口向大城市的集聚是关键。中央提出化解房地产库存，扩大有效需求乃其重中之重。三四线城市库存量大且难以化去的根本原因在于需求，在于人，即城市人口的日渐流失，需求量大幅度减少，去库存任务也就只能是空谈。东经 110 度线是中国的一条重要分界线，其由北至南穿过内蒙古—陕西—湖北—湖南—广西—广东—海南。无论是由卫星拍摄的中国夜幕间灯光分布图，还是 QQ 在线分布图，还是春节人口迁徙轨迹图，都直观地反映了在东经 110 度线附近出现了一条由晋西、鄂西、湘西、粤西连成的断裂带，与东、西两侧人口稠密的中部地区和成渝地区形成了鲜明的对比。胡焕庸线将中国分割成两部分，以两侧面积为 57%、43% 的比例分别承载着 5.8%、94.2% 的人口，创造出 4.3%、95.7% 的 GDP，其巨大悬殊不言而喻。随着每年农民工的新增，大学生毕业季的到来，作为迁移人口主力的他们对自己的目标城市选择越来越明确，尤其是受过高等教育的大学生，他们是具备潜在创新能力的高智商者，拥有创新创业的激情、不服输的精神和干大事业实现人生价值的美好愿望，因此科技人才云集、创新技术领先、创业环境优越的一线城市则成了他们的理想之选。截至 2016 年，我国 4 个一线城市聚集了全国 5% 以上的常住人口，二线城市常住人口占比也超过 16%，而其他城市常住人口占比近 80%。至 2017 年，包括北、上、广、深在内，有 12 个城市人口超过 500 万，总体累计人数超过 1 亿大关，约占全国城市人口的四分之一。据统计，最近 6 年，中国总人口增加了 4 180 万，其中约 15% 的新增常住人口分布在一线城市，逾 40% 分布在二线城市，因而人口整体依然是向较发达的大中型城市聚集。以外来人口净流入为评价标准，以（常住人口 − 户籍人口）/ 常住人口为度量指标，2010—

2016 年以来人口净流入最多的城市均为全国或区域经济较发达的地区，大多位于珠三角和长三角城市群，包括 4 个一线城市、8 个二线城市和 8 个三四线城市。其中，除北京、上海外，占比较多的广东有 5 个，分别是广州、深圳以及毗邻的东莞、中山、惠州，并且东莞外来人口占比高达 75%，深圳、中山也都超过 50%；江苏有 4 个，为苏南的苏州、无锡、常州和省会南京。

无独有偶，通过对全国网民的地域分布情况进行统计，从 2016 年 3 月 1 日至 2016 年 5 月 31 日，为期三个月的数据显示，广东省网民占到 18.27%，位居第一且遥遥领先，北京以 4.82% 排名第六，上海以 3.91% 排名第九。总分布特征表现为：东部和中部地区城市已连成一片，西北、东北、西南等广大城市以点、线格局为主。

《中国区域创新能力评价报告 2017》指出：当前中国区域创新保持“三跑并存”的态势，广东以 55.24 的成绩打破九年来屈居第二的格局，首次跃居全国第一。江苏、北京、上海分别以 53.3、52.56、44.81 位列二至四位，区域创新的不平衡性再度凸显。以北京的中关村、上海的张江、深圳的南山为代表的科技创新园区，无论是数量上还是质量上皆聚集了几乎所有的中国的科技巨头，为每年近千万大中、专毕业生提供了就业的机会与自我价值实现的平台，使得迁徙人口的主体已从普通服务业从业人员逐渐变成就业于知识、技术密集型产业和高端服务业的高校毕业生，且人口流动日益呈现出以下三大基本规律：流入地越来越明确，高度集中在一级城市及三大都市圈；人口结构层次趋于年轻化、知识化；大部分三四线城市，人口流入速度缓慢、停滞，甚至出现负增长（表 3–1）。人口流动是对城市选择的结果，人口集聚的背后其实是产业和资源的集聚，驱动人口流动最主要的因素是追求更好的生活，具体而言包括工作、收入、环境、社会资源等等，在这些方面大城市无疑具有明显的优势。

表 3-1　2017 年中国城市房价与创新能力排名 TOP 10[①]

排名	城市	人口吸引力指数排名	2012—2016 年人口增量（万人）	2017 年 11 月房价（元 / 平方米）及全国排名	城市创新力指数
1	北京	7.585（2）	154.3	65 347（1）	100
2	深圳	8.027（1）	144.1	52 418（3）	90
3	上海	6.544（4）	72.2	52 796（2）	89
4	广州	7.379（3）	129.2	31 073（4）	75
5	杭州	4.181（8）	35.05	29 134（5）	73
6	天津	2.763（10）	207.5	25 586（6）	73
7	成都	4.877（7）	184.7	14 529（9）	71
8	武汉	3.416（9）	74.62	17 931（7）	70
9	苏州	5.343（6）	15.47	17 601（8）	70
10	重庆	5.655（5）	129.43	10 282（10）	69

从国际经验来看，城市化进程中，人口会持续向大都市圈集聚迁徙。日本经济振兴计划鼓励人口到东京、大阪、名古屋三大都市圈外的城市安居乐业，但是日本 2016 年净流入人口最多之地仍是东京、大阪、名古屋三大都市及都市圈。据日本总务省公布数据统计，2016 年日本首都圈（东京都及周边三县）的净流入人口约达 12 万人，比 2015 年增长了约 2 万人，将增长年数持续 20 年之久。日本人口迁徙具备以下特征：一是迁徙人口年龄主要是 15—29 岁的年轻人；二是人口迁徙的总趋向表现为由农村和小城镇向首都圈流入；三是新就业或职业再选择是导致人口流动重要原因。同样，韩国也表现为有近一半的人口集聚于首尔首都圈。美国也有弃底特律向纽约、波士顿、旧金山、洛杉矶、芝加哥等都市群迁徙集聚现象，旧金山、洛杉矶的平均房价连年上涨已超过芝加哥逼近纽约，且跨入 18—

① 资料来源：依据2017年创新力指数排名物理排序，由各类城市排名资料整理完成。

35 岁年轻人最向往的十大城市之列。

3.1　中国科技创新型人才流动现状及规律探析

科技进步极大地推动了社会经济的发展，对科技日渐强化的依赖，使得大到各国，小到各行政区由对自然资源和资本的竞争转变为对科技人才的竞争，尤其是对具有创新潜力的科技型人才的竞争。为此，各地一系列吸引人才流入和长驻的政策相继出台，在各地独有的自然资源禀赋基础上，外加科学有效的人才政策，使得科技创新型人才在中国乃至全球流动，最终集聚。

2017 年，OFO 共享单车联合城市数据团发布《八城市大学生就业流向报告》，对北京、南京、上海、广州、杭州、成都、武汉、郑州八座城市数十万大学生的就业流向进行抽样调查，结果显示，包括双一流、985、211 高校在内的重点大学毕业生去往一线城市的比例更高，具体高达 34%；从全国范围内来看，北、上、广、深为大学生毕业流向的重点城市；从学历来看，越是高学历的大学生，留在本地的比例越低，去往一线城市的比例越高。

回归到当前科技人才空间分布现状上，近年来，中国的科技人才数量在整体上呈现不断增长趋势，但在西、中、东部的空间分布上增长幅度却大不相同。2005—2016 年，东部地区每万人口中科技人才的数量每年稳步增加，截至 2016 年，东部地区科技人才数量已增至 312 万人，超过全国总科技人才数量的一半以上，占比达到 64.69%，增幅最大；中部地区科技人才数量增至近 90 万人，占比达 17%，仅次于东部地区；相比之下，西部地区、东北地区科技人才数量增长缓慢，甚至有下降趋势，占比也比较低，分别为 12.49%、5.82%。由此可见，科技人才在空间区域上的分布并不均衡，且差距逐年拉大，不均衡仍在加剧。

根据智联招聘春节后在线招聘数据的统计分析，2017 年春季高校毕业生中已就业的白领希望跳槽或更换工作的意愿持续上升，目标集中于一线城市，科技创新园区周边卫星效应凸显，尤其以北京、深圳、上海、成都、杭州等为核心的城市群人才市场非常活跃，成为他们争先选择之地。

将目标锁定在科技创新人才有意选择的城市上，按照人均投递简历进行排名，北京、深圳、上海三所城市分别以人均投递简历量 31.07 份、19.59 份和 18.65 份高居榜首前三名；而每百万公里科技创新人才的增长数量也分别以 2 614 人、1 476 人及 841 人高居榜首，位列前三。受到政治、经济、服务、政策等因素不同程度的影响，优质的软硬件环境使得北京汇聚了世界各国的优秀企业，而深圳和上海作为科技水平发达城市也吸引了大量海内外的创新资源，在这里，有更多的平台可以提供给有科技创新能力的青年人来施展，因此其科技创新人才市场最为活跃。需要引起我们注意的是，从数据统计中可以看出一线城市已并非白领的唯一选择，成都、西安、天津、郑州等部分二线城市的人均投递简历量与深圳、上海非常接近，同时跻身高校毕业生或科技创新人才所期望工作的城市前十名。这说明我国所打造的七大都市群中，长三角城市群、粤港澳城市群、京津冀城市群、山东半岛城市群、长江中游城市群等城市群的科技企业发展活力和其对科技创新型人才的吸引力已经显现且日渐增强，未来科技人才流动的趋势将更加明确化和多元化，多元化表明科技人才所选择的目标城市增多，而明确化则说明即使城市再多，这些城市皆具有一个共同特征，即科技创新水平高，拥有良好且先进的科技创新氛围与平台。

3.2 中国主要城市房地产市场现状分析

2015 年中央吹响全面去库存号角后，2016 年房地产市场仍然是拉动我国经济增长的重要力量，也成为经济增速放缓的直接因素，到了 2017 年，房地产市场告别高速增长阶段，进入平稳发展时期。一线及部分二级城市的房价在政策调控下虽然没有持续飙升，但仍极度缺房，出现一房难求局面，使房地产市场再次成为市场的敏感点和金融市场的风险点，突出表现为开发投资严重失衡，一线和部分二线城市房市火热，三四线城市库存压力依然严峻。

1. 土地市场

土地新增供应差异较大，城市分化加剧，一二线城市平稳回升，三四线城市遇冷。其中上海、广州保持以往供应水平，二线城市中南京、郑州、重庆、武汉、昆明供应量较大。

2017 年 1—6 月①，300 个城市土地供给建筑面积合计 9.68 亿平方米（累计同比 −0.2%），其中，一线城市 2 738 万平方米（累计同比 +57%），二线城市 3.10 亿平方米（累计同比 −5%），三四线城市 6.31 亿平方米（累计同比 +1%）。2017 年 1—6 月，300 个城市土地成交建筑面积合计 8.11 亿平方米（累计同比 +2%），其中，一线城市 2 594 万平方米（累计同比 +86%），二线城市 2.65 亿平方米（累计同比 −4%），三四线城市 5.20 亿平方米（累计同比 +2%）。2017 年 1—6 月，300 个城市土地出让金合计 1.71 万亿元（累计同比 +42%），其中，一线城市 2 372 亿元（累计同比 +55%），二线城市 7 673 亿元（累计同比 +16%），三四线城市 7 102 亿元（累计同比 +81%）。

2. 商品住宅市场

2017 年，主要城市商品住宅市场成交低位运行，同比下降 16.17%。具体来讲，一线城市楼市总体成交量相比 2016 年下降 37%，二线城市楼市总体成交量同比下降 15%，三线城市楼市总体成交量同比小幅上升

① 数据来源：中国房地产行业高层决策内参市场分析与发展前景研究报告。

0.3%。这个结果正是中央坚持住房居住属性定位，加快制度建设，促进市场平稳发展，限购、限贷、限售、叠加土拍收紧等调控效果初步显现的结果，具体如表 3–2 所示。

表 3–2　2017 年上半年各城市住房交易情况统计[①]

城市	成交套数	成交面积（万平方米）	成交面积同比涨跌	成交套数（套）	成交面积（万平方米）
北京	47 067	546.69	–42.37	81 829	948.61
上海	136 908	1 361.15	–38.00	204 464	2 195.36
广州	89 621	972.82	–30.10	126 835	1 391.78
深圳	25 820	259.29	–37.77	40 305	416.65
一线城市	299 416	3 139.94	–37.00	453 433	4 952.40
杭州	31 431	384.08	–34.99	51 530	590.84
南京	61 915	706.54	–49.82	127 303	1 407.88
苏州	52 669	632.89	–25.42	66 605	848.61
成都	127 651	1 356.23	37.27	98 252	988.00
青岛	152 372	1 676.35	–17.02	191 583	2 020.21
福州	13 680	143.02	–49.47	27 790	283.05
大连	36 402	374.43	14.52	32 292	326.97
宁波	58 852	722.51	–0.96	57 786	729.54
武汉	203 867	2 054.34	–29.97	283 339	2 933.41
温州	47 475	624.80	11.66	43 828	559.54
南昌	47 678	532.99	–26.37	62 526	723.91
济南	78 652	955.67	–42.42	142 251	1 659.83
南宁	80 030	847.54	28.57	63 777	659.22
西安	138 183	1 531.85	–17.38	171 951	1 854.19
重庆	246 143	2 423.52	25.45	206 760	1 931.92
二线代表城市	1 377 000	14 966.77	–15	1 627 573	17 517.12
东莞	50 089	560.84	–36.54	77 185	883.75

① 数据来源：中国房地产行业高层决策内参市场分析与发展前景研究报告。

续　表

城市	成交套数	成交面积（万平方米）	成交面积同比涨跌	成交套数（套）	成交面积（万平方米）
惠州	29 050	335.99	–36.91	46 985	532.54
泉州	17 516	208.71	–13.19	20 291	240.42
韶关	17 090	201.58	–0.56	20 152	202.71
汕头	43 801	557.20	83.58	25 947	303.51
徐州	120 158	1 366.81	6.71	111 722	1 280.88
扬州	34 016	386.53	18.33	28 348	326.67
连云港	75 777	822.60	25.17	60 459	657.21
三线代表城市	387 497	4 440.27	0.30	391 089	4 427.69

27 个主要城市商品住宅总成交面积为 22 546.98 万平方米，其中一线城市共成交 3 139.94 万平方米。分城市来看，大部分城市的成交面积同比出现上升，且升幅较大，其中北京、上海、广州、深圳的成交面积均同比下调；二线城市中，成都的成交面积同比上升 37.27%，南宁、大连、温州、重庆也有不同幅度的上升；三线代表性城市则涨跌不一，而这其中与城市所在区位有莫大关系。

房价方面，2016 年以来一直呈现一线城市房价普遍上扬，深圳、上海存量住宅价格上涨较快；二线城市房价相对稳定，厦门、南京新建住宅价格上涨较快，部分二线城市房价小幅下调。到 2017 年发生了转变，热点城市逐步降温，三四线部分城市有热涨上调趋势。

3. 商品非住宅市场

办公房地产方面，深圳、西安新建办公房地产市场交易量环比有所上升，深圳新建办公房地产交易价格抢眼。

成交均价方面，一线城市中深圳均价最高，达 42 551 元 / 平方米，其次上海为 30 525 元 / 平方米，北京为 24 016 元 / 平方米，广州均价为

20 913 元 / 平方米。监测的二线城市中，成都成交均价 30 793 元 / 平方米，西安为 21 333 元 / 平方米，郑州、重庆、武汉、南昌均价则分别为 17 056/ 平方米、17 416 元 / 平方米、14 193 元 / 平方米、9 421 元 / 平方米。具体如图 3–1 所示。[①]

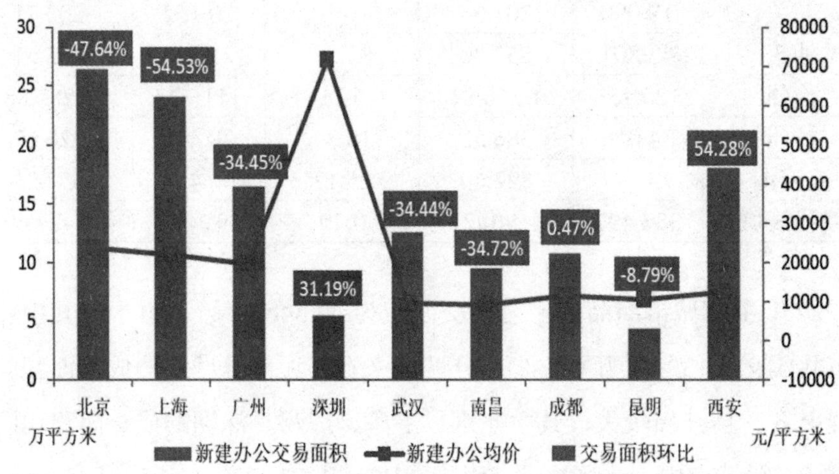

图 3–1　部分城市新建办公房地产交易面积及均价

商业房地产方面，新建商业房地产市场交易热度有所降低，除昆明交易量大幅上涨外，其他城市交易量均有不同程度的下降。成交面积方面，北京、上海、广州、深圳分别成交 238.45 万平方米、143.08 万平方米、172.41 万平方米和 53 万平方米，成交均价分别为 28 461 元 / 平方米、22 344 元 / 平方米、16 387 元 / 平方米、46 327 元 / 平方米。郑州、武汉、成都、重庆、南昌、西安的成交量分别为 101.55 万平方米、105.23 万平方米、89.2 万平方米、136.49 万平方米、74.4 万平方米、96.82 万平方米；郑州成交均价为 10 193 元 / 平方米，武汉为 12 429 元 / 平方米，成都为 9 573

① 数据来源：中国房地产统计年鉴、中国房地产行业高层决策内参市场分析与发展前景研究报告。

元 / 平方米，重庆为 9 903 元 / 平方米，南昌为 9 421 元 / 平方米，西安为 11 296 元 / 平方米。具体如图 3–2 所示。①

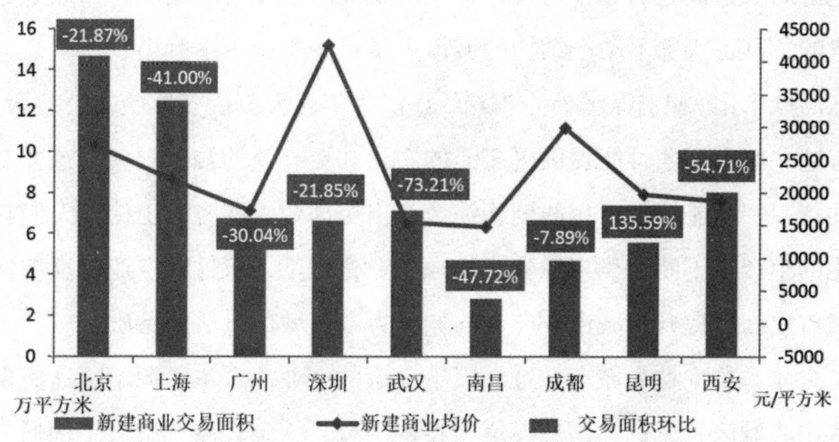

图 3–2　部分城市新建办公房地产交易面积及均价

总体来说，无论是住宅房地产，还是非住宅房地产，在土地价格、房产价格、房地产市场成交量三个指标上，均分化严重，且仍有加剧趋势。

3.3　数据表象下的内因分析

由于国家政策的严厉管控，数据显示房市趋于稳定已将近一年，市场分析中，房价连续几个月下降，甚至出现有人觉得一线城市生存压力大，不想过得太辛苦，而流向三四线城市的趋势。这种表象下，更应该注意的是，城市化是人类发展的趋势，越富有的国家，技术、人才、信息、知识在经济发展中所起的作用越大，越来越多的人需要通过和别人的交往来传播知识和交流沟通，以激发更多的创意与创新点子的迸发，从而成为知识

① 数据来源：中国房地产统计年鉴、中国房地产行业高层决策内参市场分析与发展前景研究报告。

获取的获利者与新知识的生产者。而这种沟通与碰撞，需要面对面地完成，而这正是集聚产生的源头与根本，人才的集聚、知识的集聚、产业的集聚促进公共服务设施的完备与提升，无形中促进了城市的发展，而形成竞争优势的，具备特殊不动产结构的城市更是在历史竞争中胜出，这就是愈演愈烈的城市化。只有某些特定城市，才能为年轻人提供多样性的公共服务，只有这些城市，才可能提供更多元的文化和更有效的知识服务。这样专业化的结果，既能使城市化的创新绩效产出更高效，同时，也使得人们在专业化的生产中不断地积累经验，加强专业化程度，且这种专业化反馈作用于城市层面，提升了城市生产者的竞争力以及城市生活的品质。

人才、技术在大城市扎堆，吸纳大量的企业、资本源源不断地集聚在这些中心城区。先进的信息渠道与技术平台，一定程度上增大了沟通的可能性，但这种“线上”对“线下”的交流只是起到补充而非替代作用，且这种线上的交流实际上会产生更多的线下交流的需求，信息技术更可能催生了更多人之间面对面交流的需求。城市的发展理论上能容纳众多的人口，城市发展过程中建设了更多的道路和基础设施，满足城市进步需要的同时更多的是带来聚集效应，更大地提高创新效率与产出。太多的国际经验告诉我们，人口向大城市集聚的过程不会终止，至少不会在城市化刚刚超过50%的中国的今天终止。美国和加拿大这样发达的国家，城市化进程已经基本完成，城市化水平已达到80%，人们仍然在不断向大城市集聚，一些著名的国际化大都市，如纽约和多伦多，随着人口的流动表现出来的依旧是城市的日益扩大，而不是缩小或萎靡；日本全国人口在下降，而东京和东京圈的人口却仍在上升，这也是同样的表现。究其深层次原因，便是越是发达的国家，知识密集型的产业比重就越高。

具备潜在创新能力的人愿意居住在大城市，特别是大城市的核心区，这种区域既能满足收入水平提高对于生活品质的需求，又能满足知识提升与工作中需要的信息交流。城市化的进程中产生了高房价，这种高房价，是土地和住房、基础设施和公共服务的需要，同时也是消费者为获得大城市生活和工作要支付的代价，更是众多年轻人在大城市实现人生价值和理想的代价。住在拥有更多创新机会的大城市，省却了长期往返于小城市和大城市之间的金钱和时间成本，房价是获得大城市便利性的“入场券”，同时也是提升自身价值，实现梦想的“敲门砖”。越来越多的人往大城市集中。排除政策调控干扰因素，若只在市场的作用下，供给不足，供需失衡，这些地区的房价只能是涨，不会是跌。任泽平曾说过，房地产市场的荣衰，短期看金融，中期看土地，长期看人口。在众多影响房价的因素中，人口的重要性毋庸置疑，其流向决定了房市的波动变化。基于此，需要探究人口流动的深层次驱动因素，明晰房价变化的真正动因，这是本书研究的基本出发点，也是不动产市场建立长效良性发展机制所亟待解决的问题。

第四节　创新集聚测度及空间差异性分析

随着全球化程度的不断加深，经济全球化已经进入第三阶段，即创新全球化。创新全球化的最大特征，就是创新资源（资本、人才和知识）在全球范围内的自由流动[111]。这种资源的流动不是随意的，而是有一定规律的，规律就是资本与人才的流动是向创新区域高度集聚，同时形成很强的马太效应。集聚（Agglomeration），辞海中意为“集合，聚合”。本节所研究的技术创新集聚（Technology Innovation Agglomeration）指由于技术创新的溢出效应在某个特定的地理区域内高度集中，引起资本要素或人才要素在空间范围内不断向创新区汇聚的过程。技术创新集聚度（Technology Innovation Agglomeration Degree）指单位面积上资本要素的产出值或人才的拥有量，它是技术创新集聚程度的集中反映。随着技术创新在中国重大战略意义的形成，国家级、地方级的高新科技园区，创新园区相继成立并且得以发展，已成为国家和地区开展创新活动的重要载体。在各大城市创建创新园区，发展技术创新产业日益泛滥的背景下，对城市技术创新集聚的发展水平进行科学的测度评价，能够对城市的建设与发展、城市技术创新区投资建设起到风向标的作用，同时可为由技术创新集聚引起的产业格局变化等研究奠定基础，具有重要的科学研究价值与现实意义。

4.1　创新集聚测度理论依据

与技术创新集聚相关的研究主要集中在两个方面：一是创新集聚与空间的关系研究，大量的研究显示出创新集聚具有明显的空间特征。Amin

& Robins[112] 认为，大型跨国公司占据着研发活动的主导，且由此带来的技术创新会在特定的区域内集中；李志刚 [113] 以专利授权量为主要指标，研究验证了中国创新行为发展在空间上的不均衡性；张明倩 [114] 以制造业为例，采用空间基尼系数测度了创新活动的区域集聚程度，验证了制造业创新活动的区域不均衡性；张玉明和李凯 [115] 利用专利数据，使用区位基尼系数和 Moran I 指数，验证了省级区域下创新呈现空间集聚与空间依赖的特点。因此，创新集聚在地理上呈现出不均匀状态，空间集聚度存在明显差异。二是对区域技术创新产出绩效评价方面的研究。20 世纪 70 年代以来，将专利的申报与授权作为衡量创新的产出指标已被广大学者认可和应用。Griliches[116] 认为，专利指标是经济发展的显示器，是目前为止最有效的创新度量工具。程华等 [117] 将政府科技拨款占政府财政的支出比例、研发经费投入、科技人员能力、区域创新能力、专利授权总数、科技人员所占比重、区域总人口数等作为区域技术创新的评价指标变量，验证技术创新产出对经济增长的促进作用。

从现有研究文献来看，虽然技术创新集聚由不同的指标来表征且存在明显空间差异的研究已基本达成共识，但是仍存在以下两方面需要补充与完善：（1）技术创新区域差异化研究仍需细化。即各个城市的技术创新集聚程度如何，差异有多大；（2）多数文献对技术创新的衡量指标仅限于从简单的产出指标考虑，如专利的申请量、专利的授权量、研发经费的投入、科技人员的数量等等，没有更深入地考虑创新的潜在因素。本章研究将从技术创新的四种形态入手，构建技术创新集聚度指数，采用聚类方法，对各大城市的创新集聚程度展开研究，实现对各个城市创新集聚程度的定量化测度研究。

4.2 城市创新集聚度指标体系构建及指数确定

本章研究提出技术创新集聚测度指数（Technology Innovation Cluster Measurement Index），简记为 TICMI，拟对 35 个大中城市的创新集聚度进行综合测度。创新集聚测度指数反映城市技术创新发展水平和集聚程度，是一个相对值。具体讲，技术创新集聚测度指数 TICMI 是每个城市在所有创新集聚度评价指标上相对总体的平均水平，对其测度的具体过程包括：创新集聚指标体系构建，数据来源及指标权重确定，技术创新集聚分指数计算以及评价总指数计算。

4.2.1 创新集聚指标体系构建

张宗和和彭昌奇[118]基于时间的纵向维度将技术创新能力分为四种形态：潜在形态、流动形态、凝结形态和实现形态。这四种形态所描述的基本内涵为：潜在形态所描述的主要侧重于潜在可用于技术创新的资源；流动形态描述的是已经投入用于技术创新的资源总和；凝结形态描述的是技术创新过程中所形成的新知识；实现形态刻画了新知识应用生成的新产品的价值。这四种形态记录了技术创新的具体过程，对技术创新产出绩效进行衡量，不仅要考虑最终的结果，即最终的实现形态，还要考虑潜在形态与凝结形态下的因素，前三种形态下因素的具体情况对最终的创新产出绩效也有直接决定作用。根据技术创新的以上四种形态，并参考国内外学者关于创新集聚测度的相关研究，采用罗尔菲法，研究对众多指标进行最后的整合与调整后，最终确定了评价指标体系。以 35 个大中城市为样本，以 2016 年的统计数据为基础数据，进行创新集聚程度空间分布的测定，选取熵值法确定各指标的权重，计算结果具体见表 4–1。

表 4–1　城市创新集聚测度指标评价体系表

一级评价指标 A	二级评价指标 B	三级评价指标 C	单位	指标解释	权重
技术创新测度 A	潜在形态 B1（0.190 7）	X1 普通高校数量	个	基础人才储备密度	0.141 5
		X2 每百万人公共图书数	册	基础知识储备密度	0.260 2
		X3 科学技术人数占比总人口比	%	研发从业人员密度	0.171 8
		X4 人口密度	人 / 公里 ^{2}	城市人口集聚度	0.426 5
	流动形态 B2（0.246 2）	X5 固定资产投资总额	万元	创新平台和硬件	0.176 4
		X6 R&D 经费支出占 GDP 比	%	区域创新投入强度	0.448 1
		X7 科学技术支出额	万元	技术创新资本投入	0.127 3
		X8 利用外资情况	万美元	技术创新资金投入	0.248 2
	凝结形态 B3（0.212 5）	X9 专利申请量	项	创新知识产出数量	0.305 1
		X10 专利授权量	项	创新知识产出质量	0.324 8
		X11 每万人专利数量	项	创新知识产出强度	0.370 1
	实现形态 B4（0.350 6）	X12 企业利润总额	万元	区域孵化产出效率	0.081 7
		X13 技术合同成交总额	亿元	创新技术产出质量	0.782 8
		X14 新增企业数	个	对企业的孵化能力	0.135 5

4.2.2　数据来源及指标权重确定

鉴于中国 35 个大中城市的代表性，本研究选择它们为样本城市，以 2016 年的统计数据为基础数据进行技术创新集聚程度空间分布的研究。最终确定的各指标数据来源分别为：普通高校数量、每百万人公共图书数、人口密度、年均人口数、固定资产投资总额、科学技术支出额、利用外资情况、企业利润总额、技术合同成交总额等来源于《中国城市统计年鉴》，新增企业数、科学技术人数比例根据《中国城市统计年鉴》中的基础数据计算得出，专利申请数、专利授权数、R&D 经费支出占 GDP 比来源于各城市《2017 年国民经济与社会发展统计公报》，个别缺失数据由中国国家知识产权局官网中的统计信息查询所得，每万人专利数量由当年的专利授权量除以年均人数所得。

指标赋权重方法很多，根据研究需要，研究选取包括企业、科研所、高校、政府机构在内的数位专家对权重体系进行打分，综合运用德尔菲法、模糊层次分析法，最后确定各指标的权重，具体见表 4–1。

4.2.3　四类分指数计算

具体指标数值 Xi 是技术创新集聚度测度指标的基础，首先对其数值直接采用无量纲化后指标的数值。本文采用 Min–max 方法对原始数据进行无量纲化处理，处理后各变量的取值范围限于 0~1 之间，处理的具体公式见式 4–1。

$$X_i^{'} = \frac{X_i - min}{R} = \frac{X_i - min}{max - min} \tag{4–1}$$

其中，R 为变量取值的全距。

数据标准化后，在该标准数据库的基础上，根据所对应的权重，采用线性加权法计算二级指标值，即得到集聚度各分指数的结果。

4.2.4　城市技术创新集聚度评价总指数的计算

由于技术创新的四种形态之间存在极强的联系，因此对城市技术创新集聚度综合指数的计算采用乘法模型，即采用乘法模型将潜在形态分指数、流动形态分指数、凝结形态分指数和实现形态分指数各指标合成为城市技术创新集聚度测度的综合评价指标。具体模型见式 4–2。

$$A = \sum_{i=1}^{n} B_i W_i \qquad i = 1, 2, 3, 4 \tag{4–2}$$

其中 A 为城市技术创新集聚度指数；Bi 为技术创新的四种形态分指数得分；Wi 为各二级指标对应的权重。

测度指数 A =0.2*B1+0.2*B2+0.3*B3+0.3*B4

通过技术创新集聚指数对城市的技术创新集聚程度进行综合测定，按照测定结果进行排名，具体排名结果如表 4–2 所示。

表 4–2　城市创新集聚指数和分指数得分及排名

城市	潜在形态 B1		流动形态 B2		凝结形态 B3		实现形态 B4		创新集聚度指数 A	
	得分	排名	得分	排名	得分	排名	得分	排名	得分	排名
深圳	10	1	8.186	3	9.432	2	7.351	1	8.504 0	1
北京	8.472	2	7.904	4	10	1	6.985	2	8.135 5	2
上海	7.6	3	10	1	8.365	3	3.538	3	6.929 3	3
杭州	2.643	14	8.841	2	4.259	9	1.938	11	4.265 2	4
广州	3.024	10	3.979	8	7.015	4	2.199	7	3.818 0	5
宁波	2.144	16	5.906	5	6.589	5	1.363	16	3.740 9	6
武汉	2.931	11	5.788	6	3.198	11	1.986	10	3.359 8	7
天津	4.627	4	3.615	10	4.901	6	1.542	14	3.354 5	8
成都	2.739	13	4.573	7	3.352	10	2.792	4	3.339 4	9
南京	3.954	5	3.628	9	2.963	13	2.679	5	3.216 1	10
重庆	3.674	6	2.898	13	4.83	7	2.192	8	3.209 0	11
大连	3.383	9	2.906	12	3.175	12	2.104	9	2.772 9	12
济南	1.786	20	2.738	14	2.712	14	1.798	12	2.221 4	13
长沙	3.456	8	1.395	20	4.469	8	0.387	26	2.087 9	14
青岛	1.672	22	1.652	18	2.188	16	1.636	13	1.764 1	15
西安	2.634	15	1.978	16	1.231	24	1.378	15	1.734 0	16
合肥	3.582	7	1.844	17	1.575	19	0.496	23	1.645 7	17
郑州	2.825	12	1.463	19	2.069	17	0.804	19	1.620 5	18
厦门	1.923	19	2.658	15	1.528	20	0.732	20	1.602 5	19
长春	1.123	26	3.445	11	1.373	22	0.513	22	1.533 9	20
沈阳	1.471	23	0.515	27	1.394	21	2.246	6	1.491 0	21
哈尔滨	2.128	17	0.996	21	2.359	15	0.396	25	1.291 1	22
太原	0.962	27	0.885	22	1.189	25	0.917	18	0.975 5	23
昆明	1.949	18	0.798	24	0.944	28	0.525	21	0.952 8	24

续　表

城市	潜在形态 B1		流动形态 B2		凝结形态 B3		实现形态 B4		创新集聚度指数 A	
	得分	排名	得分	排名	得分	排名	得分	排名	得分	排名
南昌	1.718	21	0.438	29	1.584	18	0.372	27	0.902 5	25
福州	0.741	30	0.793	25	0.381	32	1.361	17	0.894 7	26
贵阳	1.457	24	0.842	23	0.987	26	0.281	29	0.793 4	27
石家庄	1.386	25	0.653	26	0.973	27	0.155	31	0.686 2	28
南宁	0.856	29	0.348	31	1.245	23	0.431	24	0.664 6	29
兰州	0.921	28	0.309	32	0.449	30	0.189	30	0.413 4	30
乌鲁木齐	0.375	33	0.492	28	0.159	34	0.302	28	0.332 3	31
银川	0.479	31	0.398	30	0.173	33	0.135	32	0.273 4	32
呼和浩特	0.431	32	0.178	33	0.472	29	0.103	34	0.262 4	33
海口	0.318	34	0.168	34	0.389	31	0.003	35	0.185 7	34
西宁	0.001	35	0.004	35	0.007	35	0.116	33	0.043 3	35

4.3　基于城市创新集聚度的聚类分析

聚类分析是根据某一具体特征对研究对象进行分类的一种多元统计分析方法，具体过程是将数据的诸多特征按照关系的远近进行分类，达到聚类的效果。为了切实比较各个城市的技术创新集聚度，对总指数及各个分指数分别进行聚类。通过聚类，可以将不同城市中技术创新集聚水平相近的城市划分为一类，有利于更好地研究同水平下城市的技术创新集聚度。具体方法及过程为：聚类通过 IBM SPSS Statistics 22 软件，采用层次聚类法中的 Q 型聚类分析法对不同城市的集聚水平进行分类，聚类方法选用默认的组间平均链锁法，距离测度采用平方欧氏距离对 35 个大中城市技术创新集聚度指数进行聚类。根据聚类表中的聚合系数和分类数的对应关系，当分类数为 4 时，分类比较适宜。聚类结果树状图见图 4-1 所示。

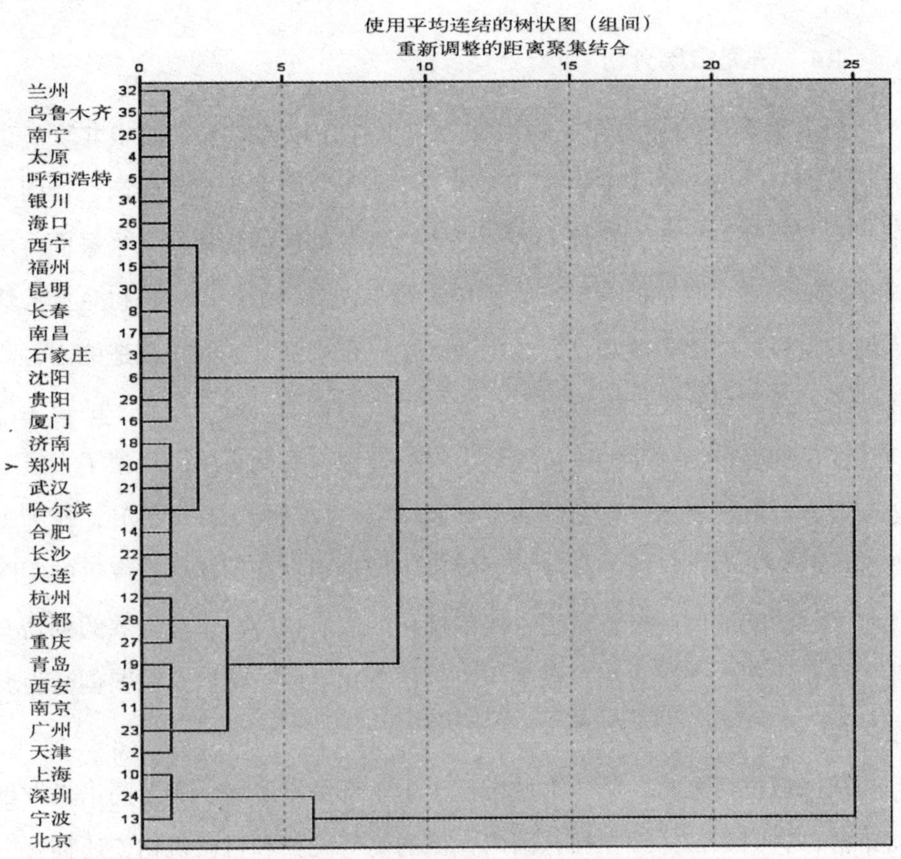

图 4–1　城市技术创新集聚水平聚类结果图

对应的具体聚类结果见表 4–3。

表 4–3　35 个大中城市创新集聚的分类情况表

类别	Ⅰ类 高水平	Ⅱ类 较高水平	Ⅲ类 中等水平	Ⅳ类 较低水平
城市	深圳 北京 上海	杭州、广州 宁波、武汉 天津、成都 南京、重庆	大连、济南、长沙 青岛、西安、合肥 郑州、厦门、长春 沈阳、哈尔滨	太原、昆明、南昌 福州、贵阳、石家庄 南宁、兰州、银川 乌鲁木齐、呼和浩特 西宁、海口

4.4 研究结果分析

创新集聚度的强弱在空间区域分布上存在较大差异，其中北京、上海、深圳三大城市集聚度最高，天津、广州等八个城市相对较高，济南、郑州等七个城市次之，乌鲁木齐、呼和浩特等城市创新集聚水平最低。从城市特征来看，北京拥有丰富的科技资源与人力资源，以中关村企业为代表的大量科技中小企业和良好的创业环境，带来强大的知识创造能力，高新技术产业发展水平大幅度提升，成为“大众创业，万众创新”的首选之所；上海拥有得天独厚的区位优势，对外开放、贸易自由，集聚了大批的创新要素与风投资本，创新开放度不断增强，创新能力高度提升，作为重要助推器为上海市经济的高速发展提供了原动力；深圳市凭借高等的国际化水平、活跃的民间投资氛围、效率优化的政府扶持、迅速发展的创新文化、结构合理的产研布局、水平一流的信息化手段，位居全国双创活力城市之首。

从区域位置来看，第一类城市位于中东部沿海区域，属于高水平发展城市群，它们不仅体现在拥有国内一流的高等院校和科研机构，还拥有以中关村等为代表的众多高新创新科技园区，拥有全国数目最多的科技企业孵化器，和创新集聚力相关的知识型服务业在这类城市也得到了迅速发展和推进，各方面发展比较均衡，较其他城市具有非常明显的优势与很大的发展潜力；第二类城市基本处于中国东部、东南部沿海，分别处于长江三角洲与珠江三角洲的核心位置，属于较高水平发展城市群，创新集聚指数相对较高，具有很大的发展潜力的同时又存在个别分指数排名较差，因此这些城市在保持优势方面发展的同时，还应着重考虑提升劣势方面的发展和创新；第三类城市主要处于我国的中东部地区，属于一般发展的城市群；最后一类城市主要集中在中部、西部地区，创新集聚力与其他三类城市相比有明显差距，发展水平相对最低，这类城市如果想要在创新方面有所发展与突破，需要制订详细的整体规划，从基础设施的投入、政府的支持力度、产业群的长期发展等方面全面协调与规范，从而改变创新集聚力落后的局面。

4.5 本节小结

本节以主成分分析为主要研究方法，对中国 35 个大中城市的技术创新集聚度水平进行了系统的分析，研究主要通过构建评价指标体系，综合对各城市的技术创新集聚度指数进行了排名与分析。结果表明：中国技术创新集聚度水平在空间发展上存在明显差异，主要分为北京的高水平发展，以天津为代表的较高水平发展，以西安为代表的中等水平发展以及以太原为代表的较低水平发展四类。目前，中国的技术创新集聚度主要密布在京津、长江三角洲、珠江三角洲三大集群，其他如武汉、成渝、西咸、关中—天水等中、西部大城市圈也呈现出较好的发展趋势。技术创新集聚度指数的提出，为城市评估的研究提供了一种新的研究角度，能够比较客观地反映城市在创新能力发展方面的集聚度水平，为以后有关城市创新力发展水平的研究提供了借鉴。

第二章　创新集聚对城市不动产的影响研究

第五节　创新集聚对城市不动产的影响机理分析

城市是人类经济社会和文明发展的最大成果，也是国家经济产出最重要的基地，是各类创新要素和资源的集聚地。实践证明，城市的建设有效地带动了不动产业的发展。其中，集聚作为产业演化过程中的一种地缘现象，是城市经济规模效应和集聚效应的必然产物，创新集聚对城市经济的发展和竞争力的提升起着重要的推动作用，同时也影响着不动产价值的升落、市场的兴衰，但其作用机制和影响机理目前仍然不清晰，需要深入的研究。在本章节中，借助 20 世纪 30 年代美国哈佛大学贝恩、谢勒等学者提出的结构—行为—绩效理论（structure-conduct-performance，简称 SCP 理论）与城市形态理论，分析论证创新集聚对不动产市场的影响机理，通过自然科学与社会科学的有效结合，对创新集聚作用下不动产结构迭代趋优的演化机理提供一种更直观的解释。

5.1　影响机理模型构建的理论基础

5.1.1　基于创新集聚的城市发展理论分析

城市形态 [119] 是一个城市的所有实体组成、实体环境以及各类活动的空间结构和形成的展现，是城市集聚地产生、成长、发展及其形式、结构、功能变化的综合反映。技术创新和产业转换是城市演变发展的核心推动力之一，同时加速了城市发展基本形态的形成与重构。在城市功能结构理论学派的认知中，城市形态是指城市在形式方面具有某种统一特定特征的地区，这种特征使城市具备某种核心能力，使该地区与其周围的区域区分开来。人才、资本、技术等核心创新要素在某个城市的集聚，决定了这个城市发展的基本形态。创新集聚推动城市发展的过程表现为各种创新要素通过人类的经济活动而集聚在城市内，并经过有效地组合产生明显的集聚效应和协同创新作用，带动当地技术进步与经济发展，进而推动城市进步。20 世纪 70 年代，随着信息化与知识化的发展，学者们逐渐认识到创新作为城市资源要素的最优组织，实际上也是城市形态演化过程的重要特征依据。2014 年 6 月 9 日，美国著名智库布鲁金斯学会（Brookings Institution）发布研究报告《创新区的崛起：美国创新的新地理》（*The Rise of Innovation Districts: A New Geography of Innovation in America*），首次提出创新城区的概念，并对其进行了深入分析和阐述。报告中指出，创新城区是城市发展的最新模式，包括三种发展形态："锚 +"类型、重塑城市区域型以及城市化科学园区型。创新城区是创新要素集聚下城市发展的新形态，具有传统城市形态所没有的特质，它具备复杂性、高密度、文化与人口结构的多样性以及新旧事物的层次性；它能够整合创新创业企业、教育机构、创业者、学校、金融机构、消费性服务业等经济活动要素，具备免费与半免费的公共空间、混合功能开发的空间要素，交通便利快捷且与外界通过互联网相连等新特征。

5.1.2　基于结构行为绩效理论的模型架构

结构行为绩效[120]（Structure–Conduct–Performance，简称 SCP）理论，是由哈佛大学的代表学者梅森（Maison）教授于 20 世纪 30 年代首次提出的产业经济学的经典理论，乔・贝恩（Bain，1958）在吸收和继承马歇尔的完全竞争理论、张伯伦的垄断竞争理论和克拉克的有效竞争理论的基础上，提出了 SCP 分析范式。该理论按照结构、行为、绩效三大模块对产业进行分析，构架了系统化的市场结构（Structure）—市场行为（Conduct）—市场绩效（Performance）的分析框架（简称 SCP 模型）。本研究借助 SCP 模型的构建办法，嫁接 SCP 理论的核心思想，突破其分析范式，将其与城市结构理论相糅合，从城市的资产结构切入，研究城市资产结构引致下的人口流动的行为选择与经济绩效的产出。

城市资产结构是对城市各资产要素相互关系、相互作用的形式和方式的描述。在城市的发展过程中，受特定功能的驱动，这种发展不仅仅表现在建筑物的增加与减少，不动产结构的更新与市场的变化，还包括特定人口的流动，居民的聚集或疏散。城市资产结构一方面受城市自然环境、历史发展、城市规划的影响，另一方面因其特定的功能特征决定了不动产布局的空间规划，影响着人口的流入与迁出。布鲁金斯学会的报告指明，创新城区具有推动创新，促进经济包容、可持续性增长的潜力，创新城区的资产结构可归纳为两个层次，即人才层次和主体层次。其中人才资源是创新资产结构中最核心要素，它以渗透到其他各个要素之中的形式而存在，是全球科技创新中心形成的基本前提和核心要素；主体层次包括经济资产（Economic Assets）、有形资产（Physical Assets）和网络资产（Networking Assets）。在这些要素的共同作用下，与具有支持性、冒险性的文化相结合，由交通体系连接、新能源支撑、数字科技联网、咖啡作为媒介，创新城区域整合了自身对各创新要素的综合特质，使其形成一种有利于“开放创新”的氛围。文化作为城市真正的不动产（丁俊杰，2015），与区域特定的不动产规划相结合，决定了创新集聚区不可替代与复制的城市资产结构。创新城市资产结构在形成的过程中，人口流动是关键主体，被便捷的通勤设施、完善的配套服务、完备的创新资产、宽容的创新文化所吸引，知识型人才源源不断集聚于此，形成资产结构进一步优化的内生动力。良好的创新环境吸引人才、技术、资本等创新要素高度集聚，良好的城区生活为创新活动、思想共享、企业间合作和社会互动等新型活动创造了新场所，加速了创意的迸发，加快了创新的产生，使创新集聚绩效得以擢升。

5.2　影响机理模型构建的现实基础

查阅创新型城市发展的文献资料，梳理归纳一些代表性研究结论以及学者们对于创新型城市的定义，可以得出：创新型城市是城市的一种基本形态，包含城市基本功能的同时又突出强调城市的创新功能。创新城市/城区的建设一般是在全球化与知识经济迅速发展的背景下，以创新为核心理念，对城市的发展形态与结构进行精确定位与规划，吸纳人力资本、科研技术、风投资本等创新要素集聚于此，达到建设创新科技、创新产业、创新文化、创新要素高度集聚，互相融合的建设目标。创新集聚对城市空间结构的影响，体现在两个层面：一是创新活动开展的需求直接影响城市空间形态变化；二是创新集聚驱动人口流动，通过人口数量与结构的变化，间接影响城市空间形态的变化，并最终反映到城市不动产价值的升落，继而引致不动产市场的荣衰分化。

（1）创新集聚直接影响不动产空间结构变化

美国波士顿剑桥的肯德尔广场（Kendall Square），与麻省理工学院（MIT）仅一步之遥，每个创业阶段的空间距离只有几个街区，甚至仅相隔一个走廊。曾经的不毛之地发展到今天的创业孵化基地，肯德尔广场的建设并非一日之功。1974 年，萨尔瓦多·卢里亚（Salvador Luria）教授创立 MIT 癌症研究中心，组建了包含 5 名诺贝尔奖得主的分子生物学家“梦之队”。队员之一的飞利浦·夏普（Phillip Sharp）教授决定将他研究的重组 DNA 技术应用于商业时，他希望公司尽量靠近自己的实验室。

所有研究在大学里进行，但雇佣员工需要分处学校以外，为此他们将公司搬到了肯德尔广场附近。20世纪90年代，肯德尔广场成为逐渐向外扩张的生物技术与人才集聚地。与此同时，互联网时代迅猛发展，计算机工程领域的工作需求由大量硬件和空间转变为仅需有限空间、几台电脑和编码器就能运转的小型企业，他们也将目光聚焦于距离MIT仅一步之遥的肯德尔广场。随之，风险投资公司、谷歌、亚马逊等大型科技公司也趋之若鹜，肯德尔广场日渐繁华。每到下午5点，Microsoft、Google、Biogen、Akamai、Facebook的员工会络绎走出办公室，到附近的酒吧享用鸡尾酒，他们热烈讨论的话题具有改变人类未来生活方式的潜质，他们自身的工作与生活需求也直接影响着当地不动产市场的发展。肯德尔广场的巨大成功正是“锚+”城市形态的典型代表。

巴塞罗那22@创新区则是重塑城市区域创新城市形态的典型代表。以前的22@创新区是巴塞罗那Poblenou的一个工业区，如今已经发展成为巴塞罗那非常著名的创新区。19世纪，这一区域的工业非常繁荣，一度被称作“加泰罗尼亚的曼彻斯特”，但随着工业产业的落寞，巴塞罗那22@创新区一度萧条衰落，直到22@Barcelona项目改造的实施。项目改造包括320万平方米的新商务楼，4 000个住宅单位和11.4万平方米的绿地，这些不动产的再建与重新布局，使该区域的基本结构发生了质的变化，这些变化催生了媒体、电子信息、医疗技术研发和能源开发等多个产业发展。将老工业区改造成为环境优美的新工业—生活区，这里林立着最富活力的公司企业以及各种研发、培训和科技交流中心，大量的居民楼、生活设施和绿色区域遍布其间。随着22@区的发展，在过去的十年中，许多跨国和本土企业纷纷将总部迁至此地。该区也以不同方式不断地改变和成长中。在这个过程中产生了一种景观的对比：从废弃工厂到高科技大厦，从建筑、经济以及社会角度来看，这是一个独特的城市景观，也是一种持续的挑战。同时也产生了一种结果的对比，从旧工业到新科技产业，从不动产市场的可持续性来看，这是一个科学的城市规划思路，也是一种城市可持续发展的策略！

国外如此，国内亦然。深圳经过三十年的发展，已快速进入后工业化阶段，创造了世界城市发展的“深圳奇迹”。福田中心区坚持走质量式、内涵式发展道路，从中央商务区到创新活动区，从产业突进到创新发展，福田中心区通过城市结构优化，打造现代金融高地、专业服务高地、人文智慧高地、创新创业高地，全面发挥中心区资本、人才、创新优势，积极构建结构优化、业态丰富、创新活跃、空间集聚、功能完善的城区特色结构体系，创建中国国际消费电子展示交易中心，华强北商业步行街和创新创业基地。深圳的发展理念从深圳制造转向深圳创造，打造中芬设计园、华强北国际创客中心、赛格众创空间、深圳开放创新实验室等八大创客中心，空间面积达3.5万平方米，入驻项目558个。发挥中心区创业资本聚集优势，构筑新型创新创业高地，同时教育资源完善，外商投资力度增强，创新型产业兴起，交通工具升级，产业重心转移，深圳地区经济发展水平成为企业入驻与科技型人才流动的核心动力，而科学的不动产配置和创新集聚力的驱动延续了城市的人口吸纳能力，正马太集聚效应持续凸显。

（2）创新集聚间接影响不动产空间结构变化

从城市发展回归人口流动的根源，美国著名学者E.S.Lee在人口迁徙规律基础上，首次系统提出人口迁移理论——“推拉理论”，将人口迁移的影响因素分为“推力”和“拉力”两种，认为迁移动作的发生是二者共同作用的结果。从上面的分析可以看出，拉动人口流动的外因更多地表现在城市的形态与结构特征上，在城市为人口可提供的生存、生活、工作环境上；推动力内因方面，从中国当前情况来看，影响人口流动，尤其是专业创新型人才流动的因素较为复杂，据人口普查数据整理分析，务工经商及学习培训是人口迁移的核心原因，而驱动人口流动的最主要的外推力正是去除迁徙成本外，流出地和迁入地之间的工资差距。进入21世纪，尤其是2010年以后，迁移人口的文化素质发生了很大的变化，拥有的教育程度不同，在是否进行迁移的选择上出现了分化，具体表现为受过高等教育的人口迁移活跃度更高，且在区域上更偏向于向东部地区迁移。借助大数据工具统计可以得出，高校毕业生在毕业时进行城市更换，即发生迁徙的行为已经成为主流，2016年约有59%的高校毕业生在首次就业时选择了离开自己学校所在城市及自己的家乡，发生迁移行为，奔赴至更有发展前途的城市。从规模上来看，全国各个区域在吸纳高校毕业生就业和已经工作的科技创新人才就业再选择方面具有的吸纳量也不同。其中，广东+深圳、北京、上海分别以12.61%、7.6%和1.71%成为净流入率最高的前三大区域，凸显高素质人才对拥有创新环境城市的强烈向往和实际行动。据统计，最近6年中国总人口增加了4 180万，其中约15%的新增常住人口分布在一线城市，逾40%分布在二线城市，因而人口整体依然是向较发达的大中型城市聚集。

国内外经验显示，创新城市/城区不动产空间结构具备如下两个共性特征。一是这些典型创新城市/城区具备创新型人才发展的广阔空间。这些区域为潜在创新能力者的进一步发展提供了良好的软硬件环境，资源配置合理科学，这些区域具有相当规模的企业集群，是企业的孵化器和加速器，在物理结构上位置紧凑，交通便捷；在资源配置上毗邻高等学校或高等研究所、图书馆，先进的网络覆盖整个区域，免费的咖啡厅、茶座搭建了无缝交流的平台；在技术上先进的互联网、物联网、大数据被普及，且具备很强的适合创新创业的知识溢出效应……创新活动的开展时刻影响着不动产市场的建设与发展，创新集聚对不动产市场的直接影响日益凸显。二是这类区域在文化上具有很强的允许失败的包容性，它们营造出一个富于创新的冒险氛围，种种特征表现出强的虹吸效应，逐渐形成能够吸纳高素质人才高速流入的核心引擎力。人口迁徙的过程形成了明显的集聚效应，而在迁徙的过程中使得各地区人口的数量与结构发生了变化，而这也直接导致了各地区不动产价值的提升或走低变化，最终导致市场荣衰分化严重，即创新集聚通过人口流动对不动产市场产生了间接影响，且这种影响不容忽视。历年的数据及市场实践表明，在当前不动产供需比差距较大的现实下，吸引更多的青年人口流入，留住高素质的科技创新人才是城市寻求住房不动产市场持续发展的有效途径，吸纳企业入住、优化产业结构是城市寻求商业营业不动产市场持续发展的有效途径，而创新要素的集聚才是城市不动产价值不断提升、市场长期繁荣的有效驱动力。

5.3　影响机理模型构建及相关假设

5.3.1　概念模型构建

不动产市场的运行是多要素共同作用叠加的结果。本研究的基础模型建立在城市形态学、城市结构学、创新城区发展以及 SCP 理论之上，研究对象聚焦于创新城市或创新城区。其中，创新城市 / 区域的三种基本形态（State），决定了城市 / 区域的创新集聚能力（Ability）与创新集聚特质（Cityness）；创新城市 / 区域的基本结构（Structure）决定了人口的流动行为（Conduct）以及创新绩效（Performance）的产出。因此，在模型中，城市 / 区域的基本形态与结构作为主导因素而存在，属于广义上的自变量范畴；城市 / 区域的创新集聚能力、创新集聚特质、人口流动的行为、创新集聚的绩效，作为中间要素存在，属于中间变量范畴。城市 / 区域在发展的过程中，受创新功能的驱使，形成创新城市 / 区域的某种形态与特定结构，这种形态和结构将更有利于创新。创新远不是分散和随机分布的，而是在具备这种形态和结构的城区趋于地理集聚。空间计量经济学理论

（Anselin,1980）结合创新集群理论（Joseph Alois Schumpeter,1912），具体到创新活动而言，则体现为一个国家或地区的创新产出具备在特定地区集聚的空间分布特征，即城市创新活动的展开与创新功能的发挥具有强空间依赖或空间相关性特征。创新行为在邻近区域空间交互，创新要素趋于集聚态势流动，城市创新集聚能力提升、创新集聚特质显著、创新绩效产出高效。最后，三者在城市创新功能的引擎下，对不动产价值分异、市场荣衰变化产生直接影响，不动产市场作为结果要素存在，属于因变量范畴，通过房价指标来衡量。该模型主要包括六大核心要素，由 SCP 模型引申拓展而来，命名为创新集聚对不动产市场的影响机理模型（State/Structure Cityness/Conduct Ability Performance Model），简称 SCAP 模型。影响机理概念模型具体内容见图 5–1 所示。

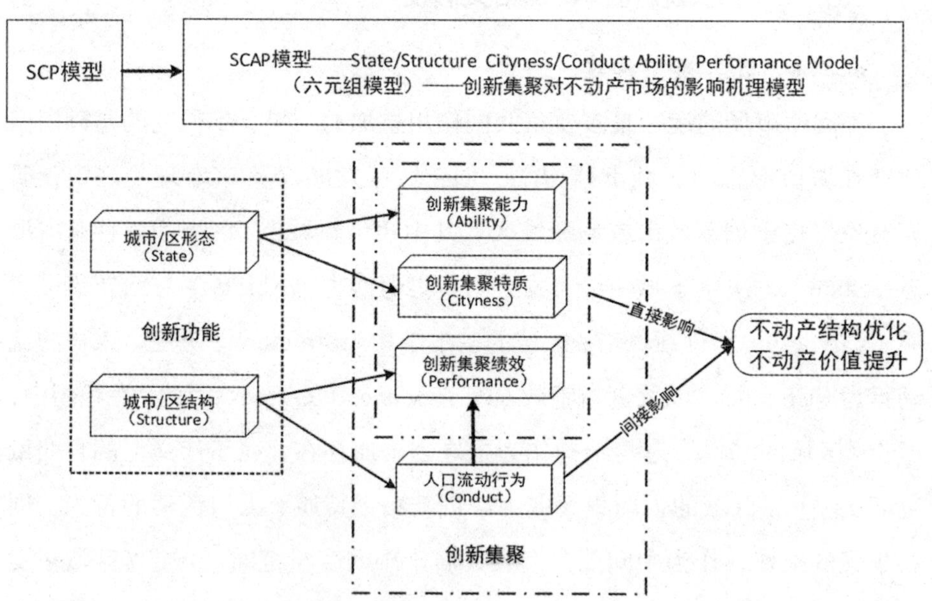

图 5–1　创新集聚对不动产市场的影响机理模型图

城市创新集聚特质，是指城市在创新要素集聚下所具备的一种拥有校区、园区与社区为一体的综合性功能的特殊品质，重点强调创新创业人才高度集聚和城市化的生活环境等两大特质，二者结合起来就是需要工作化的生活环境。创新活动的开展越来越要求在密集的工作区，具备免费或者半免费的公共空间、混合功能开发的空间区域的存在，这种需求的存在为不动产市场实现供给侧改革提出了具体要求，影响着不动产市场的繁荣。

创新，意味着变革，这一过程并不仅仅是新要素的加入，往往还伴随着旧的、低效率要素的退出，从而在动态发展的过程中提升城市创新绩效的水平。创新集聚绩效的提升是一个不间断地循环流转的过程，具有较高生产率的市场进入者会将效率低的所替代，通过投入要素的重新配置提高产业的创新效率，进而提高这个城市或区域的创新集聚绩效水平和整体利润水平，并可能刺激城市平均工资水平和房价租金上涨，影响不动产市场的繁荣。

从知识的传播途径来看，默会知识要求近距离的言传身教，面对面地干中学，这就需要一个适合人才、企业相互学习交流的氛围和平台，在传递隐性专业知识过程中，基于共同的目标和工作分享文化的、人与人之间的社会关系和非正式互动十分重要。因此，一些城市借助发达的交通通信体系、雄厚的资金实力和频繁的人口流动逐渐成为知识分享和传播的主要平台，吸引着越来越多优秀企业和科技人才，形成良好的创新环境。反过来，这些富有创造精神的年轻人和富有活力的企业的不断集聚也支撑着此类城市不动产价值的持续升温，创新集聚因此通过人才集聚间接推动了不动产市场的繁荣。

绪论中的文献梳理与事实现象，均表明创新集聚对不动产市场有显著影响作用，而这种影响作用是否显著存在，影响程度如何，有待进一步实证研究。据此提出如下假设：

假设 5-1（H5-1）：城市创新集聚能力与不动产市场间存在直接正相

关关系；

假设 5–2（H5–2）：城市创新集聚特质与不动产市场间存在直接正相关关系；

假设 5–3（H5–3）：城市创新集聚绩效与不动产市场间存在直接正相关关系；

假设 5–4（H5–4）：创新集聚通过人口流动对不动产市场有间接正向作用；

假设 5–5（H5–5）：不动产市场对创新集聚具有正向反哺作用。

5.3.2 数理模型构建

创新集聚对不动产市场的影响分析基于以下基本约定：仅考虑创新集聚表征要素对不动产市场的作用，不考虑政策、预期等非经济基本面要素对不动产市场的影响。

创新集聚对不动产市场的影响机理概念模型对应的数学模型构建如式（5–1）所示。

$$\begin{cases} Ab_{i,t} = f\left(S_{i,t}, S_{i,t-1}, \cdots, S_{i,0}\right) \\ Ci_{i,k,t} = g\left(S_{i,t}, S_{i,t-1}, \cdots, S_{i,0}\right) \\ Cd_{i,t} = \pi\left(Sc_{i,t}, Sc_{i,t-1}, \cdots, Sc_{i,0}\right) \\ Pe_{i,t} = h\left(Sc_{i,t}, Sc_{i,t-1}, \cdots, Sc_{i,0}, Cd_{i,k,t}\right) \\ RS_{i,t} = \varphi\left(Ab_{i,t}, Ci_{i,t}, Pe_{i,t}, Cd_{i,t}\right) \end{cases} \tag{5-1}$$

各变量释义如下：

$S_{i,t}$ 指第 i 个城市 / 区在 t 时期的形态变量值；

$Ab_{i,t}$ 指第 i 个城市 / 区在 t 时期的创新集聚能力变量值；

$Ci_{i,t}$ 指第 i 个城市 / 区在 t 时期的创新集聚特质变量值；

$Sc_{i,t}$ 指第 i 个城市 / 区在 t 时期的结构变量值；

$Cd_{i,t}$ 指第 i 个城市 / 区在 t 时期的人口流动行为变量值；

$Pe_{i,t}$ 指第 i 个城市 / 区在 t 时期的创新集聚绩效变量值；

$RS_{i,t}$ 指第 i 个城市 / 区在 t 时期不动产市场变量值。

5.4　创新集聚对城市不动产的作用结果

不动产市场是典型的发展中市场，有着从最初形成到最终成熟的发展过程。在创新集聚的作用下，创新要素的流动使得城市间不动产市场的运行出现两种倾向，不动产市场自主运行的结果也就存在积极结果与消极结果两种可能。积极结果下的不动产市场繁荣与消极结果下的不动产市场衰败二者在地理区位上共存，造成了空间上城市间不动产市场的分化。

不动产市场的运行波动，是在外部影响因素的冲击和内部影响因素的传导机制下共同作用的结果。为集中考虑创新集聚作用下不动产市场的运行结果，现将创新集聚的影响从外部影响因素群体中剥离出来，因此，对不动产市场运行结果的影响，主要由两大原因决定：一是市场运行系统内各个要素之间的关系，即内部传导机制；二是作用于系统外部的创新集聚因素的影响，即创新集聚因素冲击机制。在不动产市场没有受到外部冲击时，它会按照市场固有的机制和自身运行规律保持正常或稳定状态，基本均衡。当受到外部因素的冲击后，不动产市场出现初始响应，同时内部机制将外部冲击力化为市场价格波动的主要推动力。假设这种外部冲击力为经济增长等因素时，它的变动会引起不动产市场需求的变化。如果是经济增长或人均收入提高了，那将会引起不动产需求增加，对比短时间内相对稳定的供给，不动产市场的自身机制调整就会引起供求矛盾加剧，继而影响到房价的上涨与成交量的上升，随之不动产业的利润额增加，投资额增加，这种价格的波动触动到消费者的切身利益，引起预期价格的上涨，反馈也直接作用到住房需求上，引起需求减少。依此变动规律，市场在出现多次振荡后，依旧会达到一个新的均衡。如果外部的冲击因素主要是由创新集聚因素引起的，在其强作用力下，引起人口数量与结构的变化，继而造成需求的增加，这种增加相对预期价格引起的需求量减少来讲，数量会大很多，因此整体表现出来的仍是需求的增加，从而造成房价的再次上涨，即持续性上涨。反之则会造成房价下跌的区域内仍持续下跌，进而出现全国范围内不动产市场截然不同的两种运行结果，出现荣衰分化严重的现象。具体内容见图 5-2 所示。

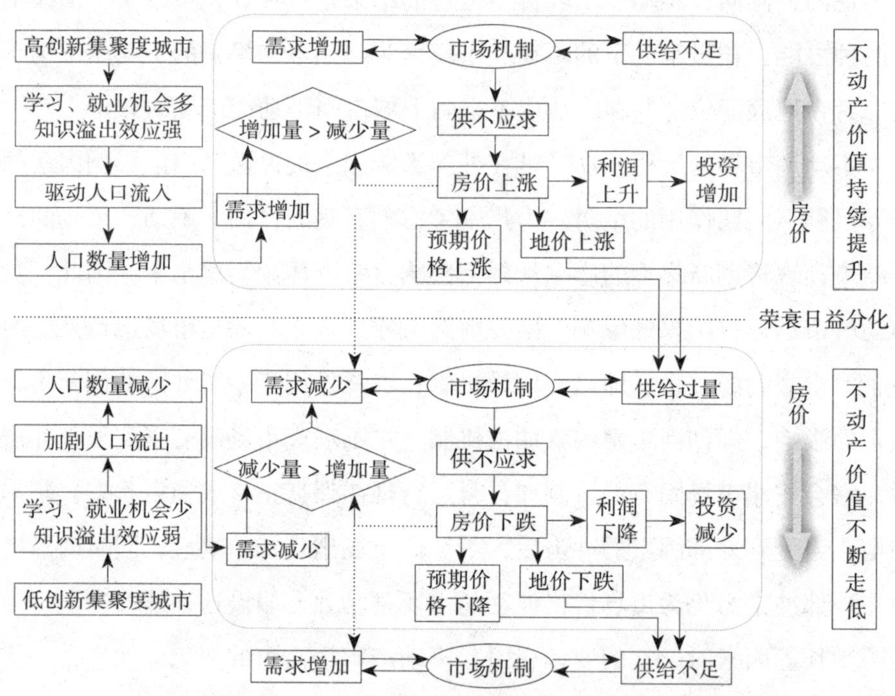

图 5-2　创新集聚作用下城市不动产的运行结果分析

5.5　本节结论

长期以来，在经济服务化发展过程中，过度强调商业、商务办公对不动产市场的影响，却在一定程度上忽视了城市创新集聚的重要作用。基于此，本章进行了创新集聚对不动产市场的影响机理分析。具体以经典理论为支撑，以事实数据为依据，构建了创新集聚影响不动产市场的作用机理模型，明晰了城市创新集聚能力、创新集聚特质与创新集聚绩效对不动产市场的影响过程；最后分析了在创新集聚作用下，城市不动产价值走向的两种运行结果。通过机理分析，论证了创新集聚是引致不动产价值分异的内在驱动力，是引起不动产市场荣衰分化的根本原因，不动产市场要保持健康发展，创新集聚始终是不容忽视的重要条件。

第六节　创新集聚能力对不动产市场的直接效应

纵观发达国家的发展历程，通过案例比较与分析可以得出，创新要素比其他生产要素更容易发生集聚，即更多地倾向于集中在少数地区。美国主要的创新中心位于加州的硅谷和波士顿的128公路，日本和韩国则更多地集中于首都都市圈附近。美国硅谷、韩国首尔、日本东京、中国深圳等作为创新要素高度集聚区均表现出不动产价值持续攀升、不动产市场持续繁荣现象。究其原因，在于这些地区形成了创新要素的集聚效应，有着较强的创新要素集聚能力，创新要素的集聚又不时地打破不动产市场的供需平衡，影响着不动产市场的发展。本节即从城市创新集聚能力视角，揭示这种影响的内在作用机理，定量分析创新集聚对不动产市场的影响程度。

6.1　创新集聚能力影响不动产市场的理论分析

《中国区域创新能力评价报告2017》指出：当前中国区域创新保持“三跑并存”的态势，广东以55.24的成绩打破九年来屈居第二的格局，首次跃居全国第一。江苏、北京、上海分别以53.3、52.56、44.81位列二至四位，区域创新的不平衡性再度凸显。2017年，据国家统计局公布数据显示，一线城市新房、二手房房价、租价均涨幅扩大，行至年中，调控加码下，整体涨势虽有放缓，涨幅出现触底回升，其中北、上、深新房价环比涨幅已超过2%，广州则同比上涨1.8%；与此同时，二三线城市房价环比涨幅持续收窄，部分二线重点城市楼市依旧火热；相比之下，三四线城市新建商品住宅价格环比由持平转降，涨幅转负，全国楼市两极分化继续加剧。

相关实践经验与研究表明，城市的创新集聚能力与不动产市场之间联系紧密，这种高度巧合下必然存在某种影响关系。城市创新集聚能力，是城市在创新活动开展中所具有的吸纳、凝聚、配置和激活各种创新资源的能力。一方面，创新集聚能力高的城市，能产生自我强化效应，而这种强化效应的增强需要由不动产的数量配备与类型布局的更新为支撑；另一方面，创新集聚能力高的城市能够吸引更多的资本积累，推动该城市的经济增长，优化不动产空间结构，促进不动产市场的繁荣。

6.2 创新集聚能力影响不动产市场的理论模型构建

新经济地理学关于资源集聚方面的相关解释认为，地理位置和历史优势是引发地区资源集聚的起始条件，规模报酬递增和正反馈效应导致了集聚的自我强化，使得优势地区保持领先。梁琦和黄利春借鉴哲学中的术语，称之为“第一自然”（First Nature）条件与“第二自然”（Second Nature）条件。只不过，早期研究更重视地理位置（距离禀赋）、自然资源丰裕度等“第一自然”条件导致的交易成本大小对资源集聚的影响，但随着一些自然条件不具有优势的地方却成了产业集聚中心，新近研究更为强调因集聚本身的动态变化而形成的“第二自然”条件带来的成本节约和规模经济对资源集聚的影响。此外，Lancaster 和 Rosen 的研究首次将特征价格理论引进不动产市场领域，开拓了特征价格理论在住房市场研究的先河，继而 Roback（1982，1988）通过建立企业、居民理论模型，阐释了城市不动产价格的形成机制，并在此基础上得出结论——城市的品质特征是引起企业区位选择和人口迁徙的原因，其中城市的区位特征、自然气候环境、教育资源配套以及公共服务设施建设等品质对城市的不动产价格波动变化影响显著[121,122]。范新英[47]（2014）将城市价值分为宜学、宜游、宜商、宜业、宜居五种特征，在特征价格理论模型的基础上，研究了房价差异原因。此处借鉴 Glaeser et al.（2001）[123]、郑思齐（2011）[124] 等学者的相关研究，从城市特征层面构建本章研究的理论模型，分析城市基本特征对不动产价格的影响，重点研究城市的创新集聚能力对其的影响程度。虹吸效应，又称虹吸现象，物理上原本是指由于液态分子间存在引力与位能差能，液体会由压力大的一边流向压力小的一边。研究借鉴物理学中虹吸效应的内涵，对其进行引申应用，通过城市虹吸性来描述其对创新要素的吸纳和激活能力。

在影响城市不动产市场的特征价格模型中，将创新集聚能力从对城市不动产的基本影响因素中进行剥离，集中考察其对不动产市场的影响。通过供给需求均衡理论，构建 n 个城市不动产价格与其影响因素（虹吸性、其他城市特征）的动态面板模型。具体表达式如式 6–1 所示。

$$p_{k,t}=u_t+\sum_{d}\beta_d p_{k,t-d}+\sum_{i\in H}a_{i,t}\cdot x_{k,i,t}+\sum_{j\in G}b_{j,t}\cdot y_{k,j,t}+\sum_{l\in S}c_{l,t}\cdot z_{k,l,t}+\sum_{m\in N}d_{m,t}\cdot w_{k,m,t}+\varepsilon_{k,t} \tag{6-1}$$

其中 $k=1,2,\cdots,n$，指的是城市的空间坐标编号；

$p_{k,t}$ 为 t 期第 k 个城市的不动产价格，指城市的具体房价或地价；

$x_{k,i,t}$ 为第 t 期第 k 个城市的第 i 个人文性的特征值；

$y_{k,j,t}$ 为第 t 期第 k 个城市的第 j 个绿色性的特征值；

$z_{k,l,t}$ 为第 t 期第 k 个城市的第 l 个智慧性的特征值；

$y_{k,w,t}$ 为第 t 期第 k 个城市的第 w 个虹吸性的特征值；

$\varepsilon_{k,t}$ 为随机误差项，设其为 $i.i.d.$ 且服从 $N(0,\sigma^2)$ 分布。

模型（6–1）是在国家自然科学基金项目（张所地，70973072）所构建的“城市不动产动态与预期评估模型”基础上，加入了创新集聚能力要素。通过该模型，可以将影响房地产的基本特征及创新集聚能力的影响分离，集中考察创新集聚能力对城市房地产的影响效应，所以将该模型命名为：中国 n 个城市不动产价格的创新集聚能力影响效应模型（The Model of the Influence of Urban Innovation Agglomeration Ability on Real Estate Price），简称：城市不动产价的创新集聚能力模型（REP–IAA 模型）。

在《国家新型城镇化规划（2014—2020 年）》中，为顺应城市发展新理念，提高城市发展水平，提出"应强化推进新型城市建设，重点突出绿色城市、智慧城市、人文城市的建设"的城市建设理念，在此基础上，融入城市发展对创新集聚能力的提升建设，重点确定城市四大主要特征：人文特征、绿色特征、智慧特征、虹吸特征，通过比较分析四大特征对不动产价格的影响。此研究方案设计的主要贡献点体现在：一是从城市横向特征对不动产市场影响程度进行比较分析，可以挖掘到更多的有用信息，将创新集聚能力的影响作用进一步凸显；二是在研究虹吸特征时，兼顾了其他主要城市特征对不动产市场的影响。

城市的人文特征：城市的人文特征主要体现在将城市建设成为更加人性化的、历史底蕴厚重、人文魅力强大的生活居住空间。具体表现为在旧城改造过程中应注重保护历史文化遗产和传统风貌，促进改造后新城市功能的提升与旧城市文化文物的保护二者间的紧密结合；在新城市建设中注重融入更多的新潮文化因素，推动具有新城市特色文化的发展。

城市的绿色特征：城市的绿色特征主要体现在城市土地、水和能源资源的集约利用，空气质量的提高与污染的有效防治，城市固体废弃物的循环利用，推进可再生资源体系的建设，提高新能源和可再生资源的利用比例，改善出行条件和方式，倡导绿色出行。

城市的智慧特征：城市的智慧特征主要表现为在城市的建设中对新科技成果的投入与使用，具体包括对城市本身所具备的自然要素禀赋、其新加入的信息资源和新技术所代表的智力资源的统筹利用。即通过将物联网、云计算、大数据等高新技术融入城市的自然要素禀赋中并得以具体应用，将创新成果与城市建设发展、提高人民生活质量深度融合，从而实现城市管理的科学化、基础设施的智能化、公共服务的便捷化。

城市的虹吸性特征：城市虹吸性表现为城市对创新要素的吸纳力，是城市创新集聚能力的描述性特征。城市创新集聚能力主要体现在城市对创新要素中的人才集聚、资本集聚等的吸纳能力以及技术集聚下的需求效应、成本效应和空间溢出效应来体现。与其他特征相比，创新集聚能力更能彰显城市的独具特征，有其他城市发展不可比拟的优势，具备真正可持续发展的潜力。

综合城市的人文、绿色、智慧和虹吸性四大特征内涵，依据《国家新型城镇化规划（2014—2020 年）》中城市特征的指标体系，重点参考已有文献[125，126]（王荣和张所地，2016）的基础上，运用影响不动产价格的最优组合因素确定方法[127]（张所地和王拉娣，2002），确定了 18 个核心指标，构建出城市特征评价指标体系，具体内容见表 6–1 所示。研究创新集聚能力对城市不动产价格的影响，从创新集聚过程和创新集聚效果两个角度综合反映城市创新集聚能力，创新集聚过程选取科学技术支出占比、人力资本对数、人口密度、工业集中度为代表性指标；创新集聚效果选取专利申请量、专利授权量、人均专利数量、人均利用外资情况为代表性指标。其中，城市化率越高代表该城市的人口吸聚能力越强，人口越倾向于向该地区迁移，计算时使用城镇人口与常住总人口之比表示；工业集中度高代表该城市对产业的吸纳能力越强，企业倾向于向该区域迁移，计算时用企业数量与区域面积之比表示。

表 6-1　城市特征指标体系表

	一级指标	二级指标	编号	单位	权重
城市特征	人文特征	人均 GDP	X11	元	0.164 4
		每万人口医院床位数	X12	个 / 万人	0.023 2
		每百万人影剧院数	X13	个 / 百万人	0.491 4
		每百人公共图书数	X14	册 / 百人	0.321 0
	绿色特征	工业固体废物综合利用率	X21	%	0.580 8
		建成区绿化覆盖率	X22	%	0.179 3
		城镇生活污水处理率	X23	%	0.145 9
		空气质量优良率	X24	%	0.094 1
	智慧特征	单位面积固定资产投资额	X31	万元 / 平方公里	0.192 7
		普通高等学校数	X32	个	0.213 5
		移动电话普及率	X33	%	0.230 9
		互联网用户普及率	X34	%	0.299 5
		电信业务总量占 GDP 比	X35	%	0.063 4
	虹吸特征	科学技术支出占比	X41	%	0.112 9
		城市化率	X42	%	0.083 5
		人口密度	X43	人 / 平方公里	0.132 6
		工业集中度	X44	%	0.103 9
		专利申请量	X45	项	0.119 8
		专利授权量	X46	项	0.203 5
		人均专利数量	X47	项 / 人	0.120 1
		人均利用外资情况	X48	万美元 / 人	0.123 7

6.3　城市创新集聚能力对不动产影响的实证研究

6.3.1　分指数计算

研究选取 35 个大中城市为样本，数据包括这些城市 2008—2016 年 21 个指标的具体数据以及各城市的住房价格与土地价格。其中各城市的人均 GDP（AGDP）、每万人口医院床位数（PNHB）、每百万人影剧院数（PNT）、每百人公共图书数（PNPL）、城镇生活污水处理率（TRWW）、单位面积上固定资产投资额（AFAF）、普通高等学校数（NHS）、移动电话普及率（MTUP）、互联网用户普及率（IUP）、电信业务总量占 GDP 比重（TTS）、科学技术支出占比（STS）、城市化率（URD）、人口密度（PDD）、工业集中度（ICR）、人均利用外资情况（UFC）等 15 项指标直接取自《中国城市统计年鉴 2009—2017》，或者由《中国城市统计年鉴 2009—2017》中相关数据计算所得；工业固体废物综合利用率（RISWS）、建成区绿化覆盖率（GCR）、空气质量优良率（FRAQ）3 项指标数据来自《中国城市竞争力统计年鉴 2009—2017》；专利申请量、专利授权量数据来自《各城市国民经济与社会发展公报 2008—2016》，人均专利授权量由该城市当年的专利授权量除以对应年份该城市的年均人数计算得出。住房销售价格数据来自《中国统计年鉴 2009—2017》；土地销售价格数据来自《中国房地产统计年鉴 2009—2017》[①]。另外，为了更客观地反映城市四大特征对房价、地价的影响变化，以及避免各指标因量纲不同所造成的不可比性，研究以 2008 年为基期，将所收集到的数据分别进行了指数转换。

为了更客观地构建人文、绿色、智慧、创新集聚能力四大特征指数序列，首先进行各指标权重的确定。综合考虑确定权重的各方法及本研究的实际需求，最终选择最大熵值法作为计算各指标权重的方法。具体计算公式见式（6–2），计算步骤主要包括数据的标准化、计算第 j 项指标的熵值、计算第 j 项指标的差异性系数，最后进行权重的计算。各指标权重计算结

① 需要说明的是，土地销售价格因个别年份无法获得城市数据，只有省和直辖市数据，受高波教授研究启发，本书用该城市所在省份的数据进行替代。

果见表6–1。

$$e_j = -k\sum_{i=1}^{m} p(x_{ij})\ln \quad p(x_{ij})，其中 p_{ij} = x_{ij} / \sum_{i=1}^{m} x_{ij}，\quad k>0 \tag{6–2}$$

四个城市特征中将第i个品质特征的指数计算过程见式（6–3）。

$$I_i = \sum_{j=1}^{k_i} \omega_{ij} x_{ij} \tag{6–3}$$

其中k_i表示第i个品质特征的指标个数；x_{ij}表示第i个品质特征中的第j个指标值，w_{ij}为x_{ij}对应的权重值。

通过式（6–3）综合计算35个大中城市历年的人文特征、绿色特征、智慧特征、虹吸特征指数值，计算结果见表6–1。

6.3.2　计量模型构建

为深入研究四个特征对房价、地价的影响关系，利用实证方法分别研究四个特征对房价、地价的影响程度，特建立以下两个面板固定效应计量模型（为了降低异方差等问题可能的影响，对数据进行了对数化处理），见式（6–4）、式（6–5）。

$$\begin{aligned} \ln(HP_{it}) &= \beta_0 + \beta_1 \ln human_{it} + \beta_2 \ln green_{it} + \\ &\beta_3 \ln genius_{it} + \beta_4 \ln innovation_{it} + \mu_i + \varepsilon_{it} \end{aligned} \tag{6–4}$$

$$\begin{aligned} \ln(LP_{it}) &= \gamma_0 + \gamma_1 \ln human_{it} + \gamma_2 \ln green_{it} + \\ &\gamma_3 \ln genius_{it} + \gamma_4 \ln innovation_{it} + \delta_i + \nu_{it} \end{aligned} \tag{6–5}$$

其中i代表截面，t代表时间，μ_i、δ_i代表固定效应；ε_{it}、ν_{it}为随机扰动项。HP_{it}为第i个城市第t年的房价，LP_{it}为第i个城市第t年的地价；human、green、genius、innovation分别表示城市的人文特征、绿色特征、智慧特征、虹吸特征。

6.3.3 实证结果分析

由于研究样本对象的选择是35个大中城市，考虑样本的选择基本覆盖了整个中国，且城市间具体房价、地价的差异，城市间创新集聚能力的不同，可以代表所要研究的城市类型。本章的实证研究采用了面板固定效应模型及分位数回归模型，利用Stata 12软件，分别以房价、地价为被解释变量进行了回归，具体结果见表6–2、表6–3。

表6–2 城市四大特征对房价的影响估计结果①

	固定效应	分位数回归				
		0.1	0.25	0.5	0.75	0.9
lnhuman	0.073 4***	0.152***	0.163***	0.150***	0.046 9	0.025 8
	(3.30)	(3.65)	(4.96)	(2.72)	(0.57)	(0.25)
lngreen	0.270	−0.407***	−0.405***	−0.656***	−1.111***	−1.280***
	(1.67)	(−2.69)	(−3.39)	(−3.27)	(−3.73)	(−3.43)
lngenius	0.115**	0.174***	0.178***	0.161***	0.133***	0.096 3**
	(2.39)	(9.32)	(12.06)	(6.47)	(3.61)	(2.09)
Siphon	0.298***	0.281***	0.266***	0.300***	0.337***	0.356***
	(6.45)	(7.02)	(8.39)	(5.64)	(4.27)	(3.60)
常数	4.619***	6.752***	6.899***	8.249***	11.24***	12.60***
	(6.79)	(9.79)	(12.67)	(9.02)	(8.29)	(7.41)

表6–3 城市四大特征对地价的影响估计结果②

	固定效应	分位数回归				
		0.1	0.25	0.5	0.75	0.9
lnhuman	0.116**	0.261***	0.272***	0.231***	0.080 4	−0.142
	(2.41)	(3.12)	(4.22)	(3.09)	(0.69)	(−0.85)

①② ***表示在1%显著性水平下显著，**表示在5%显著性水平下显著，*表示在10%水平下显著，（ ）为t值。

续　表

	固定效应	分位数回归				
		0.1	0.25	0.5	0.75	0.9
lngreen	0.256	0.024 7	−0.287	−0.035 1	−0.991**	−1.416**
	（1.12）	（0.08）	（−1.23）	（−0.13）	（−2.35）	（−2.32）
lngenius	0.152***	0.067 1*	0.046 1	0.089 8***	0.025 8	−0.043 2
	（4.16）	（1.78）	（1.59）	（2.67）	（0.49）	（−0.57）
Siphon	0.297***	0.474***	0.444***	0.350***	0.385***	0.340**
	（4.23）	（5.89）	（7.14）	（4.87）	（3.44）	（2.10）
常数	3.028***	2.221	4.184***	3.750***	9.659***	13.97***
	（2.98）	（1.60）	（3.92）	（3.03）	（5.02）	（5.02）

从表 6–2、表 6–3 的回归结果，可以得到如下结论：

（1）表 6–2 中，从固定效应的回归系数来看，人文、智慧、虹吸三个城市特征变量的系数显著为正，表明人文、智慧、虹吸对房价有显著影响，且影响程度大小依次为虹吸、智慧和人文。从分位数回归结果来看，虹吸特征在每个分位点上的系数显著为正，表明城市创新集聚能力对房价的影响在各个房价水平均比较显著，即城市的创新集聚能力对房价的影响显著，人文特征、智慧特征在 0.1、0.25、0.5 分位点上均显著为正，说明在中低段房价水平上人文特征、智慧特征对房价有明显促进作用。三者相比较，虹吸特征的影响要比人文特征、智慧特征的影响更为显著，说明城市的虹吸特征是影响该城市房价波动的最重要因素。相对而言，城市的绿色特征对其房价影响不够显著，可能与目前中国经济发展和高速增长背景下，长期以来的固定资产投资行为并不是以绿色环保为导向有关，因而绿色特征难以成为显著影响房价的变量。

（2）表 6–3 中，从固定效应的回归结果来看，三个城市特征对地价的影响程度大小顺序依旧表现为虹吸特征最显著，其次为智慧特征和人文特征，而绿色特征影响不显著。从分位数回归结果来看，虹吸特征对地价的影响在各个分位点均显著，而人文特征、智慧特征在 0.1、0.25、0.5 分位点处对房价的影响显著为正。与表 6–2 相同的是，四大特征对地价的影响在各个分位点处表现出大致相同的趋势，并且虹吸特征的影响依旧显著，且影响程度强。所不同的是，从影响程度上来看，在中低段地价水平下城市的人文特征比智慧特征对地价的影响更大。

（3）创新集聚能力对城市不动产的影响显著。不动产市场投资的流动性从客观上决定了它的波动性，也使得房价或地价的涨跌成为必然。但是无论房价、地价处于什么层次，城市对创新要素的虹吸特征均对其有显著影响，且随着价格上涨这种作用更为明显。众多的学者专家研究表明，人口对房地产市场的变化有直接显著性影响，其中包括人口的数量、人口的结构、人口的流动等。人口的流入或流出，影响了城市住房市场的供求关系，近而导致了城市住房价格的涨跌。土地的供给一般由政府垄断，因此从供需角度上讲，地价的涨跌更多地趋向于由需求决定，住房价格的涨跌也就直接影响着土地价格的涨跌，因此，城市的创新集聚能力影响着住房价格的同时也对土地价格影响显著。

6.4　城市不动产量价分化源起创新集聚能力差异

为进一步刻画城市的创新集聚能力对房价、地价的影响度，选取 0.1、0.25、0.5、0.75、0.9 分位数，利用 Stata 12 软件分别对房价、地价的分位数回归模型绘制了带有置信区间的分位数回归系数变化图。结果如图 6–1 所示。

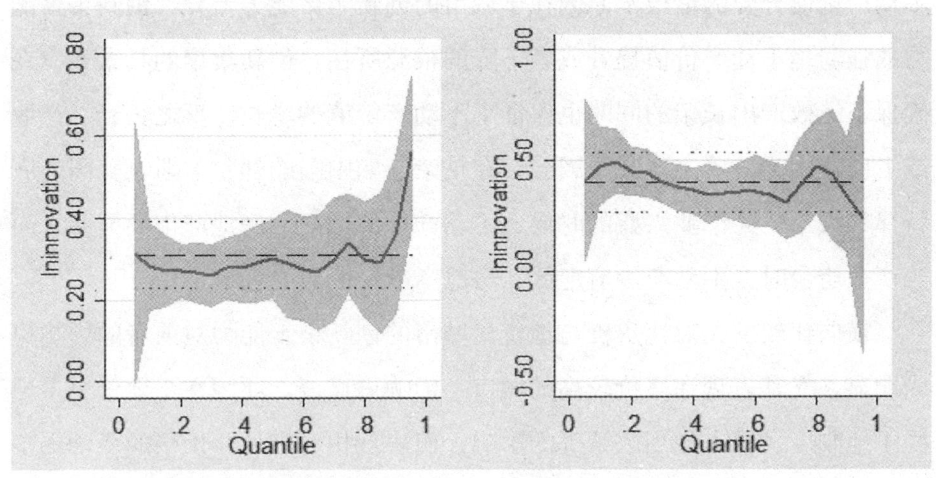

图 6-1　房价、地价模型的面板分位数系数变化图

从图 6-1 的面板分位数回归系数变化图可以看出，城市所具备的虹吸特征对其房价、地价的显著性影响具备一定的持续性，这与上文的回归结果保持一致。从对房价的影响来看，人口的迁徙使得流入地、流出地的人口数量与结构发生了变化。创新集聚度高的城市主要表征为它是知识、技术密集型产业和高端服务业的集中地，它具备学习成本低、知识溢价高的特点。成熟先进的创新区的拥有使得这些城市为众多求职者提供了更为合适的求职岗位和进一步学习深造的机会。同时，集聚又是创新的首要条件，创新的溢出具备很强的马太效应，创新集聚能力高的城市对专业技术人员更具有吸引力，同时吸纳了更多的服务人员，专业人才的集聚反过来促进创新绩效的更高产出，良性循环下为吸引更多的人员奠定了基础，人口数量的连续性增长和结构的渐变性优化，使得这些城市不动产价值持续提升，房地产市场长盛短衰甚至长盛不衰。相反，创新集聚能力表征不明显或者比较弱的城市，因为不具备人才吸引优势，造成人口大量流出，不动产价值持续走低，房价地价下跌，房地产市场逐渐衰败。需要注意的是，引致不动产价值分异的最根本原因在于城市的创新集聚能力差异，创新集聚能力的强弱是不动产价值提升或者下降的根源所在。创新集聚的马太效应在确保了绩效产出长荣的同时也保证了不动产价值的增长，反之长衰。产业或者商业因为一些主客观原因会存在枯荣，如中国的鄂尔多斯、美国的底特律等城市，某产业兴盛的时候，不动产价值增高，房地产市场繁荣，而当产业垮台时，不动产价值走低，房地产市场也随之衰败。

横向比较下，对比房价与地价，城市的创新集聚能力对前者的影响更为明显，尤其表现在房价较高的城市，影响更显著。原因在于地价更多地受土地制度、城市规划政策等的影响；而房价相对来说，价格的变动更多地与市场因素的影响有关，在此基础上进一步理解创新集聚能力对房价的影响比对地价的影响更敏感。

6.5 本节结论

本节基于影响城市不动产价格的创新集聚能力模型，在城市的人文特征、绿色特征、智慧特征和虹吸特征四大特征内涵基础上，从不同维度选取了 18 个指标，并以此构建城市特征的评价指标体系，研究利用面板分位数回归方法分析了四大特征对城市住房价格和土地价格影响关系，重点探究了创新集聚能力对城市不动产的影响程度及原因。研究表明，在各个不同的分位数水平下，创新集聚能力对城市的房价、地价均有显著影响，智慧性与人文性次之，且创新集聚能力的影响随着房价上升呈现逐渐增强趋势，而地价则有减弱趋势。本章的研究结论暗含如下政策建议：

（1）依据城市创新集聚能力程度，针对性出台相匹配的差别化土地供给政策

差别化的土地政策能提高土地资源的利用率，使土地资源的空间配置和利用率更高效。当前，以土地为主要不动产的资源配置方向与市场驱动

的人口流动方向出现背离。在人口流入地，基础设施和公共服务，主要是不动产的规划配备和实际供给，远远满足不了人口流入后快速增长所带来的需求，而土地供应增长速度的明显下滑正是源头之一，如北、上、广、深等城市的房价居高不下，一房难求甚至无房可售，很大一部分原因是由住房的供给相对较少，供需比严重失衡造成的，而住房供给相对少的根源则是土地供给的限制；而欠发达地区作为人口流出地，相对过多的供给被转化成了问题过剩且零散分布的工业园，甚至是名义上有却无实际需求的新城、科技园，譬如鄂尔多斯类的城市，土地供给相对过剩，利用率低下。土地供给政策的不合理性则是造成这种局面的根本原因，具体表现为土地供给与区域经济发展对土地的需求不协调，土地政策的普适性与区域经济发展的差异化之间的矛盾，这种矛盾的化解只有通过差别化的土地政策才能得以有效解决，具体目标就是达到两个一致：土地供应与人口流动方向相一致，住房供应与人口流动带来的住房需求相一致。

（2）创新地租理论的创建与完善

土地供应与区域需求的不协调性，现实上需要出台差别化的土地政策，理论上则需要对地租理论进行具体的再创与完善。马克思的地租理论是一个静态的相对分析，假设条件明确，随着经济发展和区域的差异化，地租理论的使用受到很大的限制，需要进一步扩展。针对创新区、创新型城市的建设，创建具体的“创新地租理论”，更好地满足城市发展的需要。

（3）搭建创新要素集聚平台，提升城市创新集聚能力

创新集聚能力是保障城市经济持续发展、房地产市场长荣短衰的重要条件，对城市可持续发展建设具有重要意义。国内外典型创新型城市的建设经验告诉我们，完善的科技创新体制、科技创新的投入与基础条件的改善，大规模创新型企业的拥有与创新型人才的集聚，是提升城市创新集聚能力的前提和基本条件，同时也是城市预定位为创新型城市建设与发展的

首要衡量因素。与产业集聚类似，技术的集聚、资本的集聚与人才的集聚同样具备很强的正马太效应，这种集聚会造成知识的高效溢出与边际效应的递增，随着这种正马太效应的叠加，才能减少部分城市可能存在的房地产泡沫，增强城市抵御风险的能力。

（4）强化吸纳引进创新型人才的队伍建设

创新的集聚，离不开人才的集聚与人才队伍的建设。人才的集聚是创新要素集聚的源头，是城市创新集聚能力提升的根本。政府、企业、高校在创新型人才的培养和建设中均起着不可替代的重要作用。高校更重要的作用是对人才的培养和输出，它是创新型人才产出的源泉，是源头，是基础。政府的作用更多的是对吸纳引进人才的平台的搭建，是对加大创新型人才引进机制的创建和宏观上的引导规划。在这个过程中，企业更应该侧重的，则是对创新型人才吸纳引进的具体投入，为留住人才所采取的一系列具体措施的实施，加大对创新型人才的再培养，完善激励机制以强化人才的创新动机，最后为满足专业人才需求，应注重与高校间的校企合作人才培养。高校、政府、企业三个主体构建了创新人才队伍引进与建设的完整通道，才能实现对创新型人才的有效集聚。

第七节　创新集聚特质对不动产市场的直接效应

城市的创新集聚特质，是城市创新功能融合的集中体现。城市创新集聚特质的形成与完善，目的就是通过吸引创新型人才，努力推动企业知识型员工间的创新和思想交流，为他们提供丰富多元的街区化城市生活，因此城市创新集聚特质的空间差异正是人口流动行为决策的重要参考点，而这种特质的具备则需要特定不动产的配备作为支撑。本节研究继续扩充第 6 节研究成果，从城市特质视角探究创新集聚对城市不动产的直接影响效应 [128]。

7.1　城市创新集聚特质的内涵

城市创新集聚特质 [129]（Cityness），是指城市特定区域内出现的创新创业企业与人才高度集聚的街区空间的一种特殊品质，这种区间同时具备创新创业企业与人才高度集聚和城市化的生活环境两大特质。具体表现为这类区域一般以中心城区为核心，具备免费或者半免费的公共空间，包含混合功能开发的空间要素。城市创新集聚特质的形成过程中，创新创业企业、知识型人才和地方政府是三个关键的行动主体，创新创业企业能够获得更多的知识溢出，知识型人才可以获得更好的生活体现，地方政府承受区域更新的压力并能从区域发展中获取综合效益。对于创新活动而言，知识被认为只能通过人际接触和跨企业流动进行有效的传递，因此受到地理性条件的约束，而这种地理性条件的约束正是来自不动产的配备。成功的高科技集群案例研究也表明，在传递隐性专业知识过程中，基于共同的目标和工作分享的过程中，人与人之间的社会关系和非正式互动对创新思想的迸发非常重要，创新基本上就是社交活动的结果。城市特定区域具备创新集聚特质，这里的知识工作者将被较短的通勤、更多更好的配套服务和步行街区所吸引。创新集聚特质使城市整合了企业、教育机构、创业者、学校、混合功能开发、医疗创新、高回报投资等一系列要素，体现出高度信息化特征，创新要素高度集聚下的新的城市特质，具备该特质的城市形成了一种有利于“开放创新”氛围，拥有集校区、园区与社区为一体的综合性功能，成为科技创新中心的重要空间载体。

7.2 城市创新特质评价指标体系构建

本节研究思路方面，从城市创新特质的内涵出发，分析城市创新集聚特征评价体系，构建中国 35 个大中城市的商品住宅价格和土地价格的非线性实证模型，探求城市的创新特质对房价分化的非线性作用，客观揭示城市创新性特质对城市不动产市场的影响。研究方法方面，第 4 节基于供求均衡理论研究了城市的创新集聚能力对房地产价的作用机理，研究结果表明，相对于城市的人文性、绿色性和智慧性特征而言，城市的创新集聚能力对于城市不动产的影响更加明显，同时揭示了它们对房价显著的线性化影响。然而，上述研究中关于模型的线性结构假设过于严格，在现实问题中很难实现和满足。相比而言，非线性模型更加具有一般性，也符合许多实际问题的背景。因此本节的研究方法完全利用数据驱动的思想，由实例数据出发建立半参数模型（即模型中同时包括线性和非线性结构），并利用广义矩估计(GMM)的方法建立线性和非线性结构中参数的相合估计，通过理论建模和实证分析，深入剖析中国城市创新特质对不动产价的非线性影响关系，合理诠释城市创新特质对房地产价的非线性影响机理。

影响不动产市场的因素很多，构建模型前首先确定对房地产价格波动有显著作用的影响因素，其次需要确定这些显著的影响因素是如何作用于不动产市场的，即他们的作用形式如何，这里主要指线性的或者非线性的。已有的研究中，对房地产价格影响因素的建模分析主要是基于对其线性结构的假设，而线性结构假设的约束过于严格，不足以应对中国房地产市场错综复杂的现状，这种错综复杂与不断变化使得影响不动产价格的因素并不稳定，呈现动态化特征，因此仅通过各影响因素变量之间的线性关系，有可能无法很好地揭示不动产价格变化及其影响因素间的作用规律。有些学者基于此也曾研究过相关因素对房价的非线性影响，范新英（2015）的研究以 Lancaster 消费理论和 Rosen 隐形市场理论为基础，将主要城市特征归结为宜居、宜业、宜商、宜学、宜游五个层面，从城市居民效用最大化角度建立优化模型，采用面板分位数回归方法分析城市特征对房价的非线性影响关系。然而，目前已有的研究中并没有讨论城市的创新集聚特质对不动产市场的影响程度，以及对于房价或地价的作用形式。因此，基于城市创新特质的针对不动产市场发展影响因素的分析十分必要，从非线性层面揭示城市特征对房价影响的内在机理需要更多方法进行深入剖析。

借鉴国内外学者关于城市创新集聚特质的内涵解释[130,131]，根据城市创新集聚特质的衡量指标或影响因素，研究把各类影响因素分为城市创新集聚特质指标和非创新集聚特质指标两类[27]。具体地，基于已有研究结论，将关于创新过程的投入、产出和产业化过程分别选定为创新性特质指标：百万人藏书量（PNPL）、单位面积上固定资产投资额（AFAF）、高等学校数量（NHS）、科学技术占比（STS）、专利申请量（PATA）、发明专利授权量（PATL）、人均专利数量（PCNP）、人均利用外资额（UFC）、科研人员数量（RES）、R&D 经费支出占 GDP 比（RD）、技术合同成效总额（CON）、企业利润总额（PRO）、高技术企业数量（CEN）；其他影响房价、地价的经济基本面变量统称为非创新类变量，这里主要包括人均 GDP（PGDP）、每万人口医院床位数（PNHB）、每百万人影剧院数（PNT）、工业固体废物综合利用率（RISWS）、建成区绿化覆盖率（GCR）、城镇生活污水处理率（TRWW）、空气质量优良率（FRAQ）、移动电话普及率（MTUP）、互联网用户普及率（IUP）和电信业务总量占 GDP 比重（TTS）等。城市创新集聚特质是其创新功能综合化的集中体现，需要部分或全部地整合创新创业企业、教育机构、创新服务机构、创业者、学校、金融机构、消费性服务业等经济活动要素。因此，本研究中将百万人藏书量、单位面积上固定资产投资额、高等学校数量这三个指标也列入创新集聚特质的描述性指标。

7.3 半参数模型构建与估计

根据上述讨论，因为影响不动产市场因素很多，但具体作用形式完全未知而且每个变量作用的显著性存在差异。综合这些考虑，本节运用固定效应的动态面板半参数部分线性可加模型进行统计分析。具体地，研究针对模型中的非线性函数部分，采用 B- 样条基函数近似的办法将半参数模型转换成线性结构，进而利用一阶差分基础上的广义矩估计（FD-GMM）建立相关系数和非参数函数的估计。部分线性可加模型定义如式（7-1）所示。

$$p_{k,t}=u_k+\sum_{d\in A}\beta_d p_{k,t-d}+\sum_{i\in H}a_i x_{i,k,t}+\sum_{j\in G}f_j(z_{j,k,t})+\varepsilon_{k,t} \qquad (7\text{-}1)$$

其中 $k=1,2,...,n;t=1,2,...,T.$； $p_{k,t}$ 为 t 期第 k 个城市的不动产价格，指各城市的具体房价或地价。外生变量 $x_{i,k,t}$ 和 $\mathrm{z}_{i,k,t}$ 分别为第 t 期第 k 个城市的第 i 个非创新性特征值和创新性特征值，$\varepsilon_{k,t}$ 为随机误差项，设其为 $i.i.d.$ 且服从 $N(0,\sigma^2)$ 分布。通过该模型，可以将影响不动产的创新性特质与非创新性特质指标进行分离，集中考察城市创新集聚特质对不动产的影响效应，所以将该模型命名为：中国 m 个城市不动产价格的创新集聚特质影响效应模型（The Model of the Influence of Innovation Agglomeration Cityness on Real Estate Price），简称：城市不动产价的创新集聚特质模型（REP–IAC 模型）。

多项式样条逼近在半参数模型统计推断中函数估计的常用方法，简单地说，样条就是在结点序列上连续的逐段多项式函数。不失一般性，我们定义在变量 $z_{j,k,t}$ 的支撑集 Z 上的一组已知样条基函数序列为 $\gamma_1(z),\ldots,\gamma_L(z)$，其中 $L = L_k$ 是可以趋向于无穷大。那么，任何满足一定光滑性的函数 s (z) 都可以近似表示成一组样条基函数的线性组合，而这些系数都是待估计的。因此，基于上述讨论模型，（7–1）可以表示成如式（7–2）形式。

$$p_{k,t} = u_k + \sum_{d\in A}\beta_d p_{k,t-d} + \sum_{i\in H} a_i x_{i,k,t} + \sum_{j\in G}\sum_{l=1}^{L_K} b_{j,l}\gamma_l(z_{j,k,t}) + \varepsilon_{k,t} \qquad (7–2)$$

其中 $\beta_{\mathrm{d}}, a_i, b_{j,l}, l = 1,\ldots,L_K$ 均为待估参数。不难看出，固定效应随着样本量的增加而趋向于无穷，所以本章不估计固定效应，而是通过对 t 的一阶差分将其移除。具体见式（7–3）。

$$\begin{aligned}p_{k,t} - p_{k,t-1} &= \sum_{d\in A}\beta_d (p_{k,t-d} - p_{k,t-d-1}) + \sum_{i\in H} a_i (x_{i,k,t} - x_{i,k,t-1}) \\ &+ \sum_{j\in G}\sum_{l=1}^{L_K} b_{j,l}\{\gamma_l(z_{j,k,t}) - \gamma_l(z_{j,k,t-1})\} + \varepsilon_{k,t} - \varepsilon_{k,t-1}\end{aligned} \qquad (7–3)$$

注意到 $p_{k,t-1} - p_{k,t-2}$ 和 $\varepsilon_{k,t} - \varepsilon_{k,t-1}$ 的相关性，直接的最小二乘会导致有偏的估计，所以通过最小化如下目标函数建立参数 $\beta_{\mathrm{d}}, a_i, b_{j,l}, l = 1,\ldots,L_K$ 的半参数广义矩估计，具体见式（7–4）。

$$(\hat{\beta}, \hat{a}, \hat{b}) = \arg\min (W\Delta\varepsilon)^{\mathrm{T}} \Sigma^{-1} (W\Delta\varepsilon) \qquad (7–4)$$

其中“W”表示基于被解释变量的滞后观测和模型中外生变量构成的工具矩阵，Σ^{-1} 表示权重矩阵 Σ 的逆矩阵，差分后的误差向量为式（7–5）。

$$\Delta\varepsilon=\Delta p-\beta^{\mathrm{T}}\Delta^{-d}p-a^{\mathrm{T}}\Delta x-b^{\mathrm{T}}\Delta\gamma(z) \tag{7–5}$$

其中 $\Delta p,\Delta^{-d}p,\Delta x,\Delta\gamma(z)$ 均为向量意义下对应的观测值，而 β,a,b 是待定参数向量。此外，我们用"T"表示向量或者矩阵的转置。进一步根据式（7–5）可以得到如下函数部分的非参数估计为式（7–6）

$$\hat{f}_j(z_{j,k,t})=\sum_{l=1}^{L_K}\hat{b}_{j,l}\gamma_l(z_{j,k,t}),\ l=1,\ldots,L. \tag{7–6}$$

7.4 基于半参数模型的实证研究

7.4.1 数据来源

本节的研究指标数据分别来自《中国城市统计年鉴 2009—2017》《中国城市竞争力统计年鉴 2009—2017》《各城市国民经济与社会发展公报 2008—2016》《中国统计年鉴 2009—2017》以及《中国房地产统计年鉴 2009—2017》中关于 35 个大中城市 2008—2016 年 23 个指标的具体数据和各城市的住房价格与土地价格。

7.4.2 结果分析

此处将 7.2 节中的建模方法和估计过程应用到不动产市场的实证分析中。针对房价变量，初步设定模型（7–1）中的自回归阶数为 5，而对于地价变量，初步设定模型（7–1）中的自回归阶数为 3。通过描述性统计分析过程和散点图，可初步设定模型（7–1）中的线性变量包括：人均国内生产总值（PGDP）、每万人口医院床位数（PNHB）、每百万人影剧院数（PNT）、移动电话普及率（MTUP）、互联网用户普及率（IUP）、单位面积上固定资产投资额（AFAF）、科学技术占比（STS）、专利申请量（PATA）、发明专利授权量（PATL）、人均利用外资额（UFC）、科研人员数量（RES）、技术合同成效总额（CON）、企业利润总额（PRO）

和高技术企业数量（CEN）；而非线性变量有工业固体废物综合利用率（RISWS）、建成区绿化覆盖率（GCR）、城镇生活污水处理率（TRWW）、空气质量优良率（FRAQ）、电信业务总量占GDP比重（TTS）、百万人藏书量（PNPL）、高等学校数量（NHS）、人均专利数量（PCNP）和R&D经费支出占GDP比（RD），利用样条近似可以建立下述半参数的GMM估计及对应统计量。具体地，关于房价（HP）和地价（LP）模型的参数估计和基于Bootstrap过程的置信区间列于表7–1和表7–2中，而非参数函数的拟合曲线及置信带请见图7–1和图7–2所示。

表7–1　房价模型自回归参数估计结果

	初始估计	估计值	标准差	95%置信区间
自回归系数				
β_1	–0.790 27	–0.800 32	0.163 601	[–1.134,–0.473 94]
β_2	–0.411 09	–0.389 52	0.129 029	[–0.631 08,–0.138 97]
β_3	–0.094 52	–0.079 79	0.112 911	[–0.307 33,0.134 393]
β_4	–0.053 17	–0.014 52	0.133 149	[–0.281 89,0.2527]
β_5	–0.005 62	0.004 351	0.089 14	[–0.169 24,0.175 631]
待估计参数				
PGDP	1.517 981	1.558 978	0.288 811	[0.972 209,2.117 586]
PNHB	0.029 921	0.050 62	0.091 33	[–0.118 91,0.223 019]
PNT	0.102 079	0.108 759	0.043 865	[0.021 02,0.197 891]
MTUP	–0.183 76	–0.079 26	0.278 754	[–0.6191,0.454 373]
IUP	0.211 609	0.231 036	0.062 965	[0.115 49,0.352 912]
AFAF	0.069 346	0.085 652	0.054 581	[–0.016 88,0.202 809]
STS	0.108 384	0.109 017	0.113 843	[–0.128 13,0.320 873]
PATA	–0.0378	–0.033 51	0.093 615	[–0.216 91,0.152 046]
PATL	0.938 796	0.995 351	0.300 078	[0.367 317,1.583 783]
UFC	–0.349 75	–0.365 24	0.106 094	[–0.576 73,–0.155 12]
RES	0.685 28	0.743 81	0.274 941	[0.193 92, 1.293 69]
CON	–0.083 72	–0.062 52	0.143 673	[–0.343 59,0.216 204]

续 表

	初始估计	估计值	标准差	95% 置信区间
PRO	0.022 586	0.026 337	0.016 766	[−0.009 26,0.059 293]
CEN	0.603 084	0.597 121	0.181 11	[0.261 36,0.966 798]

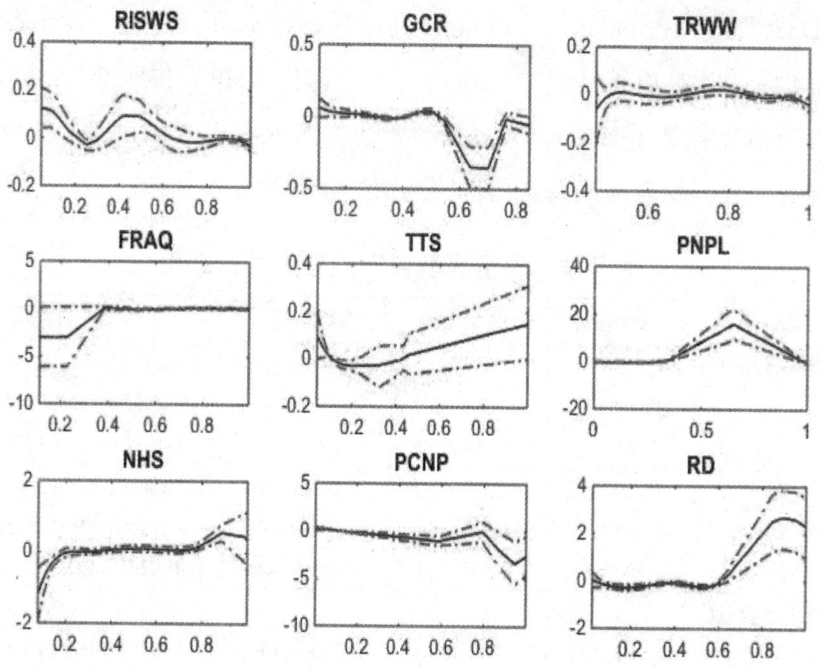

图 7–1 房价模型中非参数函数的拟合曲线

表 7–2 地价模型自回归参数估计结果

	初始估计	估计值	标准差	95% 置信区间
自回归系数				
β_1	−0.452 9	−0.455 5	0.052 725	[−0.559 38,−0.352 64]
β_2	−0.405	−0.407 43	0.040 605	[−0.486 62,−0.329 8]
β_3	−0.065 92	−0.070 6	0.041 273	[−0.155 82,0.009 099]
待估计参数				
PGDP	−0.323 37	−0.346 28	0.098 116	[−0.554 68,−0.165]

续　表

	初始估计	估计值	标准差	95% 置信区间
PNHB	−0.097 49	−0.104 03	0.034 544	[−0.173 02,−0.037 87]
PNT	0.107 291	0.109 364	0.032 409	[0.045 675,0.168 792]
MTUP	0.403 787	0.380 862	0.079 936	[0.233 613,0.541 568]
IUP	0.153 257	0.150 335	0.021 444	[0.107 24,0.188 9]
AFAF	0.042 161	0.025 466	0.034 987	[−0.045 36,0.097 236]
STS	−0.089 13	−0.092 96	0.038 802	[−0.166 18,−0.013 99]
PATA	0.072 453	0.082 17	0.068 64	[−0.052 78,0.222 628]
PATL	0.091 472	0.093 138	0.102 584	[−0.119 52,0.298 123]
UFC	0.194 192	0.188 43	0.037 866	[0.112 74,0.261 425]
RES	0.329 58	0.328 89	0.106 959	[0.131 178,0.542 6]
CON	0.250 45	0.237 376	0.124 878	[−0.024 62,0.464 8]
PRO	−0.044 25	−0.045 44	0.013 564	[−0.071 39,−0.018 21]
CEN	0.004 613	−0.000 19	0.076 742	[−0.158 45,0.143 321]

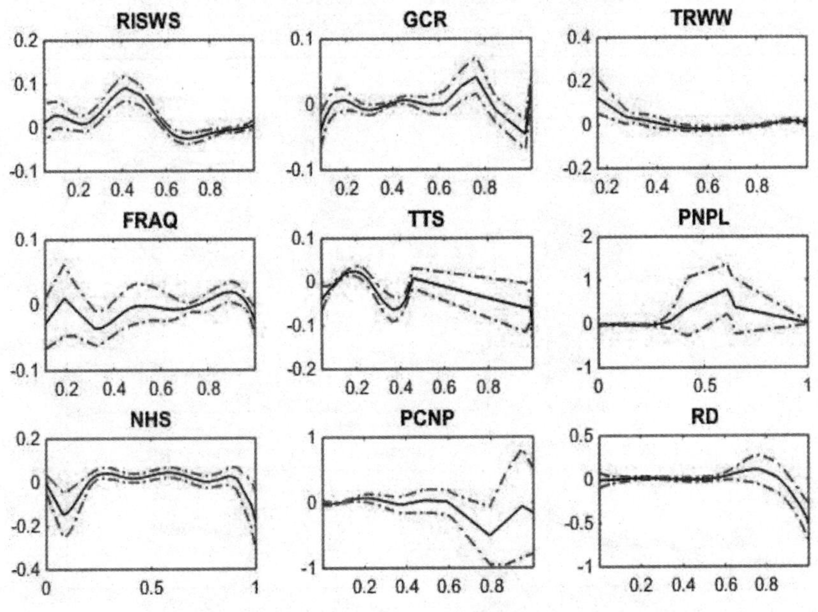

图 7–2　地价模型中非参数函数的拟合曲线

初始模型的估计中发现，部分参数的估计在统计意义下是不显著的，所以在移除冗余变量后重新进行估计，相应地得到如下实证结果。如表7–3、表7–4和图7–3和图7–4所示。

表7–3 房价模型移除冗余变量后的自回归参数估计结果

	初始估计	估计值	标准差	95% 置信区间
自回归系数				
β_1	–0.562 41	–0.470 61	0.083 100	[–0.636 8,–0.309 9]
β_2	–0.055 38	–0.028 97	0.036 406	[–0.099 1,–0.040 6]
待估计参数				
PGDP	1.372 119	1.435 629	0.139 333	[1.176 115,1.721 3]
PNT	0.095 425	0.106 635	0.042 865	[0.028 7,0.192 7]
IUP	0.162 104	0.167 69	0.026 855	[0.119 0,0.221 1]
PATL	0.368 201	0.377 684	0.122 292	[0.119 0, 0.607 8]
UFC	–0.160 57	–0.157 85	0.054 448	[–0.274 9,–0.050 0]
RES	0.812 08	0.830 48	0.153 947	[0.522 63,1.138 33]
CEN	0.529 422	0.527 755	0.067 008	[0.396 8,0.651 2]

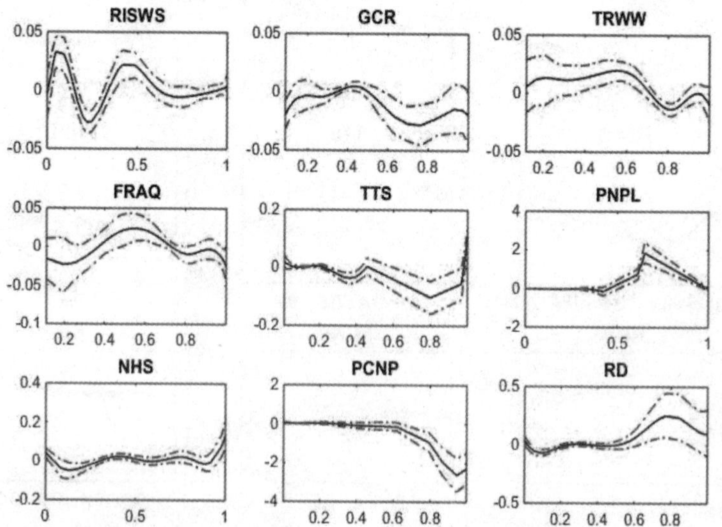

图7–3 房价模型移除冗余变量后的非参数函数的拟合曲线

表 7–4　地价模型移除冗余变量后的自回归参数估计结果

	初始估计	估计值	标准差	95% 置信区间
自回归系数				
β_1	–0.539 49	–0.545 36	0.048 564	[–0.637 96,–0.450 1]
β_2	–0.298 51	–0.304 33	0.048 095	[–0.398 38,–0.207 75]
待估计参数				
PGDP	–0.439 94	–0.482 19	0.129 79	[–0.734 53,–0.226 22]
PNHB	–0.088 21	–0.096 89	0.036 988	[–0.167 38,–0.019 79]
PNT	0.189 693	0.191 851	0.038 273	[0.115 239,0.263 997]
MTUP	0.372 148	0.321 093	0.079 979	[0.153 952,0.479 518]
IUP	0.139 425	0.135 351	0.027 94	[0.084 393,0.191 671]
STS	–0.015 59	–0.017 75	0.043 968	[–0.096 73,0.074 426]
UFC	0.200 434	0.185 85	0.045 311	[0.099 665,0.267 728]
RES	0.511 856	0.504 204	0.128 481	[0.279 145,0.762 655]
PRO	–0.060 29	–0.060 66	0.014 537	[–0.087 51,–0.029 26]

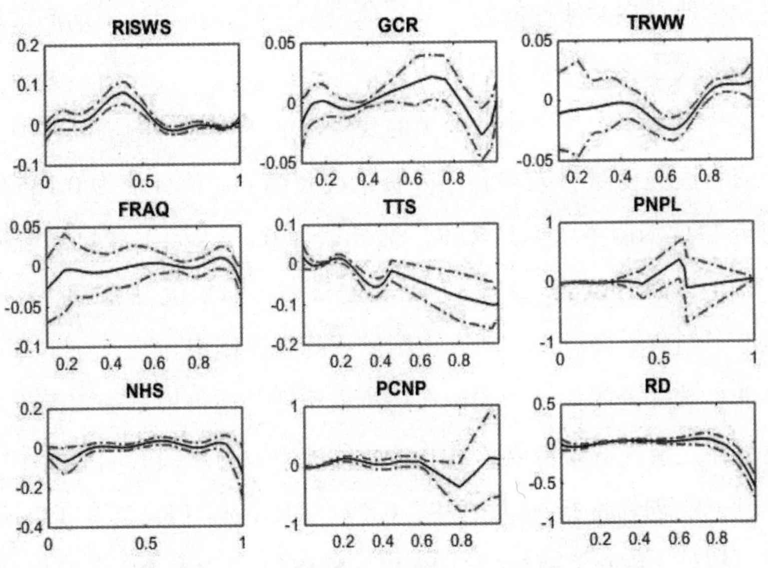

图 7–4　地价模型移除冗余变量后的非参数函数的拟合曲线

表 7–1 和表 7–2 中分别是针对初始的房价和地价模型的估计，而表 7–3 和表 7–4 中分别是在上述房价和地价模型移除冗余变量后的估计，通过估计结果的对比分析不难看出：

1. 无论对于房价模型还是地价模型，动态的自回归阶数取 2 相对比较合理。

2. 参数部分的估计：在房价模型中，对于非创新集聚特质的指标变量，只有 PGDP（估计值为 1.559 0）具有比较突出的显著正相关关系，即人均 GDP 的增长将会促进不动产价值提升；对于城市创新特质评价类的变量，授权数量（PATL，估计值为 0.938 8）和高科技企业数量（CEN, 估计值为 0.603 1）显示了对不动产市场非常显著的正相关作用，也说明城市创新特质对于不动产业发展的导向作用。科学研究和技术服务人数（RES，估计值为 0.685 3）同时也说明科研队伍的壮大也是城市创新特质的重要标志。此外，其他变量尽管统计意义不够显著或呈现负相关性，主要是因为在回归变量间可能存在共线性问题，但整体反映了创新集聚给不动产市场带来的蓬勃发展气象。

在地价模型中，部分非创新类的变量也能促进地价的提高，但是相对于创集聚特质类变量，人均利用外资情况（UFC，估计值为 0.185 85）、科学研究和技术服务人数（RES，估计值为 0.504 204）和技术合同成交总额（CON，估计值为 0.237 376）等创新类指标来说普遍相对较小，再一次验证了创新集聚对于不动产市场发展的巨大作用。

3. 非参数部分的估计：无论在房价模型还是地价模型中，无论是否在模型中移除冗余性城市特质，从非参数估计中拟合曲线的取值大小可以直观地看到，非创新性指标 RISWS、GCR、TRWW、FRAQ 和 TTS 带来的市场影响相对于创新类指标特征 PNPL、NHS、PCNP 和 RD 来说相对较小。特别地，对于房价模型来说，创新类指标变量每百人公共图书数（PNPL）

和 R&D 经费支出占 GDP 比（RD）都有相对显著的非线性效果。具体地，随着 PNPL 和 RD 的增长，房价地价显著上涨；而在地价模型中，RD 的增长也大大带动了地价的上涨。然而，也存在有拟合曲线具有下滑趋势的情形，这并不排除变量解释有共线性问题而且对于置信带相对较宽的估计结果，说明估计波动幅度较大。

7.5　本节结论

本节研究运用 2008—2016 年中国 35 个大中城市面板数据考察城市创新集聚特质对商品房住宅价格及土地价格的影响，研究建立半参数模型并利用广义矩估计建立线性和非线性结构中参数的相合估计，通过理论建模和实证分析，研究验证得出不动产市场的发展受到诸多因素的影响，不同城市的房价和地价存在显著差异，而这些差异源于不同城市创新集聚特质影响程度的显著不同。尽管不同的城市具体特征都与不动产市场具有一定的相关性，但无论是线性还是非线性，城市的创新集聚对于房地产市场具有更为突出的正相关作用。城市的创新集聚特质使得相比其他城市，这里的楼层规划更加开放，空间功能更加灵活，部门间的合作更加频繁，提高了创新生产率，增强了员工之间的有效沟通，甚至改变了人们日常的生活和工作的边界，实现了工作和生活在这些特定的区域得以有效融合。咖啡馆、餐馆和广场等公共空间，成为社交互动、企业间合作、观点交流和扩展办公空间的物理场所，这些城市创新集聚特质的关键点，向城市的不动产规划提出了新的要求，无形中推动着不动产市场的发展。同时良好的城市生活环境能有效地促进活动的展开，增加知识密集型企业的有效产出，加速知识型人才的不断流入，推动企业和人才向具有良好生活环境的区域集聚，在土地和住房相对有限的供给约束下，需求变化导致房价上涨，不动产市场长荣不衰。

第八节　创新集聚绩效对不动产市场的直接效应

在城市层面上，创新集聚对城市不动产影响显著。2014 年 6 月 9 日，美国著名智库布鲁金斯学会（Brookings Institution）发布研究报告《创新区的崛起：美国创新的新地理》，首次明确提出创新街区概念。美国大都市区发展的经验告诉我们:创新城区建设是区域创新发展的新趋势，是城市创新发展的新空间载体，是高新技术开发区发展的必然“归宿”。本节的研究转向城市高新技术开发区，从绩效产出角度探求创新集聚对不动产市场的直接影响研究，从区域层面上对城市层面的研究结论进行拓展[132]。

8.1　高新区样本选择

高新区，全名高新技术产业开发区，是以发展高新技术为目的，依托智力密集、技术密集和环境开放，从而实现产业集聚、人才集聚、资本集聚的综合性基地[133]。随着全国各大高新区的获批创建，各区商业房地产、工业房地产呈现各具特色的发展态势。各高新区通过便捷交通、完善设施、发展产业、吸引企业，带动自身不动产产业的建设与发展。高新区的不动产业以服务于加速集聚人才、聚集高科技产业从而实现资本积累为最终目标，首期投入之后，区内的基础设施、固定资产及各类不动产是否追加投资，如何决策主要取决于高新区的经济产值与发展趋向，即高新区的创新集聚产出一定程度上对自身不动产市场的价格波动起着重要的影响作用。

自 1988 年 8 月国家开始实施火炬计划以来，受该计划的强力推进，各省市结合自身的区位特征和发展定位，积极建设和发展自己的高新技术产业开发区。从 1991 年截至 2017 年 3 月，有 157 个国家级高新区先后被国务院审批创建。建区以来，中国高新技术产业开发区得到了超常规的发展，各开发区的建设异彩纷呈，均取得了一系列举世瞩目的成就。但是我们需要看到，取得成绩的同时也产生了诸多问题，如投资不合理、土地浪费严重，不动产结构不合理、利用率低，部分高新区不动产业发展过热、房价虚涨过快等问题。其中发展兴盛的高新园区不动产价格居高不下，不动产市场长期需求过旺，供给相对不足，而发展滞后的一些高新园区因企业根性差、人才流失等原因造成不动产市场需求不足，供给过剩局面，这两种情况都是高新区可持续发展所应避免的。综上，不动产业的科学发展对高新区的建设至关重要，它是不动产业再投资与再建设的主要依据。基于此，本书旨在以高新技术开发区为主要研究对象，揭示创新区经济效应对不动产业影响的外部表征与内在机理。

依据其产出水平与创新集聚程度的不同，研究选取具有代表性的 22 个高新技术产业开发区作为研究对象，具体包括：华北地区包括中关村科技园（北京海淀，1988）、天津滨海高新技术产业开发区（天津滨海，1991）、石家庄高新技术产业开发区（石家庄，1991）、太原高新技术产业开发区（太原，1991）；东北地区包括长春高新技术产业开发区（长春，1991）、大连高新技术产业开发区（大连，1991）、大庆高新技术产业开发区（大庆，1992）；华东地区包括上海市张江高科技园区（上海浦东，1992）、济南高新技术产业开发区（济南，1990）、杭州高新技术产业开发区（杭州，1990）、福州高新技术产业开发区（福州，1991）；中南地区包括深圳高新技术产业开发区（深圳，1996）、郑州高新技术产业开发区（郑州，1991）、湖北东湖新技术产业开发区（武汉，1988）、长沙高新技术产业开发区（长沙，1988）；西南地区包括重庆高新技术产业开发区（重庆沙坪坝，1991）、成都高新技术产业开发区（成都，1991）、昆明高新技术产业开发区（昆明，1992）、贵阳高新技术产业开发区（贵阳，1992）；西北地区包括西安高新技术产业开发区（西安，1991）、兰州高新技术产业开发区（兰州，1992）、乌鲁木齐高新技术产业开发区（乌鲁木齐，1992）。

8.2 研究路径设计

进入 20 世纪 80 年代以后，随着房地产业在各地的蓬勃发展，经济增长或绩效产出与房地产业发展之间的影响关系受到众多学者的广泛关注和深入研究，并且随辅助计量经济学的快速兴起及有效应用，产生出一系列重大成果。通过整理，文献基本可分为三类：一是房地产市场发展与经济增长之间存在双向影响，代表性文献有 Aye et al.(2014)[134], Kim(2004)[135], Vargas–Silva(2008)[136]，Hongyu et al.(2002)[137] 和 Kuang & Zhou(2010)[138] 等的研究；二是房地产市场良性发展单向促进经济增长，代表性文献有 Greasley & Madsen（2013）[139]，Greenwood & Hercowitz（1991）[140]，Leamer(2007)[141] 等；三是经济增长对房地产市场发展具有单向影响作用。张清勇，郑环环（2012）[142] 的研究表明，城市的整体经济增长是该城市房地产投资的 Granger 原因，但反过来，城市房地产市场的投资在引领经济增长方面的作用表现不显著。Morrisa（2005）[143] 通过对多部门的经济增长模型的研究发现，消费、住宅投资、非住宅投资中，商业营业用房、写字楼房产等非住宅性不动产业滞后于经济增长，经济增长对其有明显影响作用。与此观点类同的文献还包括 Bulligan(2010)[144], Kim(2002)[145], Hasan & Taghavi(2002)[146] 和 Madsen(2002)[147] 等。此外，况伟大(2011)[148], 虞晓芬和张娟锋(2011)[149], 郑思齐和刘洪玉(2002)[150], Leamer(2007)[151],

Lambertini et al.（2013）[152]的研究均表明，经济增长与房地产市场之间的关系结论不稳定，目前学术界对二者之间，尤其是经济增长对房地产市场影响的单向关系研究尚未形成统一的认识。将创新集聚与不动产市场引入到同一文献，将创新集聚作为不动产市场荣衰的引擎力的研究，是作者所在的研究团队近两年来关注问题。王荣和张所地（2016）[132]研究表明，城市的创新产出与房价正相关，创新产出每增加 1 个单元，将引致房价上升 0.25 个百分点。范新英和张所地（2017）[153]借助 FP 指数对国内 35 个大中城市的创新效率进行了测度，论证了创新效率对房价的溢出效应，得出了城市创新效率是引致房价分化的主要引擎力。城市是这样，那该结论是否适用于高新区呢？作为城市创新的产出之源，对高新区的专项研究不容回避。值得注意的是，所有国家高新技术产业开发区中，因各自产业融合度的不同，和资本积累与人才集聚度不同，由技术创新引致的绩效产出水平差异显著，导致了不动产业的几多兴盛，几多衰败。因此，高新区的创新集聚绩效与不动产价格之间是否依然存在内在影响关系，就成为本书研究的一个重要驱动因素。

在该问题研究上，已有文献主要集中在从宏观层面对绩效产出与不动产市场二者的促进关系方面。从研究方法上，更多的是采用 Granger 因果检验，验证高新区的创新绩效产出是否为不动产市场发展的原因。鉴于此，本研究将尝试运用非线性计量模型，基于高新区视角研究绩效产出对不动产市场兴衰的影响。具体而言，研究将回答以下三个问题：对高新技术产业开发区，创新集聚绩效产出对其不动产价格是否存在直接影响关系？这种关系是否因产值多少而异，这种影响的内在机理是什么？希望通过本章节的研究，能为政府对高新区未来不动产市场政策的调控提供借鉴与参考。

房地产（狭义不动产）类型根据用途，可分为居住房地产、商业营业房地产、商务写字楼房地产、旅游房地产、工业农业房地产等等。从高新技术产业开发区研究层面上来讲，以商业营业房地产、商务写字楼房地产应用与投资占比为主，其他几类房地产占比较小。因此，本书的研究重点将放在商业营业房地产与商务写字楼房地产上面。高新区创新绩效产出对不动产业的影响研判，是一个定性分析与定量分析，经验判断和计算分析有机结合的过程。本节研究首先厘清“高新区创新集聚绩效产出”与“不动产价格”之间的耦合协同关系，并在宏观层面上给出科学的研究判定，在此基础上研究高新区创新绩效产出对房地产业的影响；其次，科学判断前者对后者的影响程度，把握高新区创新绩效产出的评价原理与关键因素，识别高新区特殊背景下不动产业投资与建设的附着点。为此，设定本节研究的基本路径见图 8-1 所示。

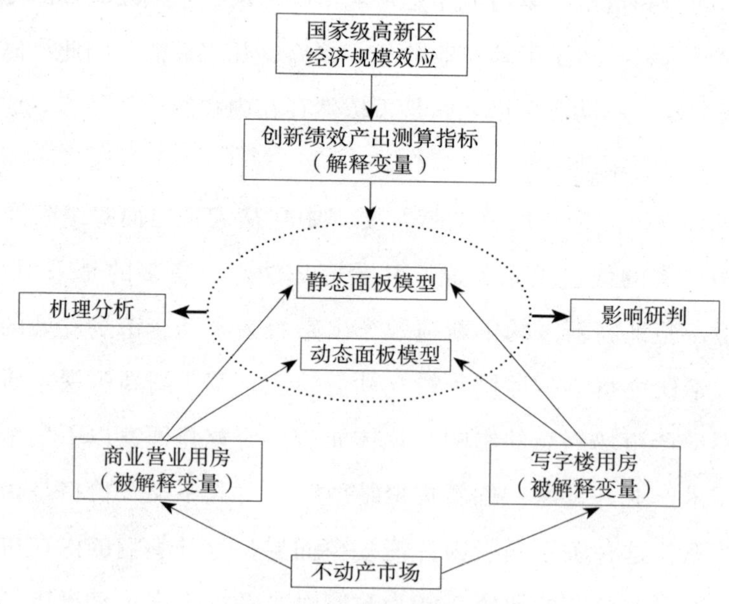

图 8-1　本节研究路径图

8.3　理论模型构建

本研究中的创新集聚绩效是指由于创新活动的溢出效应在高新区特定的地理区域内高度集中,引起资本要素或人才要素在空间范围内不断汇聚,各类创新要素的高度集聚引致高新区内技术创新的产出提高。创新集聚现象并非孤立存在，它往往受资本积累和人才集聚的影响，伴随着资本与人才集聚程度的加剧而发展，集聚的强度一定程度上提升了区域内创新绩效的产出。Joseph A. Schumpeter 提出，创新绩效的产生过程就是通过“建立一种新的生产函数”，在这种生产函数中，把一种新的包含生产要素和生产条件在内的所谓的“新组合”引进至原来的生产体系中去，以实现新的创新成果产生的过程。Jaffe A.B. 认为，创新是企业追求新经济知识并将其投入到生产的过程，创新最主要的投入变量为科研经费的投入和人力资本的投入，最重要的产出为新经济知识的产出。Jaffe 对知识生产函数的定义模型为:

$$Q_i = AK_i^{\beta_1} L_i^{\beta_2} \varepsilon_i$$

其中 Q 即表示新经济知识的产出，K 表示研发经费的投入，L 表示人力资本的投入，β_1、β_2 分别表示研发经费投入和人力资本投入的产出弹性，ε 为误差项，i 为观测单元。Jaffe 的知识生产函数为以新经济知识的产出为主要特性以及对区域创新能力的影响研究提供了有效的理论支撑，也被国内外学者的经验研究所证明。

高校区创新集聚绩效产出对当地不动产价格影响的理论基础，可以从两个层次来描述：第一层次表现为在已有的研究中，区域总产值、技术性收入占比、区域企业利润率、税收负担、对外开放水平、企业员工数、区域的区位因素等指标，都是用来描述和衡量创新绩效的核心因素，这些因素对创新的产出绩效存在明显的“马太效应”，且在规模经济效应下，这些因素的集聚程度越高，创新的产出绩效更大；第二层次表现为这些因素又或强或弱的是影响房价的主要因素。综合两个层次，作为区域创新集聚产出与城市房价波动的主要影响因素，高度重合性暗示了区域技术创新集聚绩效对当地不动产市场影响的存在性，为此本研究将进一步做论证。

如果把创新集聚绩效的产出看作是一个完整产业链，在这个产业链上，通过特征值与宏观因素值两个维度来描述创新绩效的产出，通过房价来反映不动产市场的兴盛，在此基础上构建高新区创新集聚绩效对不动产价格影响的计量模型。假定 m 个高新区不动产价与其影响因素（创新集聚绩效产出）动态关系可用式（8–1）的动态面板模型表示。

$$p_{k,t} = u_t + \sum_d \beta_d p_{k,t-d} + \sum_{i\in C} a_{i,t}.x_{k,i,t} + \sum_{j\in C} b_{j,t}.y_{k,j,t} + \varepsilon_{k,t} \quad k = 1,2,\cdots,m \qquad (8\text{–}1)$$

各个高新区的编号 k 可以用空间坐标来表示：

$p_{k,t}$ 为 t 时第 k 个高新区不动产价，具体指商业营业用房房价或写字楼用房房价；

$x_{k,i,t}$ 为 t 时第 k 个高新区的第 i 个技术创新绩效特征值（总产值、利润、人员总数等）；

$y_{k,j,t}$ 为 t 时第 k 个高新区的第 j 个宏观影响因素特征值（开放度、园区区位等）；

$\varepsilon_{k,t}$ 为随机误差项，设 $i.i.d.$ 服从 $N(0,\sigma^2)$ 分布；

u_t，$a_{i,t}$，$b_{j,t}$，$e_{h,t+\tau}$ 为待估时变参数，β_d，σ^2 为待估参数。

通过模型（8–1），可以将影响高新区不动产价格的创新集聚绩效指标与宏观因素指标进行分离，集中考察创新集聚绩效特征值对不动产的影响效应，因此将该模型命名为：中国 m 个高新区不动产价格的创新集聚绩效影响效应模型（The Model of the Influence of Innovation Agglomeration

Performance on Real Estate Price in High and New Zones），简称：城市不动产价的创新集聚绩效模型（REP–IAP 模型）。

8.4 实证分析

8.4.1 变量选取与数据来源

集聚体现了某活动一定时期内在相对有限空间的大量集中，创新集聚绩效产出可理解为某区域由于产业集聚而为自身所建立的，比其他区域相比更具优势的经济绩效。在此基础上，本书界定研究主体高新区的创新集聚绩效产出：国家级高新技术产业开发区由于技术创新引起的区域内产业集聚以及资本集聚而形成的经济增长规模效应。国内外对经济效应的探索成绩显著，本书在参考已有经济效应评价或测定的研究成果基础上，根据高新区的绩效产出特征，确定总产值、技术性收入占比等七个变量为描述高新区创新集聚经济效应的评价指标。相关变量的具体经济含义说明见表 8–1。

表 8–1 变量含义列表

变量名称	经济含义
busprice	商业营业用房价格
resprice	写字楼用房价格
production	总产值
tecratio	技术性收入占比
profitratio	利润率（净利润 / 总收入）
taxratio	税收负担（每年上缴的税收 / 总收入）
open	对外开放水平
perlabor	单位企业年末雇佣劳动人员数
location	园区位置虚拟变量，其中 1 代表园区位置优越

本章选择 22 个国家级高新区为样本，分析创新集聚引起的绩效产出对不动产市场的影响，具体指标数据主要来源于 2009—2017 年度《中国

房地产统计年鉴》《中国科技统计年鉴》及中经网统计数据库。研究选择商业营业用房价格（busprice）、写字楼用房价格（resprice）分别作为被解释变量，选择总产值（production）、技术性收入占比（tecratio）等变量作为解释变量。其中，高新区的商业营业用房价格和办公楼用房价格因个别年份无法获取微观数据，受高波教授研究启发，采用高新区所在城市相应房地产价格替代。部分被解释变量的计算过程解释为：技术性收入占比＝技术收入/总产值；利润率＝净利润/总收入；税收负担＝每年上缴的税收/总收入；对外开放水平＝出口额/总收入。在所考察的22个高新技术园区中，根据“一线城市＋计划单列市”的标准选择位置优越的城市，得到北京、天津、上海、深圳、大连5个城市工业园区；另外，考虑到现在的京津冀一体化战略的推出，研究把石家庄高新技术园区也作为位置优越的工业园区，赋值为1，其余城市赋值为0。各变量的描述性统计信息见表8–2。

表8–2　变量描述性统计表

变量	观测值	均值	标准差	最小值	最大值
busprice	242	0.929 168	0.527 69	0.153 6	3.468 6
resprice	242	0.830 131	0.584 967	0.185 5	4.178 6
production	242	13 500 000	13 600 000	250 298	79 000 000
tecratio	242	0.076 19	0.066 323	0.001 824	0.272 222
profitratio	242	0.060 908	0.049 968	0.008 109	0.761 905
taxratio	242	0.052 84	0.016 656	0.007 646	0.126 531
open	242	0.128 512	0.123 06	0.004 756	0.563 634
perlabor	242	212.296 5	144.352 6	40.116 13	1 008.223

8.4.2　商业营业用房模型构建及估计结果

本部分的研究主体是高新区的商业营业，因此选择商业营业用房价格（busprice）为被解释变量，选择总产值（production）、技术性收入占比（tecratio）等变量作为解释变量。依此建立基本的面板计量模型，如式（8–2）。

$$busprice_{it} = \alpha_0 + \alpha_1 production_{it} + \alpha_2 tecratio_{it} + \alpha_3 profitratio_{it}$$
$$+\alpha_4 taxratio_{it} + \alpha_5 open_{it} + \alpha_6 perlabor_{it} + \alpha_7 location_{it} + \mu_i + \varepsilon_{it} \quad (8\text{–}2)$$

其中，$location_i$ 为位置虚拟变量，μ_i 为个体固定效应，ε_{it} 为随机干扰项。在确定研究是选择使用固定效应模型还是随机效应模型时，此处采用的方法是进行 Hausman 检验，检验统计量 $x^2 = 11.79$，相应的 P 值为 0.066 8，在 10% 的显著性水平下可以拒绝"随机干扰项与解释变量不相关"的原假设，认为固定效应模型更为合适。为估计出 location 及个体固定效应的系数，研究使用最小二乘虚拟变量回归（LSDV）方法去估计该面板固定效应模型，相应的回归结果如表 8–3 中"固定效应回归"列所示。

表 8–3　商业营业用房价格模型回归结果表 ①

	固定效应回归	动态面板回归
L.busprice		0.249 0 496***
		（4.96）
production	0.000 295***	0.000 244***
	（7.72）	（9.15）
tecratio	2.259***	2.177***
	（3.87）	（2.75）
profitratio	1.780***	1.833***
	（4.34）	（3.23）
taxratio	–1.218	–1.167
	（–0.45）	（–0.78）

① ***表示在1%显著性水平下显著，**表示在5%显著性水平下显著，*表示在10%水平下显著，（ ）为t值。

续 表

	固定效应回归	动态面板回归
open	-1.004*	-0.180
	(-1.98)	(-1.03)
perlabor	0.000 417**	0.000 503***
	(2.25)	(4.85)
location	0.151	0.653***
	(1.14)	(6.19)

根据固定效应的回归结果，总产值的系数显著为正，说明高新区的产值增加对其商业用房价格具有显著的促进作用，与理论预期较为一致。总产值上升带动市场价值上升，总体发展向好，从而房价上升；技术性收入占比的系数显著为正，说明技术性收入占比越大，商业营业用房价格越高，在高新技术工业区，科技收入是一项重要的收入来源，技术性收入比率越高，说明园区企业的基本面向好，从而带动房价的上升。同样地，利润率的系数显著为正，说明利润率越高的工业园区房价越高(更具有投资价值)，这一点是显而易见的；税收负担的系数为负，可能的原因可以从拉弗曲线去解释，即过高的税收会影响企业的积极性，对企业的产出有负向影响，从而使得房价降低；园区对外开放水平的系数显著为负，说明园区的开放度越高，商业营业用房的价格反而越低，这与理论预期有所差距。究其原因，可能与高新园区的“本地化”特征有关。在考察的22个高新园区，大部分园区立足国内市场，产品倾向于内销，出口的增加会在一定程度上削弱内销优势，使得企业的主营业务收益降低，不利于企业的发展；企业雇佣劳动人数的系数显著为正，与理论预期较为一致，企业的规模越大，规模经济的优势越发明显，成本降低，产出增加，企业的发展潜力较大，不动产投资增加，带动房价上升；从位置变量的系数来看，优越的位置会

对商业营业用房的价格起到促进作用，虽然这一结果并不显著。

上述研究是从固定效应回归模型的角度去考虑总产值等变量对商业营业用房价格的影响，并没有考虑到房价由于惯性或者部分的调整，即当期房价会受到上一期房价的影响，为此再构建动态面板模型，如式（8-3）。

$$busprice_{it} = \beta + \beta_0 busprice_{i,t-1} + \beta_1 production_{i,t} + \beta_2 tecratio_{i,t} + \beta_3 profitratio_{i,t} + \beta_4 taxratio_{i,t} + \beta_5 open_{i,t} + \beta_6 perlabor_{i,t} + \beta_7 location_{i,t} + \mu_i + \varepsilon_{i,t} \quad (8\text{-}3)$$

动态面板模型的估计方法有差分 GMM、水平 GMM、系统 GMM 的方法，与差分 GMM 相比，系统 GMM 可以提高估计的效率。但是，使用系统 GMM 估计必须满足如下条件：（1）随机干扰项 $\{\varepsilon_{it}\}$ 不存在自相关；（2）$\{\Delta busprice_{i,t-1}, \Delta busprice_{i,t-2}, \cdots\}$ 与个体效应 u_i 不相关。研究对被解释变量选择 1 阶滞后，使用系统 GMM 方法进行动态面板回归并进行了相关检验，回归结果如表 8-3“动态面板回归”列所示。

与固定效应回归相比，动态面板回归的系数符号与固定效应的系数较为一致（busprice 的一阶滞后项除外），一阶滞后项高度显著为正，说明上期的商业营业用房价格对当期价格有明显的推动作用，即上期的房价上升会促进当期价格上升，上期房价下降会使得当期房价下降。园区对外开放变量的系数变得不显著，但是符号仍为负，对此上文已有解释。值得注意的是，位置变量的系数 0.653 显著为正，并且大于固定效应模型中的系数值，说明考虑到房价的调整因素后，优越的位置条件会对房价的提升起到显著推动作用。

为保证动态面板模型的可行性，研究对系统 GMM 的扰动项的自相关性进行了检验，结果如表 8-4。

表 8–4　Arellano–Bond 检验结果表

阶数	检验统计量	P 值
1	–2.689 2	0.007 2
2	–0.491 09	0.623 4

根据检验结果的 P 值，接受“扰动项差分的 2 阶自相关系数为 0”的原假设，认定模型的扰动项已不存在自相关，满足进行系统 GMM 估计的前提条件。为此直接进行过度识别检验，以检验工具变量的有效性。经过 Sargan 检验，检验统计量的值为 14.151 68，对应的 P 值为 0.995 9，因此接受原假设，即“所有工具变量均有效”。根据以上两个假设检验的结果显示，研究认为，采用系统 GMM 的方法估计该动态面板模型是合适的。

8.4.3　写字楼用房模型构建及估计结果

上述研究的是在商业营业用房价格作为被解释变量的情况下，商业营业用房价格的滞后项、总产值、技术收入占比等变量对于商业营业用房价格的影响，下面则考虑被解释变量为写字楼用房价格（resprice）的情况下，前文的结论是否依然有效，即影响高新园区房价的机制是否会发生变化。类似前文的分析，首先考虑建立固定效应回归模型①，如式（8–4）。

$$resprice_{it} = \gamma_0 + \gamma_1 production_{it} + \gamma_2 tecratio_{it} + \gamma_3 profitratio_{it} + \gamma_4 taxratio_{it} + \gamma_5 open_{it} + \gamma_6 perlabor_{it} + \gamma_7 location_{it} + \mu_i + \varepsilon_{it} \quad (8\text{–}4)$$

根据固定效应的回归结果（表 8–5），在以办公楼价格为被解释变量（resprice）的情况下，总产值、技术性收入占比、利润率对房价的影响

① 根据Hausman检验结果，x^2=27.23,P值为0，因此可以拒绝“随机干扰项与解释变量不相关”的原假设，认为固定效应模型较之随机效应模型更为合适。

显著为正，这与之前的结论保持一致，即总产值越高、技术性收入占比越高、利润率越高的高科技园区，其房价越高，反之则越低。税负水平的系数依然为负，说明高科技园区企业对于税收的反应程度较大，对此的解释是较高的税收会影响到企业的积极性，造成生产率的下降，进而影响到不动产的投资，造成房价的下降；园区对外开放度变量、位置变量的系数符号与前文保持一致，园区对外开放度变量显著为负，这可以用“本地化”特征理论去解释。特别值得注意的是，单位企业雇佣劳动人数的系数在此处变为负值，这与理论预期有所差异，但是系数并不显著。

表 8–5　办公楼价格模型回归结果表①

	固定效应回归	动态面板回归
L.resprice		0.502 761***
		（12.34）
production	0.000 280***	0.000 176***
	（6.06）	（7.05）
tecratio	2.601**	1.887***
	（2.29）	（3.69）
profitratio	0.939***	0.468*
	（3.53）	（1.94）
taxratio	–0.163	–7.475**
	（–0.08）	（–2.13）
open	–1.746**	–0.758***
	（–2.29）	（–6.45）
perlabor	–0.000 026 6	0.000 028 2
	（–0.11）	（0.21）
location	0.135	0.026 0
	（0.77）	（0.15）

① ***表示在1%显著性水平下显著，**表示在5%显著性水平下显著，*表示在10%水平下显著，（ ）为t值。

考虑到办公楼价格变量的调整，建立动态面板模型，见式（8–5）。

$$resprice_{it} = \gamma + \gamma_0 busprice_{i,t-1} + \gamma_1 production_{i,t} + \gamma_2 tecratio_{i,t} + \gamma_3 profitratio_{i,t} + \gamma_4 taxratio_{i,t} + \gamma_5 open_{i,t} + \gamma_6 perlabor_{i,t} + \gamma_7 location_{i,t} + \mu_i + \varepsilon_{i,t} \quad (8\text{–}5)$$

利用系统GMM的方法估计该动态面板模型，得到的回归结果如表8–5所示。根据动态面板回归结果，滞后1期的办公楼价格对当期的价格有显著的促进作用，而总产值、技术性收入占比、利润率对办公楼房价的影响显著为正，这进一步证实了前面得到的结论，即总产值越高、技术性收入占比越高、利润率越高的高科技园区，其房价越高。与之前的动态面板模型不同的是，在考虑到写字楼的价格调整因素的情况下，税负水平的系数为负并且显著。而单位企业雇佣劳动工人数、园区对外开放度及位置因素对写字楼价格的影响较为符合预期。

为保证系统GMM方法的适用性，研究依旧做了随机扰动项自相关检验及过度识别检验，自相关检验的结果如表8–6所示。

表8–6 Arellano–Bond检验结果表

阶数	检验统计量	P值
1	–2.733 7	0.006 3
2	1.815 7	0.069 4

根据检验结果，该动态面板模型的随机扰动项在5%的显著性水平下可以接受“扰动项差分的2阶自相关系数为0的原假设”，表明随机干扰项已不存在自相关。同时，过度识别检验的Sargan统计量为15.680 86，对应的P值为0.989 9，接受原假设，即“所有工具变量均有效”。根据上述两个检验的结果，该动态面板模型采用系统GMM估计也是合适的。

8.5　本节结论

8.5.1　研究结论

本节选取2008—2016年22个国家级高新技术产业开发区相关数据，考察了创新集聚绩效产出对不动产价格的影响，研究分别以商业营业用房价格与写字楼用房价格为被解释变量，采用静态面板模型与动态面板模型进行了研究，主要结论如下：

1. 无论是对于办公楼用房还是写字楼用房，本期价格会受到上期价格的影响，并且这种影响显著为正。国家级高新区一个很重要的特征即是从整体趋势上呈现明显的技术创新绩效及马太效应，具体表现为高新区的创新集聚绩效产出产值水平不同，在规模效应的影响下彼此差距日益拉大，加上不动产价格调整的惯性作用，不动产的前期价格对当期价格有显著影响。

2. 对于高新区而言，其产值会显著影响区内房价，产值越高房价越高，且影响最大，呈现顺周期性。高新区经济规模发展的马太效应，使得处于发达城市、沿海城市的高新区因为区位优势、知识溢价高、学习成本低等原因，更强效地吸引企业、人才不断地集聚至此，既而驱动高新区的房价不断上升；相反，处于次发达城市、内陆城市的高新区则因不具备以上优势，总体发展趋向不明显，继而导致不动产市场逐日衰败。

3. 高新区科技收入占比对房价上涨具有显著性的正向推动作用。主要体现在两个方面：一是技术创新收入作为高新区的主要收入来源，技术性收入占比越大，不动产价格越高，技术性收入比率差决定了高新区企业的基本面差异增大，强的越强，弱的越弱，分别表现出不同的正负马太效应，房价差距也就越来越大；二是科技收入占比越高，间接反映了该创新区的潜在创新能力很强，正是这种潜在创新能力吸引着越来越多的企业、人才在此驻留，从而增加不动产的刚性需求，在供给相对稳定的背景下，引起房价上涨。

8.5.2 研究启示

创新集聚导致产业和人才在某些城市某个空间范围，尤其是在高新区区位内集聚，高新区创新集聚绩效提高，通过集聚效应、羊群效应等进一步吸纳更多的科技创新型人才、资金以及先进技术等创新要素集聚于此，创新要素的归并通过鲶鱼效应进一步放大集聚效果，直接作用到不动产市场且反映到房价的涨跌上。本节研究结论暗含如下研究启示。

1. 高新区不动产价受上期的影响，马太效应的显著，荣衰分化严重。当前，高新区的发展正呈现出人才和居住空间密集型的趋势，在现代化城市规划中，尤其是对高新区的专项投资和建设中，应注重所在地的选择，因为区位、自然要素禀赋以及特定的不动产结构，都是高新区起步发展的关键。在未来发展过程中，高新区应注重创新集聚度与不动产建设之间的均衡，二者之间达到某种平衡才能最大程度上提高创新区的产出绩效，增强高新区的核心竞争力。

2. 创新集聚是高新区不动产价格的主要影响因素，是城市房价分化的根源。不动产价格的基本决定因素是供需关系，在供给相对稳定的背景下，有效需求也就成了决定房价走势的最核心要素。对高新区来讲，人才的高度集聚扩大了住宅房地产的刚需，高新区特殊的硬环境加大了商业营业房地产与写字楼房地产的特殊需求。为此，从供给侧改革着手，有效解决供给相对稳定与需求不断增大的矛盾，亟待解决。借鉴国内外创新空间的优秀案例，校区、园区和社区是高校区创新活动实施的主要空间载体，将三者实现高度融合将是推动高新区发展的关键动力，三要素在高新区发展过程中从最初的分离，发展到今天的集聚，延续到未来的融合，从功能上实现三区合一的高新区发展新模式，一定程度上缓解创新绩效产出与房价急剧上涨的矛盾，也从根本上解决高新区内不动产的供需矛盾。

3. 如果将创新绩效看作是一个投入产出的过程，那创新的各要素的投入、整合到最后产品的诞生将是一个严格的价值链运行的过程。技术创新最后的产出绩效是技术创新生态系统、科技创新人才、不动产等资源科学配置三大要素共同作用的结果。各高新区间“结构—行为—绩效”的巨大差异造成了城市间不动产市场的兴衰不同。创新生态系统的构建内含物质条件（不动产结构）、经济条件、人才条件、文化条件，组成了高新区实现创新发展的必要基础条件，这四大要素间彼此耦合，高度协调，互相推动，实现高新区自提升式发展。需要注意的是，在三大要素中，人才是创新的发动机，是创新区发展的动力源。有了人才，才有创新的可能；没有人才，任何创新活动都是徒劳和无力的。高新区应该是一个开放、包容的区域，能提供给创新者很多的展示机会，允许他们失败，能让他们重拾信心，从头再来。因此，需要科学合理的人才吸引政策与特定的人才吸纳环境，来保障高新区在人才竞争中成为赢家。

第九节 创新集聚通过人口流动对不动产市场的间接效应

城市之间不动产市场的分化可能取决于城市竞争实力、行政级别、公共服务、产业结构等特征，但这些都与一个城市对创新要素的集聚力息息相关。人才、资本、技术等创新要素在某个城市或区域的高度集聚，决定了这个城市的可持续发展状况，并最终反映到不动产市场上。在所有的创新要素中，人才是最核心的要素，也是最根本的要素。科技创新始于技术，成于资本，但在这个过程中，人才却是最重要的资源，人到哪里，就为哪里带来技术与资本，同时带来活力与需求。为此，本节将在前面研究的基础上，引入人口流动作为中间变量，探求创新集聚、人口流动、不动产市场三者间的联动关系，揭示创新集聚对不动产市场的间接作用过程，论证不动产市场对创新集聚的反哺作用。

9.1 间接影响关系分析

现实中，年轻人逃离北、上、广的呼喊从未停过，但实际上，这也就是个口号罢了，相反，北、上、广、深四大一线城市的人口数目不降反升。作为中国的科技创新中心城市，拥有最多的科技创新型人才移民，此类超大中心城市的吸泵效应才刚刚开始，比起美国、日本、加拿大等国家，中国的人口集聚正在成为一种预期。处于城市化进程中的中国，北京、上海、广州、深圳这些城市还在不断扩大，人口的流入从未停歇。年轻人正用脚投票选出他们心目中的希望之城。来自美国的一项研究显示[154]，城市中的一个高科技产业的就业，可以带动其他行业的就业岗位，包括高端服务业及消费型服务业。一个科技创新型城市处于市场经济条件下，这个城市在创新外因的驱动下，对人才的虹吸效应就不会停止。人口的集聚由市场所决定，但它同时又决定了该城市的经济发展，没有人的集聚就没有该城市的经济发展。需要我们注意的是，人的源源不断地集聚于此，该城市或区域的不动产及基础设施就一定要配套跟上，这样才能更有效地解决或避免城市病问题。人自身对住房的需求，企业对商业营业用房的需求，创新对公共地产的需求，都决定了该城市或区域不动产的供需失衡，供不应求下不动产市场定会繁荣不衰。

当前，部分城市房价居高不下和另一部分城市去库存压力加大并存的矛盾，已成为摆在政府和相关学者面前的新课题。与此同时，为应对经济下行压力，政府提出将创新驱动和结构优化作为经济增长的新动力。理论和经验都表明，高端的产业结构以及资金、人才等创新要素的不断集聚是一个城市不动产市场持续发展的重要条件。实现创新要素资源的合理集聚、提升城市创新效率、实现人口合理化流动，为破解当前城市不动产市场困局提供了一种新思路；同时，城市不动产市场的合理布局也可以为集聚创新要素升级、人口的自然性流动和科学化管理创造一个良好平台。种种现象和数据表明，城市的创新集聚、人口流动与不动产市场之间会产生推动性作用的互利、链式的连锁反应，至于反应程度如何，仍需进行科学性论证。

以创新集聚、人口流动、不动产市场为关键字进行文献搜索，在已有的相关研究中，多数侧重于讨论其中两要素之间的影响关系。

创新要素集聚与人口流动的基本关系，二者相辅相成，相互促进。人才作为创新的核心要素之一，他们的流动过程本质上就是创新要素集聚的过程，科技人才的流入与流出，主导着创新技术与大量风投资本的流向，更直接关系着区域间创新绩效的产出。反过来，区域的创新集聚又是影响人才乃至人口流动的主要驱动力，创新集聚力强的区域是众多人才的理想之地，是他们心目中的目标之所。创新集聚对人口流动的正向驱动方面表现为：在“价格指数效应”和“本地市场效应”的双重作用下，劳动力在跨省流动过程中，流动主体更倾向于具有较大市场潜能的区域[155]，技术创新与就业呈正向变动关系[156]，科技创新产业集聚对人才有正向吸引力[157]，具备高水平知识与专业技术的人才在创新型城市更容易就业[158]，原因就在于创新型城市可提供的学习资源、生活方式和文化氛围是人才在城市空间流动聚焦的新动力[159]。人才流动对创新集聚的正向影响方面表现为：人才的集聚不仅可以实现科技人才自身价值，还会产生创新的集聚效应，促进当地经济持续增长[160]，创新集群的形成是在人才定向选择决策支配下各种机理协同作用的结果[161]，人才集聚能显著促进区域技术创新，且处于不同地区，影响程度不同[162]。

人口流动与不动产市场变化二者之间的关系，更多地表现在人口流动对不动产市场变化的单向影响方面。作为人类生存的刚性必需品，住房的重要性不言而喻。从城市的层面上来讲，人口的结构、数量均是导致不动产市场需求变化的根本原因之一。人口流动对不动产市场的影响方面，研究文献较多，结论一致性高，集中表现为人口数量及结构的变化可通过直接或间接方式作用于不动产市场。具体结论为人口数量结构变化直接影响不动产价格的变化[163,164,165,166,167]。人口数量结构的变化通过年龄变化、收入水平、消费水平、受教育程度、流动速度等因素间接作用于不动产市场[168,169,170,171]，人口流入是住房市场去库存的有效手段[172]。反过来，房价上升对人口流入具有一定的抑制作用[173,174]。需要注意的是，本书的研究中，创新集聚首先通过强驱动力引致人才不断集聚于某创新城区，继而，创新型产业带动周边服务业等的发展，流动人口的主力也就由知识、技术密集型产业的潜在创新型人才扩展至包括服务业的员工及家属在内的普通人口流动。本节的研究将在此结论基础上重点探讨人才流动与不动产市场间的互动影响。

创新集聚与不动产市场变化之间的关系，主要反映在城市的创新集聚效应对不动产市场的单向影响方面。该处已有的研究文献相对缺乏，此处引用论文前期研究和同门研究的成果加以解释。前期研究结论表明，创新集聚能力、特质、效率 [157] 对房地产价格变动影响显著。此外，城市的创新基础和创新产出对商品房价格有重要影响，购房者或投资者更关注所在城市的显性表现因素，对背后的投入容易忽略，愿意为城市可提供创新能力支付附加价格 [132]。

已有文献的研究结论表明，创新集聚、人口流动、不动产市场三个要素，两两关系中部分地方存在显著的影响关系，本节将在此基础上，补充完善两两关系并探求三要素间的因果联动效应。研究首先根据已有研究文献，按照科学性与系统性原则确定创新集聚、人口流动、不动产市场三要素的评价指标，具体内容见表 9-1，对这些指标进行因子分析，提炼出各个要素的代表性指标。不动产市场的评价指标，除了房价、地价核心因素外，引入房屋竣工面积与销售面积，反映城市不动产市场的库存与销售情况；人口流动的评价指标，选取人均 GDP、人均工资、人口密度以及科技人才占比作为引起或抑制人口流动的重要指标；创新集聚的评价指标，从投入产出角度选取 RD 投入强度、科技支出占比以及人均专利数量为核心指标。在此基础上，构建面板 VAR 模型，对 2008—2016 年 35 个大中城市相关数据进行实证分析，进行正交化脉冲响应检验与方差分解检验，探求创新集聚通过人口流动间接作用于城市不动产的影响关系。

表 9-1　各指标变量名称及含义

要素	变量名	经济含义	单位	数据来源
不动产市场	hp	房价	元	中国房地产统计年鉴
	lp	地价	元	中国房地产统计年鉴
	has	房屋销售面积	万平方米	中国房地产统计年鉴
	hca	房屋竣工面积	万平方米	中国房地产统计年鉴
人口流动	pgdp	人均 GDP	元	中国城市统计年鉴
	cew	人均工资	元	中国城市统计年鉴
	upd	人口密度	人 / 平方公里	中国城市统计年鉴
	per	科技人才占比	%	中国城市统计年鉴
创新集聚	pcnp	人均专利数量	件	国民经济与社会发展公报
	sts	科技支出占比	%	中国城市统计年鉴
	intense	R&D 投入强度	%	国民经济与社会发展公报

9.2　三要素评价指标因子

在做因子分析之前，先对变量进行标准化处理，即把变量转化成为均值为 0、标准差为 1 的变量序列，以剔除变量的量纲对结果的影响。其次，对因子分析的适用性进行 Bartlett 球型检验及 KMO 检验。Bartlett 检验结果显示，Bartlett 检验统计量 x^2（55）=2 704.303，相应的 P 值为 0，拒绝“变量不相关”的原假设，确定变量适合做因子分析。同样，KMO 检验的统计量值为 0.782，大于 0.5，同样说明各变量适合做因子分析。

因子分析的关键在于因子的提取，要提取主因子，需要估计因子载荷矩阵，主要的方法有主成分分析法、映像因子法、加权最小二乘法、最大似然法。本书选择主成分法提取公因子，并根据特征值大于 1 及累计方差贡献占比两方面的要求提取了 3 个主因子，这 3 个主因子的累计方差贡献率达到 73.99%，可以满足研究的需要，具体结果见表 9-2。同时，为了使得载荷矩阵能够充分反映因子的经济意义，需要对载荷矩阵进行旋转。

本书采取常用的方差最大化正交旋转方法得到因子旋转矩阵。具体结果(为节省篇幅，旋转后的因子贡献表见附录）见表 9–3。

表 9–2　各因子贡献表

主因子	特征值	方差百分比	累计方差百分比
F_1	5.133 47	46.67%	46.67%
F_2	1.930 77	17.55%	64.22%
F_3	1.074 83	9.77%	73.99%

从旋转后的因子载荷矩阵（表 9–3）来看，在第一个主因子上，pgdp（人均 GDP）、cew（人均工资）两个变量载荷最高，因此可以将第一个主因子命名为“人口流动驱动因子”；在第二个主因子上，has（房屋销售面积）、hca（房屋竣工面积）载荷较高，因此可以将第二个主因子命名为“房价因子”；在第三个主因子上，sts(科学技术支出占比)、intense(R&D 投入强度）载荷较高，因此可以将第三个主因子命名为“创新集聚因子”。然后本书通过回归法得到 3 个主因子的得分，并将其作为变量进行回归分析，并分别命名为 pop、house、inno。

表 9–3　旋转后的因子载荷矩阵

	F1	F2	F3
hp	0.781 2	0.179 3	0.482 5
lp	0.317 9	0.346 2	0.519 0
has	0.082 3	0.945 6	–0.012 2
hca	0.078 8	0.931 9	0.196 3
pgdp	0.950 1	0.139 0	0.049 7
cew	0.903 2	0.159 4	–0.095 3
upd	0.337 4	0.396 4	0.458 1
per	0.674 3	–0.053 2	0.526 4
intense	0.305 6	0.384 9	0.592 0

续 表

	F1	F2	F3
sts	0.005 7	0.119 2	0.741 3
pcnp	0.756 0	−0.086 0	0.436 0

下面本书将建立面板 VAR 模型来分析三者之间的关系。

9.3 面板 VAR 模型构建及回归结果

在建立面板 VAR 模型之前，本书分别采用 LLC 及 HT 的面板单位根检验方法对变量 pop、house、inno 的平稳性进行了面板单位根检验。检验结果显示，pop、house、inno 变量的水平值均不平稳，但是一阶差分后的变量序列均平稳①。同时，为确定模型的滞后阶数，根据 AIC、BIC、HQIC 准则，确定模型的滞后阶数为 1 阶②，为此本书建立关于的 VAR（1）模型。在进行面板 VAR 模型的估计时，需要去掉个体固定效应及时间效应。本书采用“前向均值差分法”（又称之为 Helmert 过程；Arellano&Bover[175]，1995）来去掉个体效应，该变换保证了经过此变换的变量与滞后被解释变量的正交性，同时本书采用组内均值差分法去掉时间效应。回归结果如表 9–4 所示。

表 9–4 面板 VAR（1）模型的回归结果③

h_dpop		h_dhouse		h_dinno	
L.h_dpop	1.649***	L.h_dpop	0.382***	L.h_dpop	−1.012***
	（10.06）		（3.41）		（−7.45）

① 为节省篇幅，本书的单位根检验结果放在了附录中。

② 为节省篇幅，本书的滞后阶数选择结果也放在了附录中。

③ dpop、dhouse、dinno分别表示pop、house、inno的一阶差分序列，h_表示对变量进行前向均值差分处理。***表示在1%显著性水平下显著，**表示在5%显著性水平下显著，*表示在10%水平下显著，（ ）为t值。

续 表

h_dpop		h_dhouse		h_dinno	
L.h_dhouse	0.594***	L.h_dhouse	−0.060	L.h_dhouse	−0.250**
	(5.02)		(−0.63)		(−2.51)
L.h_dinno	0.743***	L.h_dinno	0.174***	L.h_dinno	−0.508***
	(10.35)		(4.61)		(−10.15)
N	210.000				
AIC	1.167				
BIC	2.984				
HQIC	1.901				

通过上述回归结果可以看到，人口流动驱动变量的变化受到滞后 1 期的变量变化值、房价变化值及创新集聚变化值的显著正向影响；房价变量的变化值受到滞后 1 期的人才流动变化值及创新集聚变化值的显著正向影响；创新集聚变量的变化受到滞后 1 期的人才流动变量变化、房价变化及创新集聚变化的显著负向影响。因此可以初步得出结论：（1）人口流动驱动量的变化与房价变化是一种相互促进的关系，即房价变化越大，那么人口流动变化越大；（2）创新集聚变量的变化对人口流动及房价变化起到显著促进作用，即创新集聚水平提高越多，那么人口流动增加越多，房价上升越多；（3）房价及人口流动的变化对创新集聚具有显著的抑制作用，即人口流动及房价上升过多，反而会抑制创新集聚水平的增加。

9.4 正交化脉冲响应检验与方差检验

利用正交化脉冲响应函数可以考察在其他变量不变时，某一变量的冲击对另一个变量的影响。正交化的脉冲响应函数依赖变量的排列顺序，不同的变量排列顺序对结果的影响是不同的，有时差异巨大。研究尝试从经济学理论出发，并且尝试不同的变量次序，最终确定变量的次序为：

house、pop、inno。考虑到本书时间周期较短，因此考虑做间隔周期为 5 的正交化脉冲响应函数，结果[①]如图 9-1 所示。

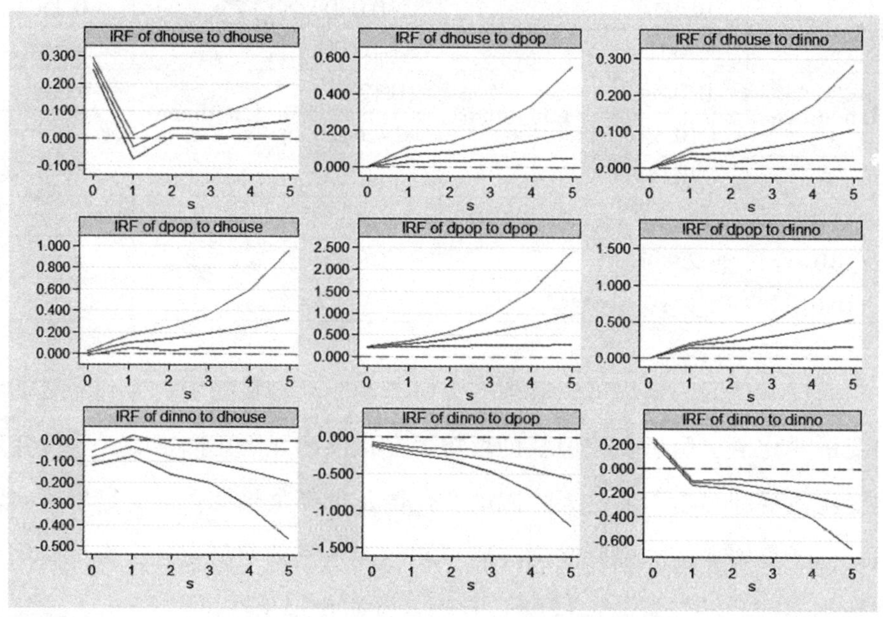

图 9–1　正交化脉冲响应效果图

通过正交化脉冲响应图，可以看到：（1）对于 1 标准差单位的房价变化率的冲击，房价变化在第 1 期降到最低（房价变化由正变负），然后逐步回升，至第 5 期逐步平稳，但冲击的影响始终大于 0；人口流动的变化速率则是从当期一直增加，说明房价变化冲击对人口流动的变化有着显著的影响；创新集聚变量的变化则是在零水平线以下，说明房价变化会对创新集聚起到抑制作用。（2）对于 1 标准差单位的人口流动变化率的冲击，房价变化越来越大，在第 5 期达到最大，进一步说明房价变化与人口流动变化是相互促进的关系；创新集聚变化的反应依旧为负，说明人口流动的

① 图像是经过Monte Carlo 500次的结果，中间是脉冲反应曲线，两侧是95%的置信区间线。

增加不利于创新集聚的增强。（3）对于1标准差单位的创新集聚变化率的冲击，房价变化及人口流动变化速率在不断增加，说明创新集聚变化对房价及人口流动变化存在明显促进作用。

下面从方差分解的角度进一步分析冲击对房价变化、人口流动变化及创新集聚变化的影响。方差分解是另一种度量一个变量冲击对另一个变量影响的方法，它将预测误差的来源归因于各变量的正交化信息，并测算各个变量的贡献比率。与正交化脉冲响应函数类似，方差分解也依赖变量的顺序，研究参照前面结果，选择变量顺序为：house、pop、inno[①]，并选择15期预测，结果见表9–5。

表9–5　创新集聚变化（dinno）的方差分解表

时期	dhouse	dpop	dinno
1	0.11	0.137	0.753
2	0.074	0.353	0.572
3	0.083	0.488	0.429
4	0.081	0.579	0.340
5	0.082	0.633	0.286
6	0.081	0.664	0.254
7	0.081	0.683	0.236
8	0.081	0.693	0.226
9	0.081	0.699	0.220
10	0.081	0.702	0.217
11	0.081	0.704	0.215
12	0.081	0.705	0.214
13	0.081	0.705	0.213
14	0.081	0.705	0.213
15	0.081	0.706	0.213

① 实际上，本书也尝试了变量其他的排列顺序，所得到的结论与该顺序所得到的结论类似。

从创新集聚变化（dinno）的方差分解表来看，人口流动变化变量所占到的方差贡献最大，在70%左右，而其他两个变量所占比重30%左右，因此研究确认人口数量变化是创新集聚的重要驱动因素。同样的，对于人口流动变化（dpop）的方差分解可以看出，人口流动变化主要受到自身的影响，方差贡献占比在70%左右，而其他两个因素则不明显；对于房价变化的（dhouse）的方差分解[①]可以看出，房价的变动主要受到人口流动的驱动作用，而房价自身及创新驱动因素影响则不明显。综合来看，从方差分解的角度，人口流动变化可以解释创新集聚变化等3个变量的波动，创新集聚变化变量则不是人口流动及房价变化的波动的主要影响因素。

9.5 本节结论

本节通过因子分析提炼出创新集聚、不动产市场、人才流动三要素的核心评价因子，构建了面板VAR（1）模型分析三要素间的联动关系，最后利用正交化脉冲响应和方差分解进行了检验。研究揭示了创新集聚对不动产市场的间接影响机理，并验证不动产市场对创新集聚的反哺作用关系。研究主要结论包括：（1）创新集聚度直接驱动着人才流动。创新集聚度高的城市，具有更广泛工作生活空间，在这里，人们的就业率高，知识溢价高，学习成本低，有更广阔的实现自身价值的空间；（2）创新集聚对不动产市场的影响，是间接实现的。表面上，创新集聚对房地产市场与对人才流动的影响都是正向显著的，本质上，创新集聚地是通过吸引人才流入，继而影响不动产市场的供求关系，从而影响房价变化的；（3）房地产市场的价格波动会影响创新集聚的形成与人才的流动，且这种影响是负向相关的。人才集聚是创新集聚的基本前提，而住房又是人才生存生活的

① 限于篇幅，房价变化（dhouse）的方差分解表及人口流动变化（dpop）的方差分解表见附录。

基本要素，不动产价格的提高，势必会抑制人才的流入，继而影响创新的绩效。

创新集聚、不动产市场、人才流动三要素相互影响，互相促进或制约，形成了明显的良性循环或恶性特征。因此，在制定不动产调控政策时，应综合考虑城市的创新集聚度，因城施策。对于房价过高的城市可通过转移部分产业或部分行政功能疏散缓解房价上涨压力，同时也能有效带动周边其他城市实现不动产市场的稳定发展。另外，应鼓励各中心城市加强与周边城市的区域协作，推动创新要素的空间流动，提升城市的创新溢出效应，政府应运用财政和行政等手段，推进城市之间就业、医疗、教育等公共服务的统筹协调，积极推动大城市群内公共服务均等化。加快户籍等制度改革，打破区域堡垒，引导人才、资本、技术等创新要素合理流动，促进区域经济平衡发展。

第三章　创新集聚影响下城市不动产结构的优化

第十节　创新城区不动产空间结构的运行规律

新经济的崛起推动了生产系统的复杂化、社会生产弹性分工和社会生产组织的变化重构。当今全球，区域及城市各层面的空间发展进程，呈现出传统空间与新空间割裂及融合并存的全新发展模式。2008 年全球性金融危机之后，基于转型发展背景，创新发展备受各国政府重视，以科技创新为导向的新经济与新产业不断成长，开始重构城市新经济空间。2014 年布鲁金斯学会发布《创新城区重构美国创新地理版图》报告，对美国大都市区近些年发生的创新企业快速向中心城区集聚现象及所形成的特定地理空间组织进行研究，提出创新城区这一新经济空间概念[176]。李健、屠启宇研究认为，未来经济社会发展中创新将会逐渐具备与资本同等的驱动功能，创新城区作为特定城市功能区，具有与中央商务区、商业地区等相同的地位[177]。

当前，创新发展成为我国许多城市发展的主线，在已初步进入后工业化发展时代的北京、上海等特大城市尤为明显，形成如中关村国家自主创新示范区、张江国家自主创新示范区、环同济知识经济圈、杨浦区旧城改造“创智天地”等不同尺度、不同层次的创新空间主体。但在当前国内研究中，更多关注创新功能建设而对城市空间过程关注不足，尤其是其背后的动态演化机制，亟待我们深化认识以指导具体工作。本节整合美国当前对大都市区创新城区的最新研究，特别是基于布鲁金学会《创新城区重构美国创新地理版图》报告，从产业内涵、类型构成、动力机制、发展举措以及空间组织等方面进行解读，挖掘其共性策略和成功经验，并对我国创新城区不动产的建设提出建议。

10.1　创新城区不动产的提出与发展

作为一种全新城市经济新空间，创新城区目前仍没有明确的学术概念。从当前欧美城市创新城区实践情况看，创新城区是刺激经济增长的一种城市规划手段，与城市中心城工业区、滨水岸线地区改造等活动紧密联系在一起。目前公认的最早的创新城区包括巴塞罗那普布诺地区和波士顿海港改造，之后许多城市的创新城区发展都是基于以上两个成功案例的经验并进行部分调整的结果。综合布鲁金斯学会研究并参考其他典型创新城区的特征和内涵，本研究认为，创新城区不动产是一个高端科研院所、研发机构及创业企业、孵化器及金融辅助机构等高度集聚、创新活动旺盛、各主体网络化互动特征明显的城市新经济空间，主要存在于城市中心城区或者大都市区边缘，无明显空间边界；创新城区还具备物理空间紧凑性，公共交通通达，公共网络分享，知识共享与技术合作，居住、办公与商业等功能混合布局，公共服务完善等特征。

城市和区域空间形态及组织演化与特定阶段的产业实质和技术架构密切关联，创新城区的形成和发展同样具备特定的产业内涵。从全球产业地理空间演化形态和组织看，早期主要是以劳动力密集型和资本密集型的纺织、钢铁等产业为主体，之后变成以电子信息、生物医药等为代表的高科技产业，产生诸如工业区、科学园区、郊区科学城等不同类型的空间载体。随着创新创意活动的密集涌现，基于企业、从业人员特定技术、特定群体产生的特定需求和空间偏好，新的创新创意空间随之产生，这也是创新城区产生和发展的产业技术内涵。其中以硅谷为典型的区域，往往位于大都市区郊区，更多依靠汽车通勤，在生活品质及就业、住房、娱乐的综合服务功能方面有所忽视，因此更多为科学园区而非创新城区的特征。

从创新城区的社会经济内涵看，创新空间保持过去工业区、科学园区所具备的一些元素特征，但更具备现代创新经济所需要的多要素相互影响、支撑的内涵。创新城区揭示出城市经济创新发展的新趋势，这一趋势将改变企业与就业的区位偏好，社会结构及关系网络之间的联系属性将得到重新建构。在美国，由于社会结构特别是人口结构的变化，对社会服务的需求使得越来越多的人才集聚或迁移到紧凑且基础设施便利的大都市区中心城市，知识密集型著名企业也更倾向于将研发机构布局在接近其他企业、研发实验室及大学的区域内，而不再是环境优良的生态区域，各机构之间通过密切合作而分享创意，形成一种“开放创新”（Open Innovation）的机制。Thomas Hutton 发现在全球城市内城区出现一些知识密集型的新兴产业集群，构成全球城市新经济体系的重要部分[178]。George Bugliarello 注意到“城市知识园区”的出现，认为这些城市园区一般围绕城市某个知识机构而发展，这些园区可以提供城市公共空间或者为周边的社区活动提供场所，一般具有高密度特性，并将其描述为一个“创新能源满载生态系统”[179]。Michael and Dennis 对美国大都市区创意产业集群、生命科学产业集群及应用自然科学的地理空间性进行离散分析，认为这些创新集群有“跨组织、跨产业的合作，开放的研发系统，员工普遍具备网络化知识经济所需要的才能”[180]等特征。Richard Florida 通过邮政编码和区域编码来地图化研究风险资本活动，结果都表明“高技术开发、创业活动和风险投资在最近开始向城市中心转移，还有临近中心城区、交通便捷、混合利用、适宜步行的郊区地区”[181]。

在科研机构与高端研发中心引领下，创新城区在美国与全球数十个城市与大都市区涌现，表现出与传统城市发展和规划模式大相径庭的特征。在全球范围，包括巴塞罗那、麦德林、伦敦、首尔、斯德哥尔摩及多伦多等城市都有成功的创新城区案例。

10.2　创新城区不动产要素构成与基本类型

10.2.1　创新城区不动产的要素构成

与传统城市空间组织基于功能分工及围绕交通枢纽形成的城市经济活动组织模式不同，根据布鲁金斯的研究，创新城区的运行模式要从三种资产予以考察：经济资产、空间资产及网络资产，通过三种资产的互动作用推进创新城区的形成与发展。其中，经济资产主要包括驱动、培育与支撑创新环境的企业、机构及组织，如创新企业、研发机构、孵化器、专业服务、生活设施等；空间资产则包括公共领域空间、私人领域空间、连接创新城区与其他城区的通道等，如公园、广场等公共资源，企业研发大厦、商务楼宇、自行车道与步行道等适合创新城区尺度的交通联系通道等。毫无疑问，在空间资产中，区位条件决定着其他三类资产的构成情况和质量；网络资产则包括“强连接”与“弱连接”两种，判别标准主要来自行为体间的联系频度、相互关系的情感强度、主体互动行为的互惠度等，包括专业联系网络如创新培训会、创新专业会议及松散组织网络如网络早餐会、创新群体联谊会等。而三种资产互动作用的不同机制和结果，就相应形成了不同类型的创新城区。

10.2.2　创新城区发展的基本类型

第一，枢纽型模式。“枢纽型”创新城区是指围绕支柱型创新机构，在周边形成大规模混合功能开发区域，包括参与创新过程及商业化运作的全部相关机构、延伸企业、中介机构、辅助企业以及商业服务企业等所形成的综合开发格局。在美国，该类型的创新城区主要位于大都市区中心城市的中心城区，其中核心机构或企业发挥区域引领作用，这个核心枢纽可能是大学、科研院所，还可能是领先企业的关键研发部门。作为经济资产的核心枢纽机构通过各种商业和非商业化手段，整合撬动更多关联企业、辅助企业参与创新活动进程，提升空间资产及网络资产，包括借助良好的城市基础设施和公共服务设施，集聚创新活动以及商业化过程的各主体，吸引更多高素质人才集聚，推动创新活动与邻近区域的传统经济活动、商业活动等，共同创造一个丰富而多元化的产业体系，培育区域综合竞争力。“支柱枢纽”型创新城区典型代表包括坎布里奇市的肯戴尔广场、费城大学城、匹兹堡大奥克兰社区、亚特兰大中心区等。

第二，城区更新型模式。“城区更新型”创新城区是城市内部最先形成的一类创新空间，包括最早实施的巴塞罗那普布诺地区改造、波士顿南岸滨水区改造都属于该种类型。从空间区位看，该类型的创新城区一般都源自城市老工业区、老的滨水港口工业区或仓储区，通过产业转型并改造物理空间，形塑新的产业功能和城市形态。从巴塞罗那普布诺地区及波士顿南岸滨水地区改造的经验看，“城市更新型”创新城区首先通过交通体系再梳理，打通区域与城市其他活跃地区的联系，结合历史建筑遗存改造提升，推进物理空间资产的改良，吸引更多与知识、信息生产和交换等直接相关的知识技术密集型经济资产进驻，将整个区域转型为一个经济繁荣的空间。开发过程中重视社会网络关系构建，建构一个多元开发、环境平衡的空间，包括生产中心、社会居住、公共服务和生态休闲等功能，最终提升区域生活和工作的质量。“城区更新型”创新城区除以上两个典型案例之外，包括旧金山的 Mission 海湾、西雅图南湖联合区域、布鲁克林海军码头均是典型代表。

第三，城市化科技园区模式。“城市化科技园区”创新城区是美国较多的一种创新城区形式，一般位于城市远郊区，近些年随着大学城和大学科技园区的发展，“城市化科技园区”在中国开始出现和发展。与前面两类创新城区不同，“城市化科技园区”在空间资产方面与以上两类完全不同，表现为孤立、蔓延式的城市科学园区，与中心城区相对隔离，外界更多通过汽车与园区联系。在过去，这种特殊空间资产导致网络资产的缺失，园区基本上是一种封闭创新系统，企业和科学家基于保密研究文化和专利政策，彼此间很少发生互动。到目前，随着更多经济资产注入，空间资产得以改良，包括通过增大密度及融合一系列商业、酒店等新功能和举措推进园区的城市化水平，完善社区设施并提升科学园区的社会联系频度和强度。北卡罗来纳创新三角区域是此类模式的典型代表。在创新三角区未来50 年战略规划方案中提出集中建筑与基础设施，规划新增一个活力的中心区、1400 个多户居民住房、零售业及轻轨交通体系，从而改变以往依赖轿车的隔离性环境。其他类似园区还包括威斯康星—麦迪逊大学研发园区、弗吉尼亚大学研发园区、亚利桑那大学科技园等。

10.3　创新城区不动产更新动力与发展机制

尽管上文提出创新空间的演化与特定阶段产业实质和技术架构有密切关系，但从背后的推动力和运行机制看，还必须转向更广泛的社会经济和人口视角，才能更准确把握创新驱动的新地理空间的驾驭力量。从美国大都市区创新空间发展的机制看，正是三种转型——集聚的创新经济、更加开放的创新系统和变化的社会结构，刺激了对于就业密度、地理临近性、协同合作等需求，社会经济内涵的变化就此改变创新空间地理组织。

10.3.1 创新经济体系中地理空间的价值

从20世纪70年代石油战争之后到当前的50年中，美国经济变得越来越依赖于知识和创新，包括电子信息、生物医药、医疗器械、航空航天、软件开发、数据处理等产业都日益重要。当前许多研究认为，马歇尔对产业区研究提出的规模经济效益在创新时代仍然在强化，包括专业化供应商的集聚、劳动力市场共享、知识外溢与共享等；此外，就业密度提升更能够减少资源和商品的消耗，并提升科技和管理创新[182]。在创新城区，主要表现为企业间、工人间及科研机构间的知识分享和及时转移，相应为创意、新思想交流提供便利，推进经济活动的活跃和成长。Gerald and Robert的研究证明，地理临近性在新的知识技术和产业体系中依然意义重大，他们对研发实验室集群地理的传导进行研究，发现集群效益随着距离增加快速消散，从而得到知识溢出“高度地方化”的结论[183]。

地理临近并不能确保深层合作和思想交流，例如硅谷就是典型低密度、郊区化空间布局的模式，其成功主要在于浓厚的开放文化和网络建构。但在创新城区中，地理临近性城市化发展可以推进大企业、小的分包商、供应商及辅助企业之间的横向关联，这种“创新飞地”经过社会网络的建构推进创新社区的建构，能够产生更多的产业发展机遇。2008年全球性金融危机之后兴起的战略性新兴技术与产业在遭遇技术瓶颈之后，形成与传统产业更好融合的现象，同样可以通过对地理临近性和密度的研究予以解释。例如先前一代技术企业往往将总部安置在城市郊区，难以产生跨产业多元化融合发展，随着更多技术企业迁往中心城区，与其他产业互动联系，充分借助城市文化和多元性发展，从而形成新媒体产业。而从实践看，随着创新城区的兴起，在美国大都市区很多技术类企业不再专注于开发新技术，而是热衷于将技术与其他传统产业如广告、媒体、时尚、金融及健康服务等充分融合，这种地理临近性所产生的社会经济价值日趋明显。

10.3.2　创新空间特色不动产的形成与发展

在过去，研发与创新更多是企业内部的事情，特别是随着相关专利法律完善，研发系统似乎更加封闭。但在实际发展进程中，随着技术系统复杂、市场竞争激烈、成本风险增加及研发联盟形成等因素，高端研发体系对外部支持力量需求日益增加。Henry Chesbrough 针对此种现象提出“开放创新”的概念，定义为公司更加公开提出新思想并将之推放到市场以灵活利用内部和外部各种资源的过程[184]。根据这一新定义，企业和周边环境之间的界限更加模糊，创新能够在多企业之间方便交流和移动，这在高度复杂的知识密集型行业更加突出。从内部研发实验室到“多渠道研发路径”的转型成为趋势，其中包括学术中心、合作对象、竞争者、顾客、风险资本及创业公司等活动者，从而更加促进创新资源的空间集聚。

基于当前的经济基础和形态，技术体系日益复杂，即使最先进的企业也很难掌握它所需要的全部知识，所以知识创新网络日益重要，转而又影响到企业和配套组织的空间布局。过去医药公司更多布局于郊区飞地，在那里他们可以借助更加隐居场所保护他们的知识产权，但 Karen Weintraub 对坎布里奇医药公司的考察证明，近年随着药品开发成本大大提升和市场竞争激烈，多家医药公司开始将其研发部门布局于领先生物技术公司和麻省理工、哈佛等主要研究型大学附近，更好地接受知识外溢和网络合作[185]。事实上，是知识经济更开放和协同的特性改变了企业研发设计的传统围墙，在企业、研发机构、高校等主体之间的开放创新互动进程中，从改变办公室空间设计，重塑建筑体间的关系，到扩展到新产业成长空间和逐渐扩展到区域尺度，创新空间正经历原有空间载体和界限的重构，更好地推进创新过程在公共及私人领域畅通进行。

10.3.3　社会结构的变化与新的空间需求

随着生活观念和人口生育观念的变化，引起家庭结构及社会结构的快速变化。特别是家庭结构随着人口老龄化和年轻人晚婚、少育趋势而变化很大，过去典型美国式家庭配置是一对夫妇拥有几个孩子，但现在这样的家庭只占美国家庭的20%，而在1970年时为40.3%，更多的家庭呈现少子或者无子的状态，而从社会结构考察就是人口老龄化趋势明显[186]。受老年人口生活习惯和需求的影响，越来越多美国人倾向去中心城寻找小的房子和公寓，这样他们能够更容易地接受医疗服务、购物及日常活动。与此同时，孩子已经离开家庭的中年夫妇也更倾向于城市社区，因为这样他们可以享受更好的文化社会服务设施和短途通勤。在年轻人群体中，特别是那些晚育群体，追求生活质量成为他们临近休闲、娱乐、工作、学校及社会联系服务中心的基本动力。

美国国家统计署人口分布数据显示，城市和大都市区域人口增长较其他区域更加快速。在许多大都市区域内部，商业中心附近的区域人口增长更加明显，美国十个最大城市的中心城区比全国整体人口增长速度要快77%。而根据Joseph Cortright的研究，2000—2009年期间在美国51个大都市区中央商务区及邻里区域，拥有大学文凭的25岁到34岁年轻人数量增加了26%，在大都市区域其他地方大学文凭成年人的增长率则只有13%。这些变化与美国人口结构变化及产生的社会需求都密切相关[187]。

10.4 创新城区空间结构更新的共性规律

从网络联系建构及所影响的空间尺度看，创新城区仍然属于一种地方化现象，包括地方政府、大学、企业、开发商等积极参与其中并推动发展。从实践情况考察，在美国大都市区已经有一些国家级或全球性机构通过产业资本及基础设施建设投资创新城区发展。按照目前发展趋势，受创新需求、人口集聚、开放创新模式及地方政府和领先投资公司等动力驱动，未来创新城区空间尺度和影响范围都将持续增加，包括更多跨国公司、本土大型企业、地方政府、中介机构以及社会服务企业等参与并推动创新城区的规划和建设。与传统的城市功能分区不同，不同创新城区在空间区位、推进主体、经济资源、网络条件等方面存在巨大差异，发展经验各有特色。但综合考察美国大都市区创新城区的总体发展路径，总结创新城区空间组织与内部联系特征，仍然存在一些共性策略和普遍原则。

10.4.1　创新城区空间结构以小尺度为主

当前，创新空间还是以小尺度空间“马赛克”现象存在，不能全盘铺开。因为创新空间仍然是社会经济发展的投影，知识经济提升密度和临近性的价值，而自身对空间的需求相对较小，从当前国内外创新空间发展规模尺度考察，仍多以小区块为主。如布鲁金斯学会在其创新报告中指出，创新空间在小尺度更有地理传导价值，围绕支柱创新机构例如高校和科研院所、旧城改造地区、郊区高科技园区等最容易形成创新空间。但布鲁金斯报告中亦指出，美国创新城区范围出现扩张趋势，随着更多创新要素特别是跨国力量的注入，创新空间逐渐超越楼宇尺度并扩展到区域层面，形成城市特定功能区域。未来创新城区在发展功能、空间拓展等方面有多种可能，创新空间规划要有充分的预见性和弹性。

10.4.2　创新城区要提升结构要素间的联系

创新空间规划需要重视社会氛围营造，推进不动产结构要素间的互动。创新系统理论认为，一个成功的创新体系需要相应的城区不动产的三类要素：第一是企业、科研机构等活动者需要的工作空间；第二是基础设施与公共设施；第三是创新活动者在基础设施、制度政策支撑下的互动联系，而这种系统化和网络化的联系，决定着创新系统的效率。因此，城市创新空间作为创新活动的空间系统，必须突出创新要素聚集和互动。对于空间规划的要求是重视社会氛围营造，通过便捷交通联系，完善社会服务，以推进创新要素的互动，保障形成一个结构完整、功能完善的创新城区不动产结构系统。

10.4.3 创新城区空间组织主线发生变化

与资本驱动阶段地租理论成为决定城市空间布局的主线不同，在创新驱动时代，由于创新系统更加重视创新要素的沟通和互动，地租成本的作用相对减少，交易成本发挥更加突出的作用。驱动力的变化决定了创新空间规划必须打破传统以地租理论为依据的土地利用模式，突出交易成本在空间组织的主线作用。因此，创新空间的规划在基础设施方面必须更加重视交通组织、通讯联系，同时突出制度建设、环境品质和服务水平等，一切围绕减少创新要素之间的交易成本为目标。

10.4.4 创新城区土地利用突出混合开发

突破传统城市规划功能分区原则，突出功能的混合利用开发。功能分区是过去工业经济时代城市规划的基本思想，随着创新经济的崛起，沟通、合作、融合已经成为核心发展理念。如前文所言，城市空间形态（土地开发）是社会经济发展内涵的空间投影，因此，创新经济必将重构新的空间组织模式。从当前国内外案例来看，创新空间典型特征是混合功能开发、功能边界模糊化，突破传统城市规划功能分区。因此，创新空间规划必须重视功能混合开发，结合创新空间紧凑性、重视密度和地理临近性等特征，这对于降低交易成本及更好地沟通、推进技术和产业融合等创新经济的内涵都有帮助。

10.4.5 创新城区空间体系存在扁平特征

在创新城区中，其空间体系存在明显的扁平化特征和更大成长平等性，空间等级取决于要素的整合能力。尽管创新存在基础研究、产品开发、产品设计以及制造等之分，但与工业经济社会中资本的获得性比较，知识与信息的获取更具公平性。因此，创新空间依然表现为更好的平等性。发展差异在于不同区域对于空间、经济、社会、文化等创新要素的整合能力，这决定着创新空间的功能差异和等级差异。

10.5　创新城区不动产空间规划的启示

创新城区在美国已经成为重要的发展趋势，体现出新的发展理念——“要开放而非封闭，要企业家精神而非官僚主义，要网络化而非等级化”等。创新城区也重构城市发展的本质——人才集聚并推动人们交流知识和思想，Peter Hall 认为这个过程即“创新、模仿和提升过程”[188]。创新城区当前的活动主体依然以地方活动者为主，但在未来跨国公司和资本嵌入这个新经济空间的趋势明显，活动主体和成长力量的强大必然加快创新城区扩张和发展进程，城市政府应该适应这个趋势并制订可持续战略，推进创新城区有序发展。

在布鲁金斯学会的研究中，曾经提出当前美国创新城区推进的关键措施，要包括：构建区域创新核心活动者所组成的合作网络，通过群体形成的机制性合作可以推进区域创新规划、实施、营销与治理；有效整合区域内产业集群、地区支柱机构、创新企业、基础设施、社会服务以及文化要素等不同力量；系统规划与推进人才与技术体系发展，培育创新城区发展两大引擎；推进创新城区包容性成长。促进临近社区共享教育、就业机遇，为城市中、低收入群体提供其他机会，获得社区支持；整合公共、私人和民间资本，为创新生态系统发展提供催化。就中国城市创新空间建设看，尽管在制度环境、产业基础、发展阶段、人才建设等方面存在较大差异，但美国大都市区创新城区发展的经验和有效措施值得总结和借鉴，从空间规划视角包括以下五个方面：

第一，推进创新城区建设与城市更新规划紧密融合在一起。当前美国大都市区创新城区建设多源自城市规划的结果，与城市中心区、滨水岸线地区等更新改造紧密结合在一起。通过城市更新引入更多文化、技术内涵，为城区更新提供更多“社会经济内容”。当前国内城市创新空间建设往往与城市更新分离，选址倾向于未开发或欠开发区域进行建设，以避免提升建设成本。借鉴美国创新城区建设经验，可尝试在中心城区特别是居住、商务、生活等综合功能较为齐备的传统街区进行创新城区的规划。这种城市更新融于创新城区建设的做法，适应创新空间从“园区”向“城区”转变趋势，可充分利用城市成熟区域具备的多样性要素，更好地营造创新城区社会氛围，为创新活动者提供更好的社会服务。

第二，在创新城区建设初期必须重视“枢纽型”机构的作用。在美国大都市区创新城区发展经验中，在多数案例中，“枢纽型”创新机构的作用都十分明显。这种以“枢纽型”创新机构为支撑点的模式，有助于在创新城区发展过程中找到主要创新要素源头，围绕此类机构作为发展依托，进行产业链延伸和配套，形成较为明确的创新发展格局。中国创新城区的发展过程中，更多关注枢纽型机构在科技方面的作用，对枢纽型机构与城区的融合发展缺乏整体性的规划引导。因此，未来发展可借鉴国际经验，分析区域内高校、创新型大企业发展的优势所在，因势利导形成“枢纽型”模式的创新城区发展格局。

第三，重视社会关系与网络资产的建设。在资本驱动阶段，关于投资、土地开发、基础设施等成为城市建设中的重点领域，但在创新驱动发展的阶段，交易成本超过土地成本，成为创新企业成本构成的主要组成部分。因此，创新城区建设与过去以功能分区为目标的城市规划与建设完全不同，在经济资产、空间资产建设的过程中，必须改变传统思维，更加重视网络资产的建设，最终实现优化投资环境的功能，降低企业成本的目标。网络资产的建设包括基础设施建设，如公共交通、信息网络设施、公共空间、社会服务设施等，更包括社会关系的建设，特别是创新主体之间的社会联系频度、强度及互惠度等，包括上文提到的专业联系网络如创新培训会、创新专业会议，松散组织网络如网络早餐会、创新群体联谊会等。

第四，城市创新空间规划要重视城市土地的混合利用开发。功能分区是在过去工业经济时代城市规划的基本思想，随着创新驱动型经济崛起，沟通、合作、融合成为核心发展理念。正如前文所言，城市空间形态（土地开发）是社会经济发展内涵的空间投影，因此，创新型经济必将形成新的空间组织模式和形态。参考创新型经济发展内涵及美国大都市区创新城区建设的经验，中国城市创新空间规划必定伴随的是土地利用混合开发，其实践意义即是改变过去突出增量规划的做法，要强调存量调整、改善、优化、提高，以更好地适应创新驱动型经济的发展规律和内涵。

第五，城市创新空间规划突出产业密度、临近性的重要性。在过去快速发展的进程中，中国城市空间规划过于注重空间扩张而对于紧凑性和地理临近性重视不够，这相应引起土地利用效率不高和城市通勤压力过大等诸多问题。参考OECD国家大都市区最近的规划思路，紧凑开发、绿色发展都已经成为核心理念，从而形成城市绿色经济发展的基本空间规划导则。结合创新城区的发展规律看，紧凑性和密度、地理临近性具备重要意义，符合提升生产效率、更好地沟通和交流、技术和产业融合等最新的社会经济发展内涵。

10.6　本节小结

随着美国创新经济的崛起，创新机构和企业快速向中心城市集聚并形成特定地理空间组织，学术界将此类以创新为主导功能的城市功能区定义为创新城区。在参考文献研究和总结创新城区实践基础上，本节对创新城区不动产结构的概念和内涵，创新城区不动产结构的要素构成和典型类型，成长动力与发展机制、空间组织共性规律等分别予以探讨。提出创新城区作为创新时代的新经济空间，将成为未来中国创新驱动、转型发展进程中的重要平台，当前研究和规划工作仍存在诸多问题，需要打破传统思维，按照创新经济内在规律进行规划和建设，并提出相应的启示，为后续研究奠定基础。

第十一节　国外创新城区不动产结构优化改造实例

从 20 世纪 90 年代开始，基于我国城市建设和经济发展的内在需求，新区不动产建设和旧区改造一直同步快速推进。随着我国城市发展进入土地集约、精明增长、紧凑发展、以人为本发展的阶段，“够不够”问题渐渐转化为“优不优”问题，从注重城区量变转变为注重城市自身质变，更新改造也成为新型城镇化工作的重要工作内容之一。2014 年发布的我国《新型城镇化规划》明确提出“按照改造更新与保护修复并重的要求，健全旧城改造机制，优化提升旧城功能，加快城区老工业区搬迁改造”等具体工作要求。我国城市更新改造绝不是简单的空间改造和基础设施建设，而是包括了深层次经济、社会和文化内涵。2016 年颁布的“十三五”规划纲要中提出将“旧区改造与城市更新、产业转型升级更好结合起来”，这对我国城市更新改造以及创新城区的不动产结构优化提出了更深远要求[189]。

基于 Brookings 既有研究，从更新改造到新产业空间升级属于“城区更新型”发展模式，一般源自城市老工业区、滨水港口老工业区或仓储区，通过产业转型并改造城市空间，重构新的产业功能和城市形态[190]。从巴塞罗那普布诺（Poblenou）及波士顿南岸滨水地区改造的经验总结出，“城市更新型”创新城区首先是通过交通体系梳理，打通区域与城市其他功能区的联系，结合历史建筑遗存的改造提升，推进城市空间资产改良，吸引更多与知识、信息生产和交换等相关的知识技术密集型经济资产进驻，将整个区域转型为一个经济繁荣的空间；在开发过程中，重视社会网络关系构建，建构一个多元开发、环境平衡空间，包括生产中心、社会居住、公共服务和生态休闲等功能，最终提升区域生活和工作的质量。作为全球第一个成功创新城区，本节主要借助巴塞罗那普布诺更新改造的经验，探讨其从老工业区到创新城区转型过程中城区更新、经济复兴与社会再构的规划、动力和机制，从而将更新改造与当前阶段我国城市创新驱动、转型发展的主线统合，从发展理念、更新内容、发展机制、实施路径等方面总结可借鉴、可复制的创新驱动更新改造模式。

11.1 普布诺更新改造与创新城区不动产结构规划策略

普布诺地处巴塞罗那大都市区核心地带，在过去两个世纪中一直是巴塞罗那乃至西班牙制造业的领先中心，包括纺织、食品、酒类、建材产品以及金属结构产品等行业在全国占据重要位置。随着西班牙乃至欧洲产业经济的调整与转型，巴塞罗那制造业中心地位开始衰落，至 20 世纪 90 年代初有近 1 300 多家企业破产或撤资，居民也出现搬迁，这个曾经繁华的城区变得破落不堪，土地开发价值急剧下降，如何实现再开发成为大难题。从 1992 年开始，借助举办奥运会之际，巴塞罗那推动对滨海区废弃工业用地的改造，将以工厂、仓库、集装箱等为主的海岸区改造为具有新兴功能的港口，带动城市地区复兴。其中以“22@ 计划”为核心战略，至今仍在以不断创新发展模式来推动普布诺老工业区的改造，使之成为全球首家创新城区。

11.1.1 普布诺老工业区升级改造的规划机遇与发展目标

随着知识社会到来，以知识和技术为核心的产业开始在全球产业体系中占据领先地位。为重塑巴塞罗那在西班牙的制造业中心地位，城市政府开始着力推进经济转型。东部地区是巴塞罗那工业区最为集中的区域，成为城市改造的重点区域，其中就包括“22@ 计划”落脚的普布诺地区。1992 年奥运会的举办为普布诺地区开发带来机遇，通过科学规划设计和大规模基础设施建设，利用高速交通将普布诺地区与巴塞罗那中心城市连接。至 1999 年，对角线大街开通，将普布诺地区与巴塞罗那中心城市的商务区紧密连接起来，地理位置的中心性和交通的易达性也保障了普布诺地区与城市其他活力区的有机联系[191]。

2000 年 7 月，巴塞罗那城市委员会投票，一致通过了针对普布诺地区再开发的地区总体规划修编（MMPG），规划提出以“22@”（新兴知识技术密集型产业）来替代传统劳动密集型产业的“22a”（传统工业生产专用代码），也即“22@ 计划”，是对普布诺地区 200 公顷的废弃工业用地的再开发，重塑一个创新经济引导的新城区[192]。根据总体规划目标，“22@ 计划”重新开启普布诺地区作为巴塞罗那城市经济枢纽的生产任务，并且根据当前以知识经济为基础的社会需求来塑造一种全新的城市空间组织模式，包括三个具体的目标：（1）城市更新活动。重塑普布诺地区的活力。这些更新区域将形成一个多元开发、综合建设平衡空间，包括生产中心、社会居住、公共设施和开发空间等功能，提升地区生活和工作的质量。（2）经济复兴运动。将整个区域转型为一个经济繁荣地区，在知识经济时代吸引更多知识技术密集型企业。其中的“@ 活动”包括信息技术、设计、出版、多媒体等与知识、信息生产、交换等直接相关的高科技活动，经济活动对环境无污染、无破坏。（3）社会结构重构。创造一个企业、机构乃至居民互动的城市社会网络空间，推进活动者的社会网络联系[193]。

11.1.2　空间规划与土地利用的紧凑性、多元化与弹性利用规划

根据“22@ 计划”的发展目标，为了塑造一个全新城市发展模式，必须将传统的老工业区进行全新转型，充分利用地区原有要素并根据需求增加新功能，保持原有的风格并逐步实现更新、替代，其中的平衡性要很好把握。“22@ 计划”改变原有的低密度特性，增加空间利用的高密度和紧凑性，提升土地利用的效率和密度，吸引和培养人才，推进地区活动

者的互动和交流，最终有利于集聚经济效益的产生。此外，通过容积率提升（从 2.0 提升到 3.0），可以更好地帮助开发商提升效益并推动基础设施建设改善，通过一系列更新改造活动，可产生部分无偿供给社区开发的土地，提供绿地空间、服务设施以及公共租赁住房，从而推动区域转型更好协调推进。其中的重点项目包括桑特安德鲁—萨格雷拉计划、荣耀广场的城市更新计划、贝塞斯岸线改造等工程。

此外，多元化土地利用方式在“22@ 计划”中特别明显，其中核心利用方式主要包括三类：（1）知识部门。“22@ 计划”鼓励企业总部及研发部门的入驻，吸纳高素质产业工人的集聚，为鼓励知识技术密集型企业入驻，“22@ 计划”提出少数高科技产业办公楼可以采用高容积率。所有创新活动与邻近区域的传统经济活动共同创造出一个丰富而多元组织的产业体系，增强区域综合竞争力。（2）公共设施。“22@ 计划”中提出，至少 10% 的更新土地用于公共设施建设。《普布诺公共设施规划》提出，针对未来可能产生的人口增长情况，推进公共服务设施布局平衡和满足地区需求，包括地方尺度的中小学校、社区中心、养老院等，另外包括城市尺度的大学、文化设施、博物馆等。（3）创新活动。“22@ 计划”最突出的是培训、研究、新技术开发等新经济活动，提出推进普布诺地区实现大学、技术中心、研究中心和生产活动协同发展，吸引高端人才和提升地区研发组织、研究机构及企业之间的合作。到目前，所有加泰罗尼亚的大学都已在 22@ 区域设立机构，而根据最新的规划方案，每个大学都会在主要的经济区域设立一个技术中心[194]。

与传统的总体规划不同，“22@ 计划”中地区规划并没有建立一个详细和精确的规划框架，而是根据每个子区域自身特点制定弹性的渐进式更新规划，保持尺度多元化和多要素介入，并保留住区域历史特色。体现在几个方面：（1）时间上是弹性的，采用渐进式规划，避免当前已经存在的情况与规划开发产生明显冲突。（2）建筑形态也是弹性的，只是限定土地产权人的权利和责任而不确定房屋建筑形态，但必须适应地区文化传承与传统特色。（3）更新主体是弹性的，巴塞罗那城市委员会制定了六大战略部门作为城市公共部门主要投资主体，此外更鼓励私有部门积极参与其他领域。（4）转型机制方面是弹性的，允许各种形式的衍生规划来适应不同的形势和需求，或者适应不同尺度的区域。

"22@ 计划"试图塑造一个紧凑、多元开发、可持续发展的高质量城市模型，城市发展更加均衡，更加多元化，更加具备生态效率，更加紧密和更具经济活力。区域内包括生产活动、居住商业、研究培训、技术转移等经济功能，所有活动都是紧凑集中在特定开放空间，均衡有效地存在发展。高密度开发可以促进城市不同群体之间的平衡，开发商可以得到经济利益，居民可以得到更好生活空间，城市内部空间结构更加协调。

11.1.3 产业活动与创新集群的创新经济、网络组织与人才服务

针对经济与产业创新计划，"22@ 计划"提出生气勃勃的创新企业、微型工作室以及商业等服务部门的共存，塑造一种多元且活跃的城市产业组织。为实现这些目标，需要不断提升地区企业和机构竞争力，这些机构和企业是巴塞罗那地区的发动机。利用同类产业集群中企业、公共结构和科技中心集聚，形成企业、公共组织、科学和技术中心等多种机构和媒体、信息和通信技术、设计、生物科技及能源等新兴产业，培育具有国际领导权的产业集群。从普布诺地方创新网络中的活动者角度考察，包括领导性企业、卓越研发机构、中小企业、大学和继续教育以及专业培训中心、技术交易中心及传播平台、特定技术或行业领域的孵化器、良好居住条件、某些领域特定服务（技术援助、风险资金等）等至关重要[195]。

作为地方经济发展管理机构，22@ 巴塞罗那公司积极参与区域经济活动推进，包括提升区域创新能力，吸引和保留人才，商务科学和培训活

动国际计划等。22@ 巴塞罗那公司提出许多计划，帮助区域创造更好环境和条件，以提升区域企业持续增长，其中包括更好的服务和指导等。（1）22@ 网络组织。目标是整合更多力量，推进企业和机构都积极参与区域开发，路径是成立网络组织协会，包括普布诺地区主要企业和机构都参与其中。（2）协助搜寻发展空间。22@ 巴塞罗那管理部门负责为企业寻找布局空间以满足企业或者个人的需求，提供实时或者未来的工作空间信息，以便企业搬迁至更适宜的地方。（3）创新驱动计划。目标是为科技创新项目找到更好的公共投资，通过对企业进行公平科学评估，协助企业从不同政府部门和公共机构得到更多支持和援助。

在人才战略方面，通过"22@ Espai 衍生计划"，来帮助企业家或者创业者在区域建立更好的人际网络关系，这种关系包括各种正式或非正式的关系，更好地实现地方企业与国际企业之间的技术合作、风险投资等。22@ 巴塞罗那公司希望通过丰富人才资源和提升生活品质，强化地区归属感。计划最突出的部分包括：（1）瞄准专业人才。第一是 22@ 私有关系空间，提升个人和社会之间的关系，建设一个良好社区环境，提升区域价值，满足专业人才、创新领域对于生活环境的高追求；第二是 22@ Agora 项目，积极组织地区各种文化活动及联谊会，预告传播相关活动，推进区域创新文化及环境建设。（2）推进社区建设。以 22@ 社区信息活动为主，培育企业、机构以及社会组织之间的合作关系，提升区域工作和生活质量，强化居民的社区归属感，主要包括多媒体教室配置、区域大数据中心建设、家庭信息计划等。

11.1.4 创新环境与公共服务的工业遗产、公共空间与基础设施

历史文化古迹是城市社会的身份和象征。在普布诺更新改造过程中，为了保护工业文化历史，普布诺制定工业遗产保护计划，保留 114 个重要单位，整个区域在改造过程之中，这些文物都将被作为历史和文化遗产严

格保护。此外，对区域主要街道和战略区域进行更新，但更多是修改运作模式和相应规划参数，保留区域传统工业文化特色[196]。首先，普布诺地区对原先突破街区范围的工业厂房进行改造，保留蒸汽时代的砖砌烟囱等部分工业建筑遗存，形成连续街道景观。其次，为满足街区多功能使用需求，普布诺的街区建设根据建筑功能的差异来设计高低错落的建筑立面，与工业建筑遗存共同构成街道景观的变化，突出地区工业传统及地区景观特色。再次，规划对具体地块的建筑设计没有明确限制，提供各地块灵活改造的可能，但所有建筑必须与周边城市的环境相协调[197]。

“22@ 计划”着力推进生产和居住功能混合利用，鼓励人们居住在工作单位附近，推进当地商业和消费的旺盛，来保证白天经济的活力。根据计划，将对包括 4 600 个原有家庭单位改造，政府将帮助对现有住房有效改造，提升利用功能和外观品质。此外，还将建造 4 000 套新住房，这也将提升地区功能多样性，并保证所有街道和公共空间畅通无阻。但居住利用的比例仍然只占所有建成空间的 50%，保障了地区生活和工作的平衡。此外，“22@ 计划”将约 10% 的工业用地改造为绿地空间，建立最高标准的街道和公共空间，使这些公共空间真正成为区域活动者交流的空间。

随着“22@ 计划”的实施，对于普布诺基础设施网络的需求日益明显，由此产生重大基础设施规划，包括改造更新 37km 长的街道，提供领先水平的服务和设施等。新的基础设施投资计划超过 1.8 亿欧元，为地区提供光纤网、无线网络、全新现代化电力设施、中央空调控制系统和气动重复收集系统、新的公共交通计划等。通过基础设施网络系统更新改造，更好地协调不同部门之间的矛盾，吸引更多私有服务部门和政府公共管理部门进驻区域，也提升了城市环境的可持续性。

11.2 普布诺创新城区不动产结构优化的研究维度

总结普布诺地区创新转型发展的模式，既与传统的相互分离的商业与居住区不同，也与依托公共交通枢纽的城市活力中心区开发不同。Brookings 曾经从经济要素、物理要素、联系要素三个角度考察创新城区的要素构成，本文借助该框架从三大维度——城市空间维度、创新活动维度、网络联系维度进行分析，探讨在普布诺创新驱动更新改造进程中多元活动者承担的功能、任务及活动范围等。

11.2.1 城市空间维度分析

从普布诺更新改造与创新发展的城市空间维度看，主要包括三类主体：公共活动的城市空间、私有领域的城市空间、连接创新城区与大都市其他活力区的城市空间。

其中公共活动城市空间是对公众开放的空间资源，包括公园、广场、街道等具有活力的地方性空间。通过重新规划和建设，利用数字化可通达性实现在空间内嵌入式配备高速互联网、无线局域网、计算机与数字设备。在知识经济时代和创新城区建设中，公共活动空间的属性可归纳为“数字化空间”，即空间内融合环境技术、信息系统与城市空间模式等多重特性。公共空间和街道被灵活转化为多种突破性科技的实验场所，在普布诺包括新型街灯、废弃物收集、交通管理系统及数字信息技术应用，成功引导巴萨罗那成为全球最智慧的城市之一。

私有领域空间是私人或私企所拥有的以新方式和新手段促进创新行为的建筑与空间，这些私有空间源于传统类型资产，包括老工厂、仓储空间、多阶层住房、社区服务零售店、商业综合体等，经过重新设计和改造来服务于创新型人群。以旧厂房、仓储空间的再开发为例，此类空间可以针对初创企业提供更具弹性及更小成本的工作空间、实验室空间等平台。

连接创新城区与大都市其他活力区的城市空间为旨在消除地区间交通和社会联系壁垒，增进区间联系与连通性的空间资源。从普布诺地区开发的经验看，对于创新城区建设而言，消除先进研发机构与其他区域间的物理阻隔十分关键，相关手段包括建设快速交通专用道、步行道、步行街以及具有活力的公共空间等，强化地方创新网络中要素联系的通达性。

11.2.2　创新活动维度分析

创新网络经济组织中的活动要素主要包括驱动、培育与支撑创新性环境的企业、机构与组织等。从普布诺及美国其他创新城区的创新活动者看，根据所承担的不同功能，主要分为三类主体：创新驱动者、创新培育者以及社区便利设施。

其中，创新驱动者主要是以商业市场为目标，开发前沿技术、产品、服务的研发机构、科研机构、大企业、小微企业、大学院校等多重力量，创新驱动者是创新城区中的主要活动者。但在不同地区，由于产业结构、创新要素构成不同，创新驱动者的组成情况也大相径庭，从而形成不同发展特色和动力体系的创新空间，普布诺地区属于典型的城市更新型创新城区。

创新培育者主要是为创新个体、企业及其创意发展提供支持的公司、组织及相关群体，这些主体包括为创新经济活动服务的孵化器、加速器、概念论证中心、技术交易平台、业务共享空间、地方高校、就业培训企业、促进专业技能的社区学院等。在普布诺以及南波士顿创新城区发展中，法律咨询机构、专利律师及风险投资公司也投入创新领域的服务。此外，高科技产业的快速发展创造了对服务性产业的需求，从而催生教育与培训产业的发展机会。创新培育者的高度集聚也成为创新城区区别于传统商务区与研发园区的重要特征。

社区便利设施为区域内的居民与就业者提供重要的服务，从普布诺更新改造的经验看，包括医疗诊所、商店、酒店、咖啡馆、小型宾馆、地方零售等，极大改善了创新人才的生活和就业环境。相关社区便利设施不仅能满足城区的消费需求，而且能够提升区域创新经济背后的社会互动程度。

11.2.3 网络联系维度分析

从普布诺创新城区发展的经验看，网络要素的包容性应该是创新城区关注的重点，网络可以极大提升创新产业集群的价值与产出能力。从类别上看，网络要素主要分为“强连接”与“弱连接”两种，其判别的标准主要来自行为主体之间的联系频度、相互关系的情感强度、互动行为的互惠度等（图 11–1）。

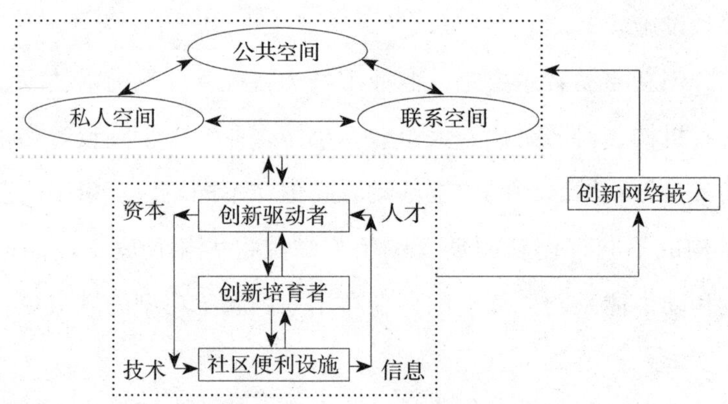

图 11–1　创新城区要素的构成与互动关系

强连接网络要素主要指增强与相近领域的联系强度，包括技术交流会（Tech Regulars）、工作室及专业科技人员培训会、创新集群专业会议、公共投资联系以及地方企业家网络互动平台等。弱连接网络要素主要是推动与新兴产业特别是跨领域间的创新联系，主要形式包括社区活动、地区联席会、一般会议、创业课程辅导等，还包括为增强不同创新群体间交流，在不同楼宇间通道进行的公共活动等。

11.3　普布诺创新城区不动产结构的优化机制与经验总结[192]

“22@计划”被认为是一个成功的更新改造计划，并且成为全球创新城区建设的学习典范，目前普布诺有70%的土地已被更新过，人口自2000年至今增长超过13万人。整个过程包括1个总体规划和141个衍生规划，其中85个是由私有部门倡导。自2000年到2013年，约有4 500家企业及雇佣的56 000名工人在此落户，其中72%员工有大学教育经历。许多大学也在普布诺设置机构，包括庞培法布拉大学、巴塞罗那大学、加泰罗尼亚理工大学以及加泰罗尼亚开放大学等高校机构。许多孵化器和加速器如Biomedical Park、the Media Tic buliding、Barcelona Activa等已形成并实现良好运作。诚如前文所言，由于不同创新城区在创新主体、区域资源、产业基础、地理区位等方面的差异，个体发展经验各有特色，但综合考察普布诺创新驱动更新改造的策略和路径，仍有一些共性机制与原则凸显其间。

11.3.1　完善的空间规划系统打造利于创新的空间格局

在普布诺更新改造的进程中，围绕“22@计划”及各种衍生性规划如公共设施规划、城市实验室计划、智慧城市校园计划等，重点对区域内物理空间进行重新布局，保障区域复杂性、开发密度以及混合功能布局所形成的系统均衡状态。注重区块的混合功能开发，特别是知识密集型产业发展背景下，通过生活、生产、生态等功能混合开发，提升地区整体环境质量，形成有利于创新的地区空间新格局。在物理空间改造过程中，必须注重地区文化肌理的延续与历史文脉保护，保留地区传统的文化身份和内涵特征，强化人们的地区归属感，同时将之与社会经济发展的趋势和内在需求联系，综合推进地区转型和改造。此外，从普布诺的开发经验看，通过快速交通系统推进区域与城市其他活力区畅通联系，也是保障区域各种要素实现快速集疏，推进创新网络建设的重要条件。

11.3.2 合理的研发要素组合推进利于创新的合作网络

在普布诺更新改造进程中，空间规划之外包括各种社会经济战略规划，通过精确地分析、比较与判断自身具备的优势，进而积累相关数据与信息，推进创新发展战略规划制订。普布诺意识到创新城区的建设必须依托不同层次创新合作网络的打造。第一个层面是领导层的合作网络，主要指由区域内关键机构、企业与部门的领导者构成的群体，这一群体形成机制性的合作推进区域创新规划、完善、营销与治理，最著名的即“三螺旋”模式，包括区域内产业、高校与政府领导层共同形成的有机互动网络，并通过研发中心与孵化器等创新媒介促进区域创新能力的提升，这在普布诺地区开发进程中尤为明显。第二层次的创新合作网络是多种类型研发创新机构的有效组合，包括企业、研发机构、高等院校、科研院所等机构的布局，保障研发要素能够合理组合，有机配置到空间，提升企业和机构投资回报。通过合作网络建设，为更新改造提供经济、空间、社会维度的近、中、长期发展之道，还能有效整合区域内不同力量和要素，包括产业集群、支柱企业、物理空间、公共服务及历史文化等。

11.3.3 综合的人才技术体系形成利于创新的动力源泉

从普布诺产业体系重建的经验看，人才与技术才是区域创新经济发展的两大核心引擎。其中人才不仅包括技术研发人员，还包括与技术推广相关的市场人才，他们可以协助技术在研发基础上实现商业化运作；技术则不仅包括传统与产业相关的科技要素，也包括大数据等新兴经济要素，实现“新技术、新产业、新业态、新模式”的同步发展。从 2000 年至今，人才吸引与人才培育一直是普布诺地区发展的核心目标之一，同时也是需要最多时间与资源支撑的措施。创新城区人才供应需要形成持续性管道，才能维持区域活力，普布诺地区吸引人才的方法包括有组织的区域项目、营销项目及有针对性的猎头行动，目标范围不仅包括本国的科研人员或人才，还包括全球范围的人才。此外，普布诺努力推动技术开发与物理空间无缝连接，积极投资城市实验室等开发平台建设；另一方面，普布诺将技术内嵌于标准公共基础设施中，为区域创新联系和创新合作网络建设提供支撑。

11.3.4　包容性社会发展计划促进利于创新的机遇分享

包容性发展是将地区作为平台，促进临近社区共享教育、就业机遇，并为城市中、低收入群体提供发展机会。在普布诺更新改造进程中，包容性社会发展计划主要体现在三个方面：第一，推动社区综合性更新改造。推进地区支柱性机构包括高校、科研机构以及核心企业等创新主体临近社区，通过多方面策略提升社区公共安全、教育质量、数字化联通水平，同时提供社区发展商业、餐饮等服务业机会。第二，提高劳动力市场的参与度。通过普布诺地区更新改造，在住房、建筑、医疗、技术、零售等领域产生更多就业机会，管理部门努力推进雇佣、培训及支持当地人口，目标在于为低收入就业者提供更具向上流动性的职业发展路径。事实上，通过更新改造和创新城区本身建设，使得更多资本与就业机会回流到普布诺地区，增加了就业机会。第三，促进地方企业发展。普布诺通过专业化项目，推动跨国公司、高校及科研机构与地方企业建立联系，购买后者的产品与服务，进而建构起当地的供应链。

11.3.5　多元化金融资本来源保障利于创新的投资需求

从普布诺创新城区的发展经验看，资本对于创新城区发展发挥重要动力作用。多种形式的金融资源支撑着基础科学与应用研究、创新的商业化、企业发展、城市居住、商业房地产功能、基础设施、教育与培训机构等，为创新生态系统的建立提供催化力。因此，创新城区需要通过系统策略，提高多元金融资本的使用能力。首先是促进地方资本的整合与重新配置，包括整合分散的公共、私人及民间资本，通过对地方资源的引导与合理协调，吸引更多地方投资。其次，普布诺充分发挥自身潜力，着力吸引巴塞罗那乃至大都市区之外的投资，针对不同领域的创新活动来设计针对性的投资渠道与策略，促进区域城市更新，从而为创新发展提供良好的环境。

11.4 本节小结

当前，城市更新改造已成为我国新型城镇化发展的重要内容之一，国家“十三五”规划提出旧区改造与城市更新、产业转型升级更好结合的要求。借助全球第一个创新城区——巴塞罗那普布诺更新改造经验，探讨从老工业区到创新城区转型过程中，城区更新，经济复兴与社会再构的规划、动力和机制，从发展理念、更新内容、发展机制、实施路径等方面总结创新驱动更新改造的模式，为我国城市更新改造与创新发展的有机结合提供借鉴。

第十二节　国内创新城区不动产结构优化改造实例

土地资源是城市发展最宝贵的资源之一，城市不动产空间结构则是城市土地利用的空间投影显示。传统城市空间研究多聚焦于城市生产空间、生活空间，但从十八大到十八届三中全会，再到中央城镇化工作会议，优化城市空间结构和管理格局都是与增强城市综合承载能力联系在一起，即增加生态空间维度。本节以城市转型为介入点，将转型发展与城市空间结构优化结合起来，通过产业经济转型、社会结构转型及生态环境转型的空间要求识别城市空间转型的方向，形成良性互动的城市综合系统。从全国层面看，优化城市空间结构和管理格局在不同规模尺度城市下需要不同推进路径，本节主要以上海为分析对象，探讨特大城市在生产、生活和生态三重维度下城市空间功能结构优化的问题。

12.1　城市转型发展的综合系统及其空间要求

12.1.1　城市转型发展的系统构成与内在互动

随着城市人口快速增长、城市无序扩张、土地利用粗放及城市生态环境恶化等问题爆发，转型发展成为当前社会经济发展的主线要求。城市转型可以分解为产业转型、社会转型、环境转型及空间转型四个维度，四个维度彼此存在互动，通过体制创新与政策实施，共同构成转型发展的综合城市生态系统。城市转型首先聚焦产业经济转型，这是城市转型的根本基础，着重强调经济结构的升级。从经济学的基础理论分析，经济转型升级的实质则是资本、劳动力及土地等传统要素与知识、技术等新要素重新配置的动态过程。根据波特对经济发展关键推动要素的分析，可以形成要素推动、投资推动、创新推动及财富推动四个阶段，在每个阶段要素投入的比例存在差异。经济结构转型与要素投入差异，又催化社会关系、人地关系的变化，进而引导社会结构转型、生态环境转型。经济结构、社会结构、生态环境这三个方面转型最终通过土地开发模式转变反映在空间形态的转型上，从而引导城市空间结构发生重大变化[198]。

这个发展过程并非单向发展过程，而是一个可逆发展过程，也即城市空间结构的转变最终又会引导产业经济、社会结构及生态环境变化。因此，在分析城市转型发展内涵基础上，以城市空间结构为研究对象，综合分析社会、经济等各方面要素，尤其是通过制约城市发展和未来驱动增长关键要素需求的分析，进而制订城市空间发展战略。

12.1.2 上海经济、社会及环境转型发展空间要求

上海的经济转型包括两个重要方向：第一，按照“四个中心”建设和国际化大都市发展的要求，建立面向长三角、亚太地区和全球的现代服务业中心和高级服务业生产基地；第二，引领新一轮的科技创新和第三次工业革命发展，代表整个中国占领全球新兴产业价值链制高点并成为新兴的全球生产网络技术控制和标准制定的高地，这是上海制造业发展的最高战略。无论是现代服务业还是新一代的工业产业，都是典型的知识、技术密集型产业，对于土地及空间要求相对较低，在空间形态上分别以楼宇经济和高科技工业园区为主，这些新的空间载体与传统CBD和工业园区已经大为不同，楼宇经济可能进一步实现大分散和小集聚并存，高科技工业园区进一步融入中心城区，制造环节进一步与研发创新、专业服务等融合，空间上更加集聚。

在社会领域，城市高速发展的经济吸引大量农村人口进入城市。城市

人口的快速扩展，一方面在规模方面对城市社会生态系统形成压力；另一方面基于收入、身份、教育等社会地位产生的巨大社会鸿沟，引发诸多社会问题。基于以上发展背景，社会结构转型对空间优化发展提出要求：首先，是聚焦于保障中心城区国际魅力和宜居活力的前提下，增强新城、新镇吸纳人口、服务配套和产业升级综合能力，特别要着力推动住房、教育、医疗、交通等社会保障，推进外来人口共享上海新型城镇化的发展成果；其次，面对人口快速增长而建设土地减少的困难，转变空间开发模式，提高土地利用效率就成为核心任务；再次，在强化旧城更新改造、老工业区转型升级、工业用地提升整合过程之中，要推进混合功能开发以促进融合发展和保障各方利益。

上海作为人多资源少的城市，实现在资源环境瓶颈基础上的集约、高效发展是生态环境转型的根本目标。发展路径包括资源、能源利用结构优化和城市生态空间扩张。空间发展要求：第一是城市生态环境保护和生态景观格局培育，在城市总体规划层面上划分城市生态空间，予以绝对保护建设；第二是土地利用的紧凑和集约，通过生产、生活空间的高效利用减少土地浪费，并根据 OECD 国家的政策引导三个重要面向，即高密度紧邻开发模式、公共交通组织的区域联系、地方服务和工作机会的可达性；第三是城市建成区的绿化环境建设，如延中绿地、世博园区绿地和滨江森林公园等为代表的中心城大型绿地建设。

12.2　上海城市空间结构存在的主要问题

12.2.1　城市总体空间结构亟待优化

1. 中心城区与郊区二元结构矛盾突出

与欧美城市的空间组织模式不同，上海为行政管辖市，“城市＋郊区”这样的空间结构不是纯粹意义的城市概念。基于行政管理、综合服务及产业效益的优势，中心城市获得更多发展机会，在行政、经济、教育、医疗等方面优势突出，郊区则处于相对弱势地位，中心城区与郊区的二元空间结构现象突出。

中心城区—郊区二元结构的对立，使得更多经济、社会资源集中在中心城区，在城市发展进程中由于资源集聚带来的综合优势，又使得人口更集聚于中心城区，中心城区承担城市大部分的经济、社会功能，社会包袱太重；而郊区发展的相对弱势使得资源和人口难以对外疏散，二元矛盾加重。总之，在现行体制下，郊区发展难以脱离中心城区又难以得到中心城区的更多支持，在二元矛盾与城市扩张的内在需求的双重作用力下，必然出现摊大饼式的城市空间扩张发展模式。

2. 中心城区“摊大饼”模式难以控制

从“卫星城”“一城九镇”“三城七镇”到1966体系，上海一直在试图将空间体系打造为“一核多极”的结构，但由于郊区新城发展缓慢，城市功能有待完善，政策整体推进效果较差。

考察1997—2010年上海城市建设用地分布变化的情况，可以发现全市居住用地总量已经超过城市总体规划2020年规划目标，新增居住用地在中心城周边和近郊区的集聚规模明显超过远郊新城，实际空间发展与“有机疏散”的理念有很大差距，中心城区人口疏解的空间导向有待进一步加强。上海西部近郊，特别是中外环地区及外环外侧地区成为空间拓展幅度最大、建设活跃度最高地区，土地城市化的速度远远超过人口城市化速度；同时郊区新城吸引力始终不足，城市总体上呈现摊大饼式的发展。

3. 城市未来发展空间遭遇制约性瓶颈

2010年上海市建设用地面积达到2 819平方公里，占市域总面积比重达到44%，如果不加以控制，未来这一比例仍将持续提高，逼近维系城市生态安全50%的生态空间底线。根据国家发展研究基金会《中国发展报告 2010》中所提供的数据，法国大巴黎地区建设用地占城市用地的比例为 21%，英国大伦敦地区为 23.7%，日本东京、京都及名古屋三大都市圈仅为 15%，其中最高的东京都市圈也只有 29%。我国香港有 710 万人口，人口密度是上海的两倍，但建设用地比例仅为 24%。值得注意的是，目前上海人均 GDP 离上述国际大都市人均 GDP 还有数倍差距。

12.2.2　城市生产空间存在的突出问题

1. 就业岗位高度集聚于中心城区

从就业人口布局情况看，中心城区是就业人口分布最为集中的地区。2008 年上海市第二次经济普查年鉴提供的数据显示，中心城区从业人员达 507.2 万人，占全市比重 48.7%，就业人口密度更高达 5 447 人 / 平方公里，远高于全市 1 643 人 / 平方公里的平均水平。核心城区黄浦、卢湾和静安，每平方公里从业人员更达 34 891 人、26 957 人和 38 976 人。

浦东新区，从业人员总规模为 207.5 万人，占全市总规模的比重为 19.9%，从业人员密度下降为 1 714 人 / 平方公里。郊区五个新城从业人口为 310.7 万人，占全市的比重为 29.8%，其中嘉定和松江凭借较好产业基础吸纳了更多的劳动力。

2. 工业用地规模大且产出效率低

从工业用地规模比较，国内大城市普遍不超过 400 平方公里。至 2011 年底，上海市工业用地 761 平方公里，占城镇建设用地的比重接近 30%，高于北京、广州等国内特大城市工业用地的比重，更高于发达国家国际大都市的水平。

2011 年，上海市工业用地单位产出水平为每平方公里 57.35 亿元，其中国家级开发区土地产出水平为每平方公里 125.71 亿元，但与东京都、新加坡等城市园区产出比较，工业用地的产出水平偏低。在未来土地资源紧缩前提下，必须提高工业用地绩效。

3. 工业用地分散，需加强集中统筹

基于过去工业区建设管理的松散，上海工业用地的空间分布仍然较为分散。从目前看，中心城区减量、郊区增量的局面基本形成，但是根据“104个工业区块”统计，在2011年，104个工业区块范围内的工业用地总量约为380平方公里，但104个地块之外的工业用地仍然高达381平方公里，占总量的50%，且主要分布在郊区村镇，未来仍需要加强空间统筹。

4. 商务办公规模大但利用率不高

上海商务办公楼主要分布在中心城区，包括世纪大道—延安路沿线、淮海路沿线以及南京路沿线，形成六大商务办公区，集中了上海市中心近80%的中高档办公楼，但目前这些商务办公空间普遍利用效率偏低，各区县主导的功能区定位基本趋同，同质竞争严重。此外，中心城区及周边地区大量老工业区和厂房将面临转型需求，从发展方向看，主要以生产性服务业和商务办公服务业为主，这将进一步导致全市商务办公用地供应过剩。因此，老工业区的转型必须加强统筹规划和综合引导，考虑新的发展内容和功能，包括推进创新驱动、文化大都市建设以及完善房地产市场等。

12.2.3 城市生活空间存在的突出问题

1. 常住人口高度集中于中心城区

从2010年“六普”数据分析，上海市人口空间分布差异较大。中心城区人口高达1 132.06万人，占全部常住人口总量49.18%，人口密度高达12 157人/平方公里；浦东新区人口为504.44万，占全市人口比重为21.91%，人口密度为4 168人/平方公里；郊区五个新城常住人口为595.05万人，占全市人口比重25.85%，人口密度1 988人/平方公里；崇明人口规模为70.37万人，占全市总人口的比重为3.06%。

2. 郊区大型居住区建设效果有待检验

为更好地承担中心城区人口转移，全市已初步形成以保障房为主的六大配套商品房基地和中低价普通商品房为主的九个大型居住区发展格局。为推进大型居住社区更好地建设，上海先后对新城、新市镇规划和轨道交通等专项规划进行修改，但在实际发展中仍然存在诸多问题。

首先大型居住区与城市空间发展导向存在不协调问题。从六大配套商品基地和九个大型居住社区看，与重点工业园区及城市重点项目的布局不匹配，会进一步导致就业与居住空间割裂，并引发城市大规模交通量出现。其次，大型居住区作为城市生活空间存在，与城市混合功能、混合类型开发的引导法存在冲突，以保障房和中低价商品房为主的居住区在多年后是否会形成新的贫困区值得关注。

3. 公共设施资源高度集中于中心城区

公共服务设施资源高度集中于中心城区，这是导致中心城区人口高度集中、郊区新城发展缓慢的重要原因之一。从医疗资源看，2010 年度上海市共有 306 家医院，分布在中心城区 154 家，郊区则有 148 家，但人均医疗设施用地中心城区低于郊区。从教育资源看，优质幼儿教育资源在中心城区集中度明显；小学、初中等基础教育资源全市空间布局较为合理，基本覆盖适龄儿童；高中资源在中心城周边地区布局效率较低，新城的高中教育资源服务效率也较低。从养老设施看，由于在交通、就医等方面的差异，空间利用效率较低，老年人更多集中在中心城区养老，这也就造成了中心城区“一床难求”而郊区养老机构床位空置率较高的局面。

12.2.4　城市生态空间存在的突出问题

1. 城市生态空间面临持续减少的压力

至 2011 年底，上海市生态用地总规模约 4 200 平方公里，比 2006 年减少了 183 平方公里，年均减少 36.6 平方公里。其中耕地和湿地的减量更为突出，分别减少 121 平方公里和 96 平方公里，但绿地和园林地分别增加 14 平方公里和 20 平方公里。根据上海城市规划设计研究院对上海市生态足迹的测算，上海存在较大生态赤字，生态环境问题亟待解决。2008年上海人均生态赤字为2.64公顷，是全国平均水平的4倍。

2. 中心城区生态空间不断被侵蚀压缩

上海中心城区集中大量的基础设施，环境承载量过大，生态空间少，特别是人均公共绿地面积和人均森林面积少，且生态空间不断被压缩。如位于中心城区西北的嘉宝生态走廊和东南的周康生态走廊，尤其是吴中和桃浦片被侵占情况十分严重，影响了中心城区开敞生态景观的结构面貌。

3. 郊区生态空间需统筹规划予以维护

郊区生态资源较丰富，但生态空间尚未形成有机体系，难以起到优化上海城市环境和提升城市宜居水平的作用。郊区生态空间连通性不够，各类型生态景观较为破碎，整体效益较差。在中心城区，延续圈层空间拓展模式以向外快速扩张和蔓延，生态用地被占用和空间分割现象比较突出，城市化与郊区化的快速发展加剧了生态用地斑块的零散程度。

12.3 基于转型发展的城市空间结构优化建议

12.3.1 创新思维，推进上海城市总体空间结构优化

1. 推进城市规划与主体功能区规划结合以完善管理

为实现生产、生活、生态空间的协调规划，综合开发和利用目标，建议重点推进城市总体规划和主体功能区规划的衔接。将主体功能区注重空间开发管理的功能与城市规划注重开发规划的功能结合起来，制订不同阶段的空间开发与转型目标，划分生产、生活、生态空间界限（在功能区内部更可细化），并严格执行管理，优化上海城市空间开发和管理的格局。

2. 以大都市区圈层结构重构城市总体空间组织

重构上海大都市圈空间结构体系，形成中心城市（包括重点城镇）—通勤区—外围功能区（包括上海郊区新城、昆山、太仓等城市及一些重点

城镇）三圈层体系，打破传统的城郊二元空间思维，重点突出中心—外围在紧密联系基础上的发展独立性。

特别重视从市级层面深化行政管理、财政投资、公共服务等方面的体制改革，重新梳理中心城市与郊区新城的新型城市—区域关系，最终推进新城的发展独立性，也即郊区不再仅仅是上海市域范围内附属的行政管辖区域，而是多个不同规模层级且独立的城市所组成的市域城镇群概念。在城市外围区域划定城市开发边界，避免城市建设用地进一步无序扩张。以严格的空间管理控制城市低效蔓延，推进城市开发边界与公共生态空间融合，重视城市生态空间打造和生态景观的规划，真正实现把城市放在大自然中，把绿水青山保留给城市居民，并且有效阻止城市低效率的空间蔓延。

3. 打破行政区思维推进适应城市规律的空间拓展

建议破除过去以行政区推进城市规划建设的理念，突出城市自身发展规律，重视过去 10 年人口规模快速成长但级别较低的城镇如九亭镇、浦江镇、川沙新镇、周浦镇等，另外还包括已经投入建设的配套商品房基地及其所依托的城镇，通过新型城镇化建设引导其转型，培育中心城区外围重点城镇。

以“时间距离”代替“空间距离”确定规划范围，把长三角区域主动转向作为“上海城市规划的投射范围”。特别是上海与苏州、无锡、嘉兴等城市，经过二十多年的发展已经密不可分，在未来上海城市规划发展中，打破行政区规划的传统思维，以市场力量为参考，将这些城市及管辖的县级市等纳入规划范围，可以更好地理顺上海郊区新城与江浙城市的关系，进一步拓展发展的视野。

4. 推进城市建设用地存量改造以优化用地格局

上海 2010 年全市建设用地面积达到 2 819 平方公里，占市域总面积比重达到 44%，参考国际大都市的经验，这一数字明显偏高，逼近维系城市生态安全50%生态空间的底线。未来必须严格控制建设用地规模的持续增长，强化存量建设用地的改造，通过城镇建设用地更加集约化利用以提高城市土地产出效率。此外，在存量用地改造的过程中，强化用地比例结构优化，进一步提高生态空间、生活空间比重，压缩城市生产空间，未来生态空间占城市总量用地的比重保持在60%～70%之间，生活空间保持在20%～25%左右，生产空间则严格控制在15%以下。

12.3.2 实施紧凑与混合利用的城市土地开发模式

1. 控制工业用地规模与同步推动工业用地转型

针对当前上海工业用地规模偏大的问题，需要采取控制新增工业用地和逐步削减存量用地的措施。首先，按照十八届三中全会决定要求严格控制用地规模的扩张，新增工业用地一定要落在工业园区特别是104地块的管控范围内。其次，对于195、198等工业区以外的存量工业用地，以负面清单（环保指标、投资强度、产出效益、税收效益）等形式建立淘汰和关停劣势企业的退出机制。通过用地减量和产业能级提升，提高工业用地产出效率和工业区建设水平。

在减少工业用地规模的同时，上海还面临老工业区改造的任务。这些老工业区是上海城市未来新发展的战略空间，需要积极探索更新模式，根据区位条件和发展要求，以城市居民实际需求为导向，积极推进新产业、创新创意、教育医疗、社会居住、生态绿地等多样化城市功能，建立差别化引导和支持机制，分类分步推进实施，不断优化城市生产空间格局。

2. 推进工业用地集中与完善工业空间布局体系

针对工业用地布局分散的问题，相关管理部门已经提出“以产业基地为龙头，工业园区为骨架，城镇工业地块为补充”的基本空间布局发展思路。未来发展中，应立足“创新驱动，转型发展”基本主线，结合产业发展的目标，对工业园区发展进行科学引导，选择重点行业为主的滨江沿海地区产业基地、郊区新城战略性新兴产业基地、近郊高新技术开发区等作为工业空间主体，引导重点产业向这些园区集中。

同时结合都市型工业、研发总部等产业发展，推进园区发展与城镇建设融合，包括中心城区都市型工业基地、新城（新镇）城镇工业区两类，通过技术创新和文化创意，推动工业、服务业、文化创意、旅游休闲等新型功能发展。稳步推进低效分散的工业用地的削减和转型，推进工业空间布局体系的优化。

3. 优化服务业空间布局与发展新型服务业体系

目前中心城区各区纷纷提出打造高端服务业集聚区的目标，造成高端商务办公建设规模偏大、利用效率偏低的突出问题。未来发展进程中需要从市级层面进一步加强规划统筹，严控商务办公用地规模快速增长的势头，适应高端服务业空间集聚的特性，选择几个规模较大、分布较为集中、功能各有侧重的商务区进行重点规划和建设。

在近郊地区，控制高端服务盲目建设的势头，结合工业产业转型，根据产业发展、人口增长情况，选择重点地区布局 2.5 产业及生活类服务产业发展，完善公共服务，提升生活和工作环境品质。在远郊新区，适应人口集中和产业发展的需求，利用空间和环境优势，承担区域金融、物流等商务服务功能，发展商业、文化及社会服务业，推进教育、医疗、文化等资源的集中，提升新城服务能级和水平。

12.3.3 推进城市公共设施配置均等化，引领人口布局

1. 以房地产业为切入点构筑高效生活空间结构

作为城市建设的重要载体，住宅建设是城市生活空间结构的直接反映，同时能引导人口合理空间布局。当前常住人口高度集聚于中心城区，为构筑便捷的城市生活空间和促进人口合理流动和布局，一方面要加强市级领导部门监控的力度，严格控制中心城区与近郊房地产的开发；另一方面则

要以市场经济原则为杠杆，鼓励郊区新城房地产业开发。

中心城区继续实行“双增双减”的政策，严格控制中心城区土地供应，压缩中心城区建筑总量，严控中心城区土地使用的性质，以配合产业向郊区的迁移。此外，继续实施土地供应向郊区特别是新城、新镇倾斜政策，且为鼓励中心城区人口向外迁移，建议对在郊区重点新城、新镇购买第一套住房者实施税收差别化优惠政策，降低郊区购房成本。优化大型居住区发展格局，并与重点产业园区紧密融合，改变生产空间与居住空间割裂的现状，建议在重点产业区近邻区域增加大型居住社区建设，推进生产、生活、生态空间的融合。此外，重视大型居住社区建设的多类型混合开发，通过多种社会阶层融合居住，保障居住区发展繁荣以及提升社会公共服务供给等。

2. 完善郊区公共服务设施以增强其人口吸纳力

因为市区与郊区在生活、工作、学习环境方面存在巨大差异，所以会产生人们对城市生活的趋向性选择。提高郊区重点城镇规划与建设水平，实现人口向郊区新城流动，有助于进一步优化城市生产、生活空间。以人口流向作为确定市级财政转移支付方向的重要依据，逐步做到基本公共服务的均等化。

在继续做大做强工业园区的同时，促进研发、商务、物流、休闲等现代服务业的发展，使郊区新城和新镇向多功能方向转化。

通过资源重点投放，使重点城镇在较短时间内发展成中等规模城市，远期成为大城市，形成能与中心城特大城市相抗衡、有强大吸引力的综合性城市。加快郊区新城和重点城镇的公共设施建设力度，包括提高住宅建设质量和住宅小区物业管理水平；加强重点城镇环境景观建设；加强教育、医疗、文化、社区服务等公共服务设施建设配套水平，尤其是医院和学校建设，强化新城综合功能；加强郊区新城的生活工作保障制度建设，建立引导城乡人口合理分布的综合利益协调机制。

12.3.4　城乡统筹规划，构建合理市域生态空间体系

1. 制订严格生态保护法规以确保生态底线

城市发展既要考虑社会经济发展的需求，又要兼顾生态平衡的底线，找到平衡点是对城市管理者智慧的考验。参考国外大城市生态用地的基本状况，生态用地比例一般在 50% 以上，60% 以上为良好水平。目前上海生态用地比例已经接近 50% 的底线，必须通过制定更加严格的生态保护法规体系，严格控制建设用地的进一步扩张，严保城市生态的空间底线。

2. 统筹规划以构筑城郊生态空间网络体系

上海市土地利用总体规划已经提出市域“环、廊、区、源”的城乡生态空间体系，维护上海生态安全。其中在中心城区通过“环、楔、廊、园”等基本格局的绿地建设，与郊区生态空间相互贯通。按照出门“500 米内要有一块集中公共绿地”标准，在中心城区单元规划以及控制性详细规划中进行绿地规划和建设，有条件的地区更可提升到 300 米的高标准。近郊地区结合城市开发边界重新梳理生态绿环、生态间隔带，严格管理，以构筑生态优良、环境优美的绿色城市为目标，营造城区宜居生态环境，真正能实现城市与自然的完美融合。

在郊区范围重点突出生态廊道、生态保育区这两类生态区域，就是通过基础生态空间、郊野生态空间，结合中心城区绿化系统、近郊地区生态系统四个层面空间管控，维护全市域范围生态底线。其中基础生态空间重点是保护各级自然保护区，包括崇明东滩、长江口中华鲟自然保护区、九段沙湿地自然保护区、金山三岛自然保护区、淀山湖水源地等重点区域，形成上海基础性生态源地和生态战略保障空间。郊野生态空间包括生态保育区和生态走廊，生态保育区重点是基本农田保护区，重点是推进农田林网的复合生态空间建设；生态走廊要强调景观性和生物多样性，特别是远

郊区与中心城区、近郊地区的生态系统结合部，设置郊野公园等生态景观空间，为城市居民提供生态休闲、绿色游憩空间，并作为遏制城市蔓延的桥头堡以及中心城区楔形绿带的起点。

12.4 本节小结

十八大以来，我国城市对于空间结构与组织优化问题提到前所未有的高度。以城市不动产结构的优化更新为切入点，探讨城市不同层面对新型不动产结构的配置提出新的要求，本节即立足当前中国代表型创新城区结构优化所亟待解决的突出问题，提出创新城区空间结构优化的可行性措施，本节的研究结论是从城市生产、生活、生态空间三个维度为城区不动产结构的创新性优化发展路径提供参考。

第十三节　创新集聚下城市不动产价值的提升路径

在流动人口进入存量时代的2015—2017年，四个一线城市的人口吸纳集中度一直保持上升趋势。人口流动数据的背后，其实是每一个流动人口的脚印，是每一个迁徙者的决策结果。人和钱，永远都是最重要的资源，人到哪里，技术和资本就到哪里，就为哪里带来活力和需求。追随着流动人口的步伐，便能发现他们心目中的机遇之地、希望之城，聚焦这些结构优化、特征明显的创新城市/城区，思考它们在创新集聚影响下是如何实现不动产市场自组织发展，逐渐提升不动产价值从而实现健康发展的，将是本节的研究主题。

13.1　不动产市场的基本运行机制

不动产市场的运行过程，是不动产投入建设、经营管理和产业产出发展的有机统一，主要包括不动产的投入、不动产的资源配置、不动产的产出发展三个环节[168]（Montgomery，1996）。投入环节是通过对区域不动产现状进行基础设施的投资，从而获取不动产成品的过程；资源配置环节是通过经营活动，新资源的逐步融入，对与不动产有关的资源进行重新配置或更新，实现其价值和使用价值提升的过程；产出发展环节是不动产投资后价值提升的实现过程。一般的不动产运行，均是这三个环节周而复始循环的过程，这个过程构成了不动产市场发展的基本运行机制。根据不动产内部结构特征及基本运行机制，设定本研究背景下的不动产市场基本运行机制如图13-1所示。

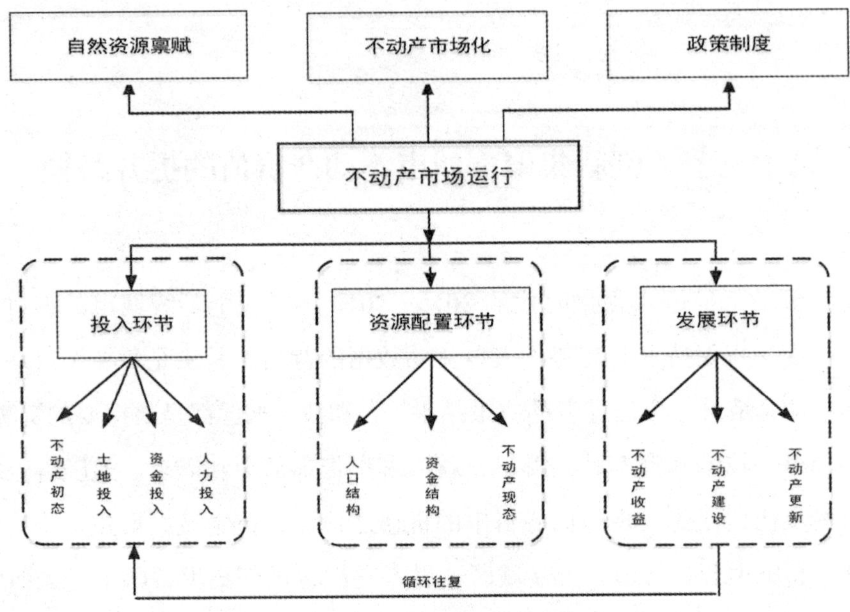

图 13–1　不动产市场基本运行机制图

13.2　不动产结构的迭代趋优模型构建

不动产市场自组织系统模型的构建思想，就是从地杰，到人灵，再到地灵，循环往复的过程。“地杰人灵”语出王勃的《滕王阁序》，原意为山川秀丽的地方，有灵秀之气，更容易产生杰出的人才。引用至此，说明城市或区域的自然要素禀赋与区位因素，奠定了其得以发展的基础，正是因为这些城市或区域所拥有的特殊的不动产结构，才会在市场作用下实现对创新资源的合理配置，吸引更多的创新型人才甚至服务业人员流动至此，高素质的人才集聚提升了当地的人才质量，人力资本又反哺所在地经济效益的提高、创新绩效的产出，继而对创新资源实现全新布局与布置，优化不动产结构，提升不动产价值，促进不动产市场繁荣。

依据创新集聚对不动产市场的作用机理概念模型 SCAP 模型（State/

Structure Cityness/Conduct Ability Performance Model）的基本内涵与不动产市场的基本运行机制，构建城市不动产结构自组织迭代趋优概念模型，具体见图 13–2 所示。

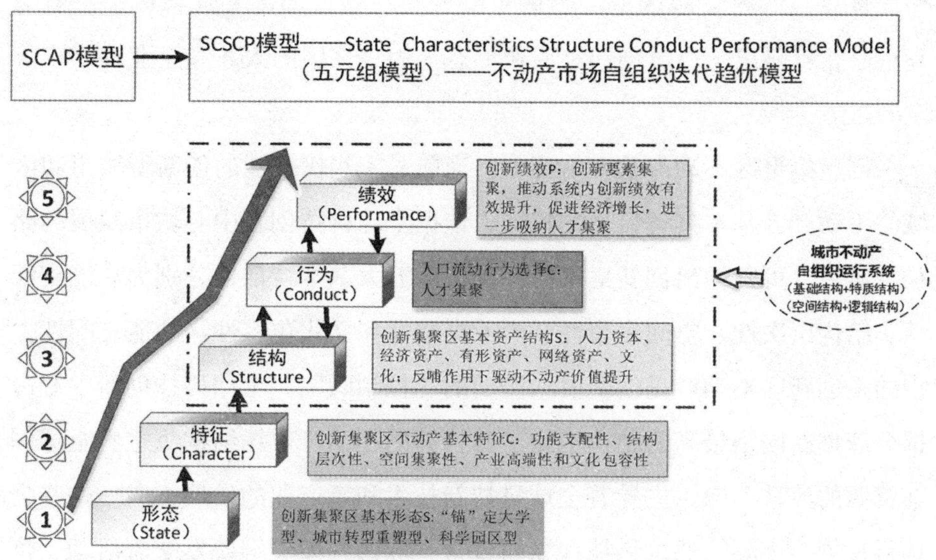

图 13–2　城市不动产市场自组织迭代趋优系统概念模型

SCSCP 模型是一个五元组模型，共包含五大要素，分别是创新集聚区基本形态 S、创新集聚区不动产基本特征 C、创新集聚区不动产结构 S、科技人才个人流动行为选择 C、创新集聚绩效产出 P。

创新集聚区基本形态 S：创新集聚区是人才和企业选择偏好趋势的重要目标。无论是放眼全球，还是聚焦中国，创新集聚区的基本形态主要有"锚"定大学型、城市转型重塑型、科学园区型三种。"锚"定大学型创新区主要分布在城市中心区或次中心区，它一般依附于知名大学、科研机构而创建，集聚了相关企业、企业者和商业化创新的衍生企业，这些知名大学、科研机构是创新的源头，是创新的根本，它们是 Ideas 的萌生者、创新技术的引领者、创新人才的主要输出者。城市转型重塑型的创新区一般分布在海滨城市，这些区域往往正处于转型升级的新阶段，它们毗邻城市中心，凭借悠久的历史传统集聚了一大批科技创新型人才、研究机构及代表性企业。科学园区型创新区主要分布在城市郊区和远郊区，一般与高中心相互隔离，通过创新型商业形态，为集聚区的人才和企业提供广阔空间。

创新集聚区不动产基本特征C：当前，一些代表性的创新型城市和区域的不动产已基本具备显著的特征，依据全球科技创新中心城市发展的路径与实践，可归纳出创新集聚区不动产的五大基本特征，分别为功能支配性、结构层次性、空间集聚性、产业高端性和文化包容性。功能支配性，指的是创新区不动产是创新要素流动的“控制阀”，全球科技创新中心占据全球创新网络最高的结构地位，其特异的不动产市场结构决定着全球创新资源的流动方向，主导着全球科技新技术和新产业的发展方向。这些全球科技创新中心，通过科技沙龙与日常开展的各项尖端研发交流活动，将位于创新园区的所有创新资源进行全面整合，从而有效“控制”全球的资金流、人才流和信息流等创新要素的流向，像一只无形的手操控着创新资源在整个空间上的重新布局。创新区以各种创新要素流的流出与流入完成不同节点之间的能量交换，其所拥有的不动产特定结构是形成这种具有结构等级性的创新网络节点的根本原因，处于不同结构等级下的节点拥有不同的地位，有明显不同的控制与从属作用，这就是它的结构层次性。空间集聚性，从城市层面上来讲，技术和知识的溢出在邻近区位之间表现得更加明显，这一特征使得创新企业或人才更倾向于集聚一起并且以集群的形式存在，如美国硅谷、中国台湾新竹等，而这种集聚形态的出现根由则在于其特定的不动产空间结构；从区域层面上来说，创新区的所有创新资源皆具有空间共生性，同一创新中心可以横跨多个区域，同一区域也可以形成多个创新中心，无论创新中心位于哪个区域，它们彼此之间会存在着某种良性的互动——竞争和学习关系。产业高端性指的是由于创新区所拥有先进的甚至是顶尖的科学技术，从而决定了其产业形态的高端化和产业结构的高新化特征。文化包容性指的是创新区具有开放性、包容性和高度信任的文化特质，具体表现为创新区具有允许失败，鼓励冒险，包容各类创新思维的创新创业文化氛围。

创新集聚区不动产结构 S：创新区具有推动创新，促进经济包容，可持续性增长的潜力，其创新资产结构可归纳为两个层次，即人才层次和主体层次。其中人才资源是创新资产的最核心要素，它以渗透到其他各个要素之中的形式而存在，是全球科技创新中心形成的基本前提和核心要素；主体层次包括经济资产（Economic Assets）、有形资产（Physical Assets）和网络资产（Networking Assets）。在这些要素的共同作用下，与具有支持性、冒险性的文化相结合，由交通体系连接、新能源支撑、数字科技联网、咖啡作为媒介，创新区域整合了自身对各创新要素的综合特质，使其形成一种有利于“开放创新”的氛围。文化作为城市真正的不动产（丁俊杰，2015），与区域特定的不动产相结合，决定了创新集聚区不可替代与复制的不动产资产结构。

科技人才个人流动行为选择 C：人才是全球科技创新中心的核心要素，人才集聚的规模效应有效地促进人才集聚地的知识创新、技术创新和科技进步，增加科技创新产出，推动科技创新成果的高效产出，进一步推动创新区内各高新技术产业的结构优化，更加集聚与良性发展。反过来，科技创新中心高的知识溢价、低的创新成本、成熟的创新环境，驱动着有潜在创新能力的人才集聚于此；从世界著名全球科技创新园区的经验来看，越完备的不动产结构，越成熟的科技创新园区，对人才越具有包容性，国际上有名的创新园区基本上以移民为主，其发展也得益于多元文化。

创新集聚绩效 P：创新绩效的产出，从效率上体现为系统内各资源的投入产出率，体现了资源配置的科学性和有效利用，从效果上则更多地表现为产出的所有创新成果是否可更快地转化为利润，被认可并加以利用。已有研究结论基本达成共识：人力资本是创新绩效产出的发动者和实现者，总体上来说，人力资本与创新绩效产出呈正相关。人力资本对创新绩效产出的影响，主要通过三方面来体现：人力资本存量、人力资本结构、人力资本流动。其中，人力资本的流动是根本，通过人力资本的流动，优化了人力资本结构，强化了人力资本存量，三者的共同作用与其他资本有效结合，从而推动系统内创新绩效有效提升，即将人力资本从潜在形态转化为显式成效状态，也是人力资本从个体价值转换到组织价值再升级到社会价值的实现过程。

创新集聚绩效对不动产质量、人才流动吸纳的反哺作用：创新区创新绩效的高效产出，创新成果快速转化为高额利润，促进了区域经济增长的同时，驱动科技创新型人才集聚于此，这些创新区对人才的吸引力更多源于高收入的就业机会和公共服务水平，这是市场主导力量下创新资源配置的结果。经济利润的积累，年轻人的加入，两者发展的结果，最终受益到不动产市场。在供给相对一定的情况下，需求剧增，具体到房价就只有上涨的可能，而这种可能在未来一段时间内是必然的，而不动产市场的定向投资，专项设计与建设，交易量的大幅度提升，供需失衡下房价的上涨，均彰显了该区域不动产市场的长期繁荣。

对应的数学模型如式（13-1）所示：

$$\begin{cases} Ch_{i,k,t} = f\left(S_{i,t}, S_{i,t-1}, \cdots, S_{i,0}\right) \\ ST_{i,t} = g\left(Ch_{i,m,t}, Ch_{i,m,t-1}, \cdots, Ch_{i,m,0}, S_{i,t}, S_{i,t-1}, \cdots, S_{i,0}\right) \\ \pi\left(CO_{i,m,t}, CO_{i,m,t-1},, \cdots, CO_{i,m,0}, ST_{i,t}, ST_{i,t-1}, \cdots, ST_{i,0}\right) = 0 \\ \varphi\left(P_{i,t}, P_{i,t-1}, P_{i,t-2}, \cdots, P_{i,0}, CO_{i,m,t}, CO_{i,m,t-1}, \cdots, CO_{i,m,0}\right) = 0 \end{cases} \tag{13-1}$$

各变量释义如下：

$S_{i,t}$ 指第 i 个城市 t 时的形态变量；

$\mathrm{Ch}_{i,k,t}$ 指第 i 个城市 t 时第 k 种的特征值；

$ST_{i,t}$ 指第 i 个城市 t 时期不动产结构；

$CO_{i,m,t}$ 指第 i 个城市 t 时期的人才集聚度与经济增长值（$m=1, 2$）；

$P_{i,t}$ 指第 i 个城市 t 时期的城市创新绩效产出水平。

13.3　创新集聚影响下不动产市场的演化路径

创新集聚对不动产市场的影响是一个各要素相互作用，不断循环，使不动产市场自组织演化价值不断提升的过程。在创新集聚的影响下，不动产市场会出现积极与消极两种极端的运行结果，而这两种结果分别出现在创新集聚度高与创新集聚度偏低的城市，下面将重点分析创新集聚度高的城市的不动产市场，即处于区域创新系统下的不动产市场，价值不断提升的自组织演化运行路径。

13.3.1　不动产市场的耗散结构特征

1969 年，著名的比利时专家学者普里戈金提出了关于远离平衡状态的非平衡热力学系统的耗散结构理论，指出系统从无序状态过渡到这种耗散结构下的有序状态有三个必要条件：一是系统必须是开放的，即系统必须与外界进行物质、能量的交换；二是系统必须是远离平衡状态的，系统中物质、能量流和热力学力的关系是非线性的；三是系统内部不同元素之间存在着非线性相互作用，并且需要不断输入能量来维持。处于区域创新系统下的不动产市场的运行则具备典型的耗散结构特征，分别表现在：首先，不动产市场的运行过程中，不仅有金融机构、专业中介机构以及政府的干预，而且与其他创新要素密切联系的必然性决定了不动产子系统的开放性；其次，区域创新系统中的不动产市场具有明显的区域性特征，且与其他普通环境下的不动产市场相比，区域性更加明显，加上自身的不完全竞争性特征，均使得不动产市场处于内部不平衡状态，即具备远离平衡性；最后，区域内商业营业类不动产、写字楼用房以及公共基础设施等不动产作用的差异性，必然为投机提供了机会，极强的投机性就表明不动产市场存在一种非线性关系。开放性、远离平衡性、非线性，不动产市场具备耗散结构的三大基本条件，使得用自组织理论进行创新集聚作用下不动产系统的运行研究与分析成为可能。

13.3.2 不动产价值的自组织提升路径

自组织系统（Self–organizing System）是指系统在一定的条件下，受内外部影响要素的驱动和影响，系统在不断调整的过程中自发地从无序走向有序，由低级有序走向高级有序的过程。对不动产市场这个系统来讲，其中的外部因素可以是政策制度、人才数量与结构变化、风投资金注入等，内部因素表现为不动产投资建设、更新规划等。在创新城 / 区的区域创新系统下，不动产市场的运行过程不需要外界因素强行介入，只需通过各要素在系统内外间的流入流出，彼此之间相互交换与互动，在众多复杂的内外因非线性作用下，不动产市场不断地发生量变，再由量变转化为质变，完成一轮提升。正是这种不断地循环提升，使得不动产市场逐渐完成迭代趋优。

本研究认为，处于区域创新系统中的不动产市场，在创新集聚的作用下，其自组织演化发展，每一轮都要经历四个阶段，即初建无序阶段、轻微振荡阶段、彻底失稳阶段和新的稳定有序阶段，而每一个阶段到另一个阶段的发展都存在一个临界点。具体演化路径为：（1）拥有创新城 / 区三大形态之一的区域，具备技术创新潜力，在这种特定的创新形态约束下，该区域创新的空间集聚特质显现，正是这种潜在创新环境的具备，使得政府在政策与资金上对其进行大力扶持，对其所在地的不动产与公共配套服务设施进行投资建设，此时系统处于初建无序阶段；（2）创新资产结构更新后，创新环境被进一步优化，继而吸引着以创新人才为主的新的创新资源的加入，创新要素初步集聚，更加集中于若干创新城 / 区，其他地区即使存在创新活动，但相比而言也只能是微小的、零散的，此时系统进入轻微振荡阶段;（3）创新城 / 区逐渐拥有创新生态系统所应具备的特定结构，囊括了雄厚的经济资产、有形资产、网络资产，外加具有支持性、冒险性与允许失败的特殊创新文化，更有利于创意的产生和创新加速，人、企业与区域创新环境协同发展，此时系统进入彻底失稳阶段；（4）驱动创新要素再集聚，创新型人才不断涌入，区域人员结构与数量的变化，创新资源的高效配置，使区域内资产结构进一步优化，表现为创新集聚能力的提高，创新集聚特质的增强，创新集聚绩效的擢升，继而直接影响着该区域不动产市场的繁荣，系统步入稳定有序阶段。到此，完成演化的一轮运行。具体演化路径见图 13-3 所示。作为区域创新系统内的核心要素，创新要

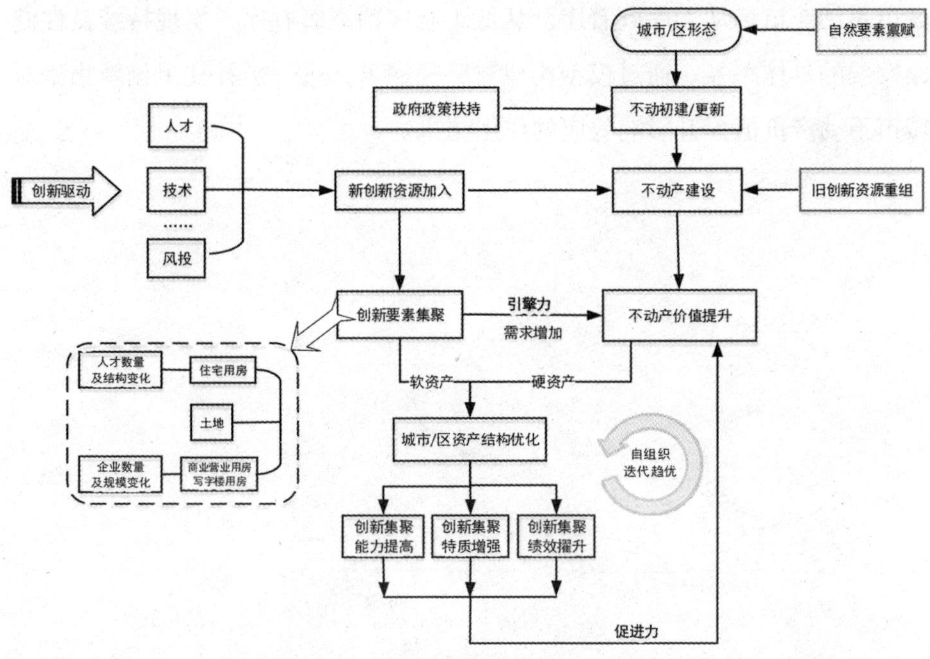

图 13-3　城市不动产价值提升路径图

素的集聚、资产结构的优化、不动产价值提升均为关键节点，三个关键点将系统划分为四个阶段。这三个关键点同时也是系统运行的失稳点，在完成每轮演化后，某个失稳点即成为触发点，使得系统的稳态到达一个新的层次，正是这一次次的由低层次稳态向高层次稳态的跨越，不动产市场完成了循环往复自组织迭代趋优的演化，城市不动产价值得以不断提升。

13.4 本节小结

当今世界，创新全球化、信息化大大推动了创新要素在城市间的自由流动与优化配置，创新要素不断集聚于部分城市不动产结构中，使其价值逐步增加乃至持续提升，创新集聚对城市不动产的影响效应凸显。本节在创新集聚影响城市不动产的作用机理上，以不动产市场运行机制为基础，进一步构建了城市不动产的迭代趋优发展模型，探讨了在创新集聚作用下，城市不动产市场从无序到有序，从低级有序到高级有序，实现持续良性健康发展的具体路径。通过模型构建与路径探求，进一步补充了创新集聚对城市不动产价值提升影响效应的作用结果。

第十四节　创新城区不动产空间结构特征及优化愿景

随着全球化进程的加快，城市正经历着资源相对短缺、经济结构重组的社会历史性变革[199]。作为当代经济社会发展的重要载体，城市的要素集聚固有特征与空间结构已成为拉动经济变革的重要力量，不同时代的经济结构要求匹配以不同的空间结构和空间资产。新知识与新技术为核心的信息化时代特征要求城市在不动产空间结构上发生变革以与之匹配，创新城区由此应运而生。新型的生产组织和产业联系的变化对从全球到城市内部层面的传统空间组织提出了新的挑战，越来越多的创新型城市呈现出传统空间与新空间割裂、融合并存的全新发展模式[200]。这些具备全新发展模式的城区因其所具备的自然要素禀赋与区位因素，在市场作用下，不断实现对创新资源的合理配置，吸引越来越多的人才与风投资本奔赴于此，因此创新城区规划建设已成为当前许多国家城市的关注重点。需要注意的是，当前创新城区建设数量虽多，但是山多峰少，过于注重房地产和商业设施的开发，而忽略了城区功能再造意识，导致创业基础设施、科技服务资源以及交通、居住、生活等基本硬环境不完善，难以满足创新需求，不动产质量改造亟待提升，不动产空间结构的优化愿景值得一探。

14.1　创新城区及其不动产结构

创新城区是一种城市发展的新模式，是创新交流、创意迸发的集中地，也是城市中相对独立、特征明显的独特空间，学者们更愿意把它们比喻为城市创新发展的“发动机”。2014 年 6 月 9 日，美国著名智库布鲁金斯学会（Brookings Institution）发布重要研究报告[201] *The Rise of Innovation Districts: A New Geography of Innovation in America*，首次明确提出“创新城区”概念，对近年来兴起的新型创新集聚区进行了深入分析和阐述。2017年6月，学会再次发布题为《城市竞争力的新一轮发展：市长推动创新区发展的作用》研究报告，指明创新城区是改变城市既有发展模式的根本方式，是城市实现提升性发展的关键战略。

作为一种全新的城市经济新空间，创新城区的学术概念虽没有明确的标准化统一定义，但其形态特征已日益凸显且受到越来越多的学者关注。知识经济背景下，越来越多的新兴产业集聚一起，知识密集型企业在全球部分城区高度集聚，使部分城区逐渐成为新经济体系拓展的重要场所[202]，这也是创新城区发展的雏形与初态。这些城区或园区一般锚定于某个（些）知识机构，为知识创新搭建公共平台，为创新萌发提供公共场所，具有高密度性与强开放性[203]。Michael & Dennis在研究中指出[204]，创新产业集聚、生命科学产业集群及自然科学产业集群等知识技术性强的集群在地理空间上，均表现出横向合作、研发开放、知识经济网络化等特征。产业集群的结构性升级伴随着人才的流动，完备的不动产空间结构特征成为产业对人才需求的最大驱动力，产业经济结构变迁的过程，必须要有技术创新为支撑，归根结底要有硬件环境作支撑[205]。优化后的不动产结构不断驱动高技术研发的开展，创新创业活动的实施，人才源源不断地涌入，盘活了这些创新区的经济，吸纳更多风投资本在此逐利升值，有了人才与资本，创新城区也就有了进一步发展的条件和灵魂[206]。

秉承可持续发展理念，学者们将对城市发展的研究焦点更多地放在创新城区的宏观规划、外部扩展或其内部重组等问题上。在已有的研究中，学者们分别从产业结构、区域特征、城市功能等角度对创新城区进行了概念性阐述，在此基础上，李健[207]综合性地提出创新城区大多存在于城市中心城区或者大都市边缘，具备物理空间紧凑、交通便捷通达、公共网络覆盖、知识技术共享、城区功能混合、公共服务完善等显著特征。Niusha Esmaeilpoorarabi[208] 在已有文献的基础上，对创新城区的研究挖深与拓展至不动产层，具体指出创新城区的区位以及建筑物、街区等主要不动产的布局与质量是推动知识经济、加速创新的关键成功因素，重点对创新城区的硬件环境从三个空间尺度（区域、城市、集群）运用层次分析法与德尔菲法进行了评价指标的构建。Niusha Esmaeilpoorarabi[209] 的研究中，更多地侧重于明确创新城区的本质位置特征，通过定性和定量的混合方法，对澳大利亚布里斯班的三个创新城区进行案例研究，揭示了当前创新城区建设中的区位选择、结构布局、硬件投资等方面的具体优势与不足，研究指出创新城区的发展定位需要进一步明确，投资建设布局需要更加优化。基于此，本节研究将聚焦创新城区的不动产结构，重点从城区的不动产结构切入，通过对全球著名创新城区进行分析，厘清城区不动产结构视角下创新城区的核心特征，明晰创新城区的演化发展规律及不动产结构的优化愿景。

14.2　创新城区不动产的空间结构特征

创新始于技术，重在人才，成于资本，三者构成了创新的核心要素。全球化进程的加快和信息通信技术的发展，依托现代化的交通方式，为创新要素在全球区域间进行快速流动提供了可能。但创新要素还表现为空间“固着”的特征，通过要素的高度集聚形成特定的创新空间，这种创新要素的“固着”需要相应空间结构和体系的支撑，进而形成区域特定的不动产结构[210]。依据系统学理论，构成系统的基本单元称为要素，要素间一切联系方式的总和称为系统结构（苗东升，1998）。若将创新城区内所有不动产看成系统，那么构成这个系统的区内房地产、基础设施、公共区等定着物则构成不动产结构的要素，这些要素及要素在空间上的物理关系、逻辑关系等一切联系称为“不动产的空间结构[211]”。

创新城区的不动产结构，一个独有特征表现为它是“激发集聚”的空间基础。传统城区的不动产，生活区与工作区有明显的界线，各类公园、广场等公共空间支撑着城市的运行，区内不动产的空间组织模式更多地以公共价值为导向。而创新区内的不动产则物理空间紧凑、公共交通通达、公共网络分享，新型空间结构保障了各企业间的知识共享与技术合作，场区内居住、办公与商业等功能混合布局，公共服务完善，其特定的结构完全符合美好生活与享受工作的需要，公共产品更加多元、便利，更具个性化，人与城市友好交互，城市也为人们的工作与生活发挥着更为有效的组织与支撑作用。

创新城区之所以创新活动活跃，创新成果丰富，根本原因就在于其拥有独特的不动产结构，在创新要素、要素间的联系、不动产功能、创新环境等维度有其他城区不可比拟的优势，这也正是其魅力所在。Brookings曾经从经济资本、特质资本、联系资本三个角度考察创新城区的要素构成，研究借助该框架，结合对创新城区不动产的定义，从创新城区的不动产的要素特征、不动产间的物理结构特征以及不动产间的逻辑结构特征三大维度进行分析。

（1）要素特征：集聚。创新城区虽然保持着过去工业园区所具备的一些不动产元素，但更具备技术创新所需要的新要素。它拥有着公园、广场、街道等对公众开放的公共空间资源，拥有私人或私企的以新方式和新手段促进创新行为的建筑与空间，拥有创新城区与大都市其他活力区的联系性城市空间。它们在创新城区空间内高度集聚，彼此相互影响，相互支撑，为创新的技术研发与产品孵化建构了最适宜的平台。而正是这种平台与环境，让越来越多的人才与资本集聚到这些紧凑且不动产设施完备的新型城区，区域内著名高校与科研机构的存在也让更多的风投者与知识密集型机构心意于此，彼此合作且共同分享区域内特定的结构优势。

（2）物理结构特征：临近。创新城区不动产的物理结构特征，一方面表现在区位的彼此临近关系上；另一方面体现在不动产功能的融合上。创新城区没有严格的区位界限，创新驱动是城区发展的核心动力，创新城区不动产的特殊区位关系让生活与工作的边界逐渐模糊，高密度的交往空间里城市的功能更加融合，服务更加多元，最大限度上满足创新人才工作与生活对公共环境品质的需求。创新城区不动产区位的临近关系，是创新基础设施布局与创新功能的空间扩散度的体现，这种高度紧凑性推动了各个企业、人才间的横向关联，向更密集的创新空间转型，降低了交易成本。

（3）逻辑结构特征：网络。不动产的物理结构关系，体现了各要素间的空间尺度人性科学，拥有数分钟基本生活圈与工作圈以及绿色便捷的交通转换体系；而不动产要素间的逻辑关系更多地表现为依托不断变革的先进技术，立体化集成各类区域内的不动产要素，形成安全、便利、绿色、智慧的物理空间支撑系统。在这个系统中，各类要素依据创新行为特征构建成了一个综合的关系网络，所有不动产要素通过物联网以密致连续、功能多样的特征处于逻辑关系网络中。在创新城区内，信息流动顺畅，技术全面共享，互联网已融入城区居民的生活消费和工作中，无植入性、数字化生活工作方式已成为常态，具有高度共享与开放性的街区是创新城区的基本肌理，具有高度共享与开放性的信息是创意滋生的土壤，特定环境生成的包容文化是众多创客失败再战、败寇成王的沃土。

14.3　创新城区不动产的空间结构演化运行机理

创新城区是区域创新发展的新趋势，是在 21 世纪适应新科技革命和新产业革命的内在规律和发展特征的城市新经济空间的响应发展而来的。

这些创新城区在美国及其他国外的几十个城市和大都市地区不断涌现，呈现出鲜明的个性特征和很高的规划水平。从全球看，巴塞罗那、柏林、伦敦、麦德林、蒙特利尔、首尔、斯德哥尔摩和多伦多都出现了创新城区。在美国，创新城区出现在毗邻市区和中城区的核心机构周边，如亚特兰大、巴尔的摩、剑桥、克利夫兰、底特律、休斯敦、费城、匹兹堡、圣路易斯和圣迭戈。在波士顿、布鲁克林、芝加哥、波特兰、普罗维登斯、旧金山和西雅图等地的落后地区（尤其是传统工业区）正在重新规划和重建以发展成为创新城区。传统上处于郊区的科学园也正在向创新城区转型，如罗利—达勒姆地区的研究三角园，其正努力满足企业和人才的需求，为其提供充满活力的城市化环境。

Brookings的研究报告提出目前创新城区主要有三种发展模式：一是“支柱核心”模式。这类创新城区位于市区或城镇中心，以支柱性创新机构为核心，与创新商业化、市场化相关的企业、企业家、初创企业等集聚形成大规模的混合功能区域。典型代表有美国剑桥的肯戴尔广场、费城大学城等。肯戴尔广场以麻省理工学院为核心，由公共交通与哈佛大学、麻省总医院和其他研究医疗机构连接起来，形成了美国最重要的生命科学/医药集群。二是“城市区域再造”模式。这类城区或历史文化积淀深厚，或面临老工业区转型升级，通过与先进研发机构、支柱性企业结合，引进创新创意产业，推动城市复兴。典型代表包括美国波士顿的南岸区域、西班牙巴塞罗那普布诺等。普布诺是全球首家创新城区，通过对海岸区废弃工业用地的改造，将其发展成充满活力的具有新兴功能的港口，带动了城区复兴。三是“城市化科技园区”模式。这类创新区往往位于郊区，通过提高空间密度，融合零售、酒店等新功能推进城市化水平，为集聚区企业创新提供广阔空间。典型代表有北卡罗来纳州的创新三角园区、亚利桑那大学科技园等。北卡罗来纳州研究三角园区通过建设科技创新发展园区，成为与硅谷、128 公路齐名的世界性高新技术产业集聚区。

虽然这些城市在空间区位、推进主体、经济资源、网络条件等方面存在巨大差异，发展模式也各有不同，但综合考察这些创新城区发展规律，其空间结构形成与演化机制仍然存在一些共性特征。总体来说，创新城区的空间结构形成与演化过程是一个各要素相互竞合的一体化过程，通过对创新城区形成发育与拓展过程的梳理研究和规划实践探索，将创新城区的空间结构形成与演化运行机制规律归纳为：创新城区形成与发育的阶段性规律、创新城区空间晶体结构组合规律、创新城区可持续发展的梯度爬升规律三大基本规律。

14.3.1　创新城区形成与发育的阶段性规律

创新城区形成与发育的过程就是其不动产空间结构系统中各类要素、关系互相推动、不断演进的过程。不动产结构定义中的要素类似系统中的节点，而创新城区的形成一般从节点开始，历经四大阶段发育至成熟。形成的第一阶段可以是单节点积聚的非均衡引起（“支柱核心”模式），也可能是分散独立式节点创新发展达到质变造成（“城市区域再造”模式），也可以是单节点创新功能的融合兴起（“城市化科技园区”模式）；随后创新城区需要注重开放氛围的营造，推进社会要素互动，推进“创新园区 + 创新社区”建设，逐渐步入节点空间与职能结构融合发展阶段；创新城区的不动产结构发展过程，同时也是产业结构优化和产业发展水平不断提升的过程，其产业功能集中在对传统产业的结构调整，对新兴产业的培育成长，摆脱传统产业分类模式，围绕价值链、生产链的前端来组织经济活动，这也无形中加速了创新城区的不动产结构进一步发展，功能边界模糊化，迈入不动产空间区域一体化的形成阶段；融合发展与结构重组是创新城区发展的最高阶段，不动产结构中的各要素间物理区位更加紧凑、临近，逻辑关系更加强化，城区、产业、企业、人等不同需求下，城区内不动产的产业、生活、休闲、商业等功能实现高度混合开发，进一步突破城市功能规划划分，实现成本低、沟通快、技术和社会融合、要素高度共享。

14.3.2 创新城区空间晶体结构组合规律

根据晶体空间群理论和晶体衍射理论，创新城区不动产的空间结构扩展过程符合晶体结构的形成机理，创新城区不动产结构中的各类要素类似于晶体结构，要素间的关系类似于晶体节点间的联系，这些要素节点在关系强弱不同的作用下，分等级、分层级有机结合在一起，形成稳健的立面晶体结构。一般情况下，高校或科研机构、重点实验室、大型企业办公楼等不动产往往处于晶体结构的核心位置，发挥着整个晶体结构的中枢作用，公园、广场、咖啡厅、公寓等处于晶体结构的关键节点上，医疗机构、餐饮、零售中心等处于晶体结构的重要节点上，马路、街道等处在不同的结点之间，生成节点间的联系关系。需要指出的是，不动产空间结构间的关系，既包括节点间物理区位的硬联系，也包括节点间的逻辑软关系，而且依据联系强度不同有强弱之分。

14.3.3 创新城区可持续发展的梯度爬升规律

不动产空间结构的演化，是在一定的条件下，受内外部影响因素的驱动和影响，结构在不断调整的过程中自发地从无序走向有序，由低级有序走向高级有序的梯度爬升、迭代趋优的过程。不动产空间结构的外部因素可以是政策制度、人才数量与结构变化、风投资金注入等，内部影响因素主要表现为不动产投资建设、更新规划等。在创新城区的空间结构更新系统下，不动产结构优化的运行过程不需要外界因素强行介入，只需通过各要素在系统内外间的流入、流出，彼此之间相互交换与互动，在众多复杂的内外因非线性作用下，不动产结构不断地发生量变，再由量变转化为质变，完成一轮提升。正是这种不断地循环梯度爬升，使得不动产结构逐渐完成迭代趋优。

创新城区的形成与发展是一个长期的自然过程，建设过程中遵循创新城区形成发育的阶段性规律、创新城区空间晶体结构组合规律和创新城区可持续发展的梯度爬升规律，这三大规律贯穿了创新城区形成发育与不动产空间结构优化的全过程，既相互区别又彼此联系。创新城区形成发育的阶段性规律是对创新城区不动产纵向发展史的总结，创新城区空间晶体结构组合规律是对创新城区不动产横向截面的描述，创新城区可持续发展的梯度爬升规律是对创新城区每一次阶段性提升过程的概括。由于中国的创新城区目前尚处发育初期或者快速成长阶段，在自然成长过程中，不可避免地叠加了政府的有序干预和宏观调控，这使得中国创新城区与全球著名创新城区相比具有强烈的政府主导性，但相信创新城区建设进入发育的高级阶段以后，市场的力量将会发挥主要作用。

14.4 创新城区不动产的空间结构优化愿景

全球城市化大背景下，城市结构提升的总要求已由速度转向质量，由城市或区域的面积拓展转向存量优化[212]。不动产空间结构的优化就是对创新城区不动产的物理结构与逻辑结构进行重构，使原本过于单调的功能区更加丰满，过于隔离的空间更加通透，使创新城区内的不动产要素种类更加齐全，数量更加充裕，功能更加完善，匹配更加精准，关系更加和谐。考虑到快速城市化背景下，许多城区不可能再进行大规模的结构性改变，城市战略规划与发展模式不易再做大的改变，为此，研究以结构优化为目标，厘清不动产结构提升路径，以打通创新城区建设和发展的神经脉络，为城市功能更新或重构探求指明方向，点明路径。[213]

14.4.1 城区创新生态系统的构建——环境优化

2004 年，美国总统顾问委员会以研究报告的形式，首次正式提出“创新生态系统”的概念，指明一个相对完整的创新生态系统应该包括创新家、技术人员、创业者、劳动力、研究性大学与研发中心、风险资本产业以及政府对有潜力的基础研究的支持等要素。历经创新组织、创新种群、创新群落三个阶段[214]发展而来，创新生态系统资产要素更加完备，服务关系更加清晰，网络技术更加先进，系统中的不动产结构与城市创新系统要素完美融合，构建出人才流、技术流、资金流和创新文化共同驱动下的能保证创新活动高速运行的创新环境。创新城区发展阶段集中体现了城市的创新地位、发展定位及特定的发展路径，发展的起步由城区的初始不动产结构决定，即创新初态决定了创新城区对生态系统中创新主体的捕获强度，在要素捕获过程中不断积累强化创新资源，不断提高自身创新势能，知识经济密度提升，地理传导价值增大，创新空间由特定的楼宇层面扩展到区域层面，明显的扁平化特征掩盖了区域间成长的平等性，创新主体要素集聚性更为集中，而区域内创新不动产对这些要素的整合能力决定了创新生态系统的发展阶段和等级差异。创新不动产结构优化的前提正是良性创新生态系统的构建。

以波士顿大都市区的坎布里奇、加州的硅谷、巴塞罗那普布诺及波士顿南岸滨水地区改造为代表的国际创新城区建设实践，以深圳南山、上海浦东、杭州萧山和北京中关村为代表的国内创新城区建设实践，无不印证着营造创新生态的重要性和必要性。创新生态既包含企业、大学、科研院所、政府、金融部门、中介机构等创新主体的生存状态，更包含这些创新主体之间的协同关系，以及这些创新主体与文化、政策、制度和服务平台等构成的创新生态环境之间的关系。只有在开放、包容、和谐、有序的创新生态系统中，创新城区各类不动产才能发挥最大效能。

14.4.2 强化不动产空间结构关系——要素优化

由于创新城区通常具有相对更低的商务成本和更为紧密的社会关系联系，因此越来越多的创新产业开始在此集聚，创新产业在城区的集聚同时要求不动产与之相配套，全力满足创新需求。创新城区不动产要素主要包括区内房地产、基础设施、公共区等定着物，其优化目标为在区位上临近，在功能上融合。区位上的临近表现为各类不动产空间结构、密度、地标等物理空间的改变。首先，由于知识溢出强度高，地理临近的重要性更加凸显，地理临近不但可以方便深层次的合作和思想交流，还可以推进价值链上下游各企业间的横向关联，加速创新产出。其次，知识密集型产业技术体系逐渐复杂，行业分工日益精细，改变办公室空间布局到建筑之间的关系变化再到区域尺度，使其与周转环境之间的界限开始模糊，让原有空间载体和界限发生重构，这是保证企业等创新主体实现开放性工作的前提，也是人们为追求生活质量进行临近休闲、娱乐等的保证。功能上融合表现为不动产的使用功能在尊重区域文化、延续区域肌理的基础上，拓展不动产的使用功能。广场、咖啡厅、健身房等生活休闲娱乐场所均可以通过创新文化氛围渲染，创新环境创建，补充其第二辅助功能，促进人们之间的沟通交流，使其成为创新人才创意迸发、机会挖掘甚至企业间交流合作的平台。

14.4.3　强化不动产空间结构关系——关系优化

中国已经步入大数据时代，大数据技术的进步源于物联网的发展，二者牵手并共同支撑不动产结构关系的优化，最终作用于创新城区的发展，这也是创新城区不动产结构关系优化的根本。创新城区不动产结构的关系优化，包括两个层次：一是空间位置的物理关系；二是通过网络实现的逻辑关系。物理关系的优化突出表现为传统物理空间的进一步临近，包括功能的混合开发、地理区位的相对临近、方便交流的创新环境、智慧宜居的生态环境、方便快捷的交通纽带等物理特征。此外，先进的创新城区里，高速、宽带、融合、无线的信息基础设施将联通所有人或物，科学、绿色、超脱、便捷的数字化新生活渗透于现实的角角落落，虚拟化、个性化、均等化的社会服务无所不在。物联网[215]是创新城区不动产优化的基础，物，客观世界的物品，这里特指创新城区的各类具体不动产；联，通过互联网、通信网、传感网等实现不动产间的网络互联；网，有线、无线两种均可，但要承担数据传输的重要职责，信息传输到服务器，形成大数据库，数据得以科学管理与有效挖掘与应用后，生成智能家居、智能社区、智能园区。物联网络让创新城区的各类不动产更加一体化、系统化，使城区中各个不动产的功能彼此协调运作，最终形成区域化、智慧化的不动产结构，服务于创新成果的产出。

14.4.4 科技+生态+艺术——优化愿景

理想创新城区中的不动产，是科技、生态、艺术的集合体，是集“科技+生态+艺术”于一体的新型结构。“科技”体现着城市的先进性，它为工作与生活带来最高效的便捷，是创新城区不动产结构的硅谷性标签；“生态”蕴含着高科技支撑下的绿色，是创新城区优质不动产结构带来的宁静与安逸[216]；“艺术”不动产的前卫性，是创新城区高知人群享受工作、幸福生活的基本保证。本着尊重区域实际，创新效率优先，结构功能提升的优化原则，细化不动产结构的优化目标如下：

（1）充分考虑区域内空间的约束特征，逐步缩小位置差距，构建布局均衡、功能融合、协调发展的“三区叠聚”的新格局。三区叠聚，就是社区、校区、园区功能的融合[217]，教学型大学到研究型大学，生产型园区到创新型园区，生活型社区到创客型社区，三区各自功能的演化，打破了区域内传统的空间规划分类，三区在空间上趋于集聚，功能上实现叠加，成为创新空间的载体，支持了创新活动的产生、成长和成熟孵化，它们之间相互作用，联动发展，各自功能分工又可实现技术共享，协同使用，成为创新城区发展的重要动力。

（2）依据专业特点和技术优势，创建各企业间分工合理、错位发展、信息共享的产业链和价值链。创新城区内科学的不动产结构，营造出优良的创新环境，吸纳了众多创新型企业集聚于此，这些企业虽类别不同，但已形成联系紧密的社会网络，在这个网络中，创新要素得以有效整合，形成以信息共享为支撑的产业价值链，价值链上以企业为基本单元，各自之间相互独立又通过交易形式来维持价值链的链接，同一环节上的企业间相互竞争，不同环节上的企业却是协同合作关系，正是在这种良性竞争与协同合作的辩证作用下，企业得以实现横向衍生，创新城区得以战略性发展。

（3）依托互联网、大数据等先进技术，实现区域内的人物联网，搭建区域内工作生活向移动端转移的网络格局。移动互联网技术将区位空间内的“人”与“公共服务”相连，也将个人的空余时间片断进行了融合，各种社交 APP、信息交流平台让技术、资源可以不受时间、空间的限制实现共享，弥补现实世界中随时进行创意迸发与碰撞的空缺，为提升创新绩效提供全方位的精准服务。

（4）在优化不动产空间结构的同时，注重完善区域内创新文化和精神文明建设。有效整合区域内与文化要素有关的各种力量，系统规划创新城区多元开放的发展目标，生成鼓励创业者冒险、宽容其失败的创业文化[218]，构建各种 IDEA 集中、交流、碰撞、模仿、提升的氛围，让创新创业的源泉充分涌流[219]，企业间的沟通、合作、融合、共享、良性竞争更加通畅，实现区域内创新活动的可持续发展。

14.5　本节小结

知识经济高速发展下，全球许多城市诞生了以集中知识和创新活动的特殊区域——创新城区。作为当前城市建设中一种新型的经济空间载体，这些地区需要特定的地方特征来培养、吸引和留住人才与资本等创新要素，以适应持续经济活动的需求。研究从创新城区的不动产空间结构视角切入，对不动产要素的“集聚”特征、物理关系的“临近”特征与逻辑关系的“网络”特征进行了归纳，指明创新城区不动产结构空间紧凑、地理临近、功能边界模糊等特质加快创新要素的沟通和互动，驱动力的改变让区域对于人才、技术、资本等创新要素的整合能力有了前所未有的提高。遵循创新城区形成发育的阶段性规律、创新城区空间晶体结构组合规律和创新城区可持续发展的梯度爬升规律，创新城区的不动产空间结构可以从环境、要素、关系三个维度进行优化，并提出了优化愿景。可以预想，创新城区未来必定会成为中国城市发展的特定功能空间，强化不动产的具体特征、发展规律和规划愿景，对国家城市管理的宏观调控、城市具体规划的微观管制提供借鉴参考。

第十五节　结论与展望

当前全球化背景下，中国正处于城市化进程中，出于对收入、就业和生活质量的追求，越来越多的年轻人奔赴利于自身创新创业的大城市。城市之间的竞争，说到底是人才竞争，科技创新型人才向创新集聚度较强的城市流动，带动服务型人员也集聚于此，这是市场化行为，且具有强者恒强的“马太效应”。大量人口在城市间的流入、流出，尤其是年轻人的流动，直接引起的是住房刚性需求在区位上发生的变化。与其他商品一样，住房的价格也是供给和需求共同作用的结果，城市在住房上供给的相对稳定与需求的绝对变化，二者的供需差造成了城市不动产价值的分异以及城市间量价高低的急剧分化，而这种分化从长远来看，注定了城市不动产市场的荣衰差异。

城市化是中国经济发展过程中不可逆转的先导，是社会可持续发展得以深化的必经阶段。在这个进程中，不动产业的总量、布局及结构应该与城市化进程的规模、速度及所处的阶段协调发展，这样才能保证不动产市场持续、稳定、健康地发展。聚焦当前城市化进程中的不动产市场，根本问题不在于数量的多少，而在于供需的错位，这种错位指的是区位上的错位，即在人口流入地控制土地供应，却在人口大量流出的地方批量盖房。供需区位上的错位，引致不动产市场荣衰的分化，这种表象下的深层次原因，正是本书的研究主题。

15.1 研究结论

本书在系统梳理相关研究文献和学术成果的基础上，基于城市经济学、不动产经济学、技术创新理论、城市形态理论，针对不动产市场在空间区位上价值分异严重，从创新集聚视角展开研究，得到以下研究结论：

（1）创新集聚对不动产市场存在直接与间接影响作用效应，且在创新集聚的作用下，不动产市场会呈现积极与消极两种发展结果。研究运用城市形态理论、创新城市发展模型理论，将系统自组织理论与SCP经典模型相结合，构建完成创新集聚对不动产市场的影响机理概念SCAP模型，并提出模型假设。该模型揭示了在创新集聚要素影响下，不动产市场自组织发展的运行路径以及两种运行结果，重点明晰了创新城区的不动产市场系统在创新集聚的作用下，通过不断地调整，可以实现自发地从无序走向有序、由低级有序走向高级有序的演变过程。

（2）创新集聚对城市不动产市场的影响显著，创新集聚能力的空间差异是不动产市场荣衰分化的核心引擎力，模型假设H5-1得以验证。以不动产市场的理论方法及研究成果为基础，构建影响城市不动产价格的创新集聚能力REP-IAA模型，在城市基本特征视角下利用线性回归模型探索城市房价的创新集聚效应。研究通过供需均衡理论分析，结合城市化进程中所提出的城市新特征，构建m个城市的“影响不动产价格的创新集聚能力模型，即REP-IAA模型”。该模型将影响不动产市场的城市虹吸特征从经济基本面因素中，进行剥离，重点对城市的人文、绿色、智慧、创新特征进行研究。研究结果中，从固定效应的回归系数来看，城市的人文、智慧、虹吸性特征均对城市房价、地价影响显著，影响程度大小依次为创新、智慧和人文；从分位数回归结果来看，虹吸特征在每个分位点上的系数显著为正，且随着房价、地价的上涨，创新集聚能力的增强，这种影响作用更为明显。

（3）城市的创新集聚特质对不动产价格影响显著，创新集聚的空间特征对不动产业具有正向导向作用，模型假设 H5–2 得以验证。突破线性结构研究的严格假设，完全利用数据驱动的思想，由实例数据出发构建城市的“影响不动产价格的创新集聚特质模型，即 REP–IAC 模型”，采用非线性回归模型，更一般性地研究城市创新集聚特质对不动产价格的影响。具体利用广义矩估计（GMM）的方法建立线性和非线性结构中参数的相合估计，合理诠释城市创新集聚特质对不动产价格影响的非线性机理。研究表明：在房价模型中，对于创新类型的变量，授权数量（PATL，估计值为 0.938 8）和高科技企业数量（CEN, 估计值为 0.603 1）显示了对不动产市场非常显著的正相关作用，说明城市的创新集聚特质对于不动产业的发展具有强导向作用；在地价模型中，部分非创新类的变量也能促进地价的提高，但是相对于创新类变量人均利用外资情况（UFC，估计值为 0.185 85），科学研究和技术服务人数（RES，估计值为 0.504 204）及技术合同成交总额（CON，估计值为 0.237 376）等创新性指标来说普遍相对较小，再一次验证了创新集聚特质对于不动产市场发展的影响显著。

（4）高新区的创新集聚绩效对房价上涨有正向推动作用，绩效产出越高时影响更大，呈现顺周期性，模型假设 H5–3 得以验证。以国内 22 个高新技术开发区为研究对象，厘清高新区“创新集聚绩效产出”与“不动产价格”之间的耦合协同关系，构建高新区的“影响不动产价格的创新集聚绩效模型，即 REP–IAP 模型”，应用空间计量方法定量测度创新集聚绩效相关指标对商业营业房地产和写字楼房地产价格的影响，从区域层面揭示了创新集聚绩效对房价的影响机理。研究结论如下：高新区科技收入占比对房价上涨有显著性正向推动作用，无论是对于办公楼用房还是写字楼用房，本期价格会受到上期价格的影响，且这种影响显著为正；其次，高新区的创新绩效产出越高，则对房价的影响更大，呈现顺周期性。两个主要研究结论同时说明：高新区创新集聚绩效产出对房价上涨的推动作用是正向显著的，具有连续效用。

（5）创新集聚、人才流动、不动产市场三者间存在一定的推动性链式因果关系，具体表现为创新集聚通过吸引人才流入，继而影响不动产市场的供求关系，再影响房价，不动产市场对创新集聚的反作用则表现为房价上涨会抑制创新集聚，但不动产市场的投资则对创新集聚有反哺作用，模型假设 H5–4、H5–5 得以验证。研究通过构建面板 VAR 模型，对 2008—2016 年 35 个大中城市的相关数据进行实证分析，运用 VAR 模型中的脉冲响应函数和方差分解，考察三者之间的因果联动作用情况。通过验证三者之间的因果效应，揭示创新集聚驱动下不动产市场虹吸效应的内在机理。研究结果显示：人才流动对不动产市场及创新集聚有正向显著影响；不动产市场的价格上涨一定程度上抑制着人才的流动及创新集聚的强度；创新集聚对不动产市场及人才流动有正向显著影响作用。

（6）社会创新经济的崛起，创新机构和企业快速向某些中心城市或城市的某些地区高度集聚，并在这些地区形成特定的地理空间组织，在参考文献研究和总结创新城区实践基础上，研究对创新城区不动产空间结构的概念和内涵，创新城区不动产结构的要素构成和典型类型，成长动力与发展机制、空间组织共性规律等分别进行了探讨。研究得出，创新城区的发展一般满足以下五条共性规律：创新城区空间结构应以小尺度为主，创新城区要提升结构要素间的联系，创新城区的空间组织主线发生变化，创新城区土地利用突出混合开发特征，创新城区空间体系存在扁平特征等。另外，研究提出创新城区作为创新时代的新经济空间，将成为未来中国创新驱动、转型发展进程中的重要平台，当前研究和规划工作仍存在诸多问题，需要打破传统思维，按照创新经济内在规律进行规划和建设，并提出相应的启示。

（7）城市空间结构是城市土地利用的空间投影显示，研究以城市转型和不动产空间改造为切入点，将转型发展与不动产结构优化结合起来，具体国外以普布诺、国内以上海为案例原型，探讨国内外典型创新城区的空间功能结构优化问题。从城市空间、创新活动和网络联系三个维度切入，研究表明完善的空间规划系统打造利于创新的空间格局，合理的研发要素组合推进有利于创新的合作网络，综合的人才技术体系形成有利于创新的动力源泉，包容性社会发展计划促进有利于创新的机遇分享，多元化金融资本来源保障有利于创新的投资需求。城市不动产在更新改造的过程中应创新思维，全面推进城市总体空间结构优化，应注意实施紧凑与混合利用的城市土地开发模式，应保持城市公共设施配置的均等化，最终实现城乡统筹规划，构建合理市域生态空间体系。

（8）创新集聚对不动产市场的影响是一个各要素相互作用，循环往复，使不动产市场不断迭代趋优的过程，在这个过程中，不动产结构得以优化，价值不断提升。作为区域创新系统内的核心要素，创新要素的集聚、资产结构的优化、不动产价值提升均为关键节点，三个关键点将系统划分为初建无序阶段、轻微振荡阶段、彻底失稳阶段和新的稳定有序阶段四个阶段，这三个关键点同时也是系统运行的失稳点，在完成每轮演化后，某个失稳点即成为触发点，使得系统的稳态到达一个新的层次，正是这一次次的由低层次稳态向高层次稳态的跨越，不动产市场完成了循环往复的自组织运行演化，城市不动产价值得到了不断提升。

（9）知识经济高速发展下，全球许多城市诞生了以集中知识和创新活动的特殊区域——创新城区。作为当前城市建设中一种新型的经济空间载体，这些地区需要特定的地方特征来培养、吸引和留住人才与资本等创新要素，以适应持续经济活动的需求。研究从创新城区的不动产空间结构视角切入，对不动产要素的“集聚”特征、物理关系的“临近”特征与逻辑关系的“网络”特征进行了归纳，指明创新城区不动产结构空间紧凑、地理临近、功能边界模糊等特质加快创新要素的沟通和互动，驱动力的改变让区域对于人才、技术、资本等创新要素的整合能力有了前所未有的提高。遵循创新城区形成发育的阶段性规律、创新城区空间晶体结构组合规律和创新城区可持续发展的梯度爬升规律，创新城区的不动产空间结构可以从环境、要素、关系三个维度进行优化，并提出了环境优化、要素优化与不动产结构要素间的关系优化三层面下的优化愿景。

15.2 研究展望

（1）在全球经济一体化的今天，全球化加速了人口从农村到城市，从发展中国家到发达国家，从普通城市到创新城市的流动，全球主要国家城市的不动产市场所呈现出的荣衰分化也日益明显。因此，从全球化层面研究不动产市场的良性发展，增强抵御风险的能力，将具有更深远的意义。

（2）近年来，中国的城市化进程取得了长足的进步，但是从中国大都市的现状和发展趋势来看，城市化进程有的已处于基本稳定阶段，有的正处于快速成长阶段，有的才处于发展起步阶段。面临这样复杂的局面，我们应该看到，中国的城市化进程还将在未来持续很长时间。因此，对城市化进程中不动产市场合理发展的各项研究仍将是未来一段时间内各学者所关注的课题之一。

（3）本书利用历史数据通过实证研究验证了创新集聚对不动产市场的影响，但受统计数据公布的时间影响，所选择的研究样本和实证结果均存在一定的局限性。因此，未来研究可以考虑扩展样本范围，将全球发达国家的创新城市列为主要研究对象，将预期及动态思想引入模型将是下一步的研究目标。

参考文献
(Endnotes)

[1] 张所地著《不动产静态与动态评估方法》,北京:中国科学技术出版社,2005年.

[2] Sherman J.Maisel. *A Theory of Volatilities in Residential Construction Starts*[J]. *American Economic Review*, 1963, 53(3): 359–383.

[3] John Muellbauer, Anthony Murphy. *Booms and Busts in the UK Housing Market* [J]. *Economic Journal,* 1997, 107(445): 1701–1727.

[4] Leung C K Y. *Economic growth and increasing house prices*[J]. *Pacific Economic Review,* 2003, 8(2): 183–190.

[5] Norman Miller, Liang Peng. *Exploring Metropolitan Housing Price Volatility*[J]. *Journal of Real Estate Finance and Economics,* 2006(33): 5–18.

[6] Wheaton William C. and Nechayev, Gleb. *The 1998–2005 Housing Bubble and the Current Correction—What's Different This Time*? [J]. *The Journal of Real Estate Research,* 2008, 30(1): 1–26.

[7] Ismail S., Buyong T. et al. *Spatial Hedonic Modelling for Mass Valuation*[C]. University Teknologi Malaysia, 2008, http: //eprints.utm.my/5588/.

[8] Gonzalez, L. F. Ortega. *Immigration and Housing Booms: Evidence from Spain*[R]. *Economics Working Papers*, Department of Economics and Business, University Pompeu Fabra, 2009.

[9] Holly S., M. Pesaran, T. Yamagata. *A Spatial-temporal Model of House Prices in the USA*[J]. *Journal of Econometrics,* 2010, 158(3): 160-173.

[10] Brady R R. *Measuring the diffusion of housing prices across space and over time*[J]. *Journal of Applied Econometrics,* 2011, 26(2): 213-231.

[11] Kuethe T.H. and Pede. V.O. *Regional Housing Price Cycles: A Spatial-temporal Analysisi Using Stata-level Data*[J]. *Regional Studies,* 2011, 45(5): 563-574.

[12] Vansteenkiste I. and P. Hiebert. *Do housing price developments spillover across euro area countries? Evidence from a global VAR*[J]. *Journal of Housing Economics,* 2011, 20(4): 299-314.

[13] Galati, Teppa and Alessie. *Macro and micro drivers of house price dynamics: An application to Dutch data*[R]. *De Nederlandsche Bank working paper,* 2011.

[14] Pivo G, Fisher J D. *The Walkability Premium in Commercial Real Estate Investments*[J]. *Real Estate Economics,* 2011, 39(2): 185-219.

[15] Debrezion G, Pels E, Rietveld P. *The Impact of Rail Transport on Real Estate Prices: An Empirical Analysis of the Dutch Housing Market*[J]. *Urban Studies,* 2011, 48(5): 997-1015.

[16] Karolien De Bruyne, Jan Van Hove. *Explaining the spatial variation in housing prices: an economic geography approach*[J]. *Applied Economics,* 2013, 45(13): 1673-1689.

[17] Gyouyko Joseph, Christopher Mayer and Todd Sinai. *Superstar Cities*

[J]. *American Economic Journal: Economic Policy,* 2013 (5): 167–199.

[18] Jr–Tsung Huang, Yu–Ning Hwang, Kuang–Ta Lo. *The Role of Foreign Direct Investment in Shanghai's Real Estate Price—Culprit or Scapegoat*?[R]. Department of Pubuli Finance National Chengchi University, 2014.

[19] Bojan Grum, Darja Kobe Govekar. *Influence of Macroeconomic Factors on Prices of Real Estate in Various Cultural Environments: Case of Slovenia, Greece, France, Poland and Norway* [J]. *Procedia Economics and Finance*, 2016 (39): 597–604.

[20] Xiaolin Lu, Zhi Dong. *Dynamic Correlations between Real Estate Prices and International Speculative Capital Flows: An Empirical Study Based on DCC–MGARCH Method* [J]. *Procedia Computer Science,* 2016 (91): 422–431.

[21] Linda Kauškale, Ineta Geipele. *Integrated Approach of Real Estate Market Analysis in Sustainable Development Context for Decision Making* [J]. *Procedia Engineering,* 2017 (172): 505–512.

[22] Valentina Antoniucci, Giuliano Marella. *Housing price gradient and immigrant population: Data from the Italian real estate market* [J]. *Data in Brief*, 2018 (160): 794–798.

[23] 张所地著《房地产预期评估方法与技术》, 北京: 中国物资出版社, 2002 年, P23–36.

[24] 沈悦, 刘洪玉《1995—2002 年中国 14 城市的实证研究》,《经济研究》, 2004 年第 6 期, P78–86.

[25] 梁云芳, 高铁梅《中国房地产价格波动区域差异的实证分析》,《经济研究》, 2007 年第 8 期, P133–142.

[26] 郝前进《特征价格法与上海住宅价格的决定机制研究》,《复旦大学

博士学位论文》, 2007 年.

[27] 周京奎, 吴晓燕《公共投资对房地产市场的价格溢出效应研究——基于中国 30 省市数据的检验》,《世界经济文汇》, 2009 年第 1 期, P15-32.

[28] 胡荣才, 刘晓岚《货币政策影响房价的区域差异性——基于省际面板数据的实证研究》,《南京财经大学学报》, 2010 年第 4 期, P7-13.

[29] 张凌, 温海珍, 贾生华《中国沿海和内陆城市住房价格波动差异与动力因素》,《中国土地科学》, 2011 年第 3 期, P77-84.

[30] 黄飞雪《中国东中西部城市房价波动的涟漪效应——以中国东中西部代表的九城市为例》,《运筹与管理》, 2011 年第 5 期, P206-215.

[31] 况伟大《预期、投机与中国城市房价波动》,《经济研究》, 2010 年第 9 期, P67-78.

[32] 徐建国《低利率推高房价: 来自中国、美国和日本的证据》,《上海金融》, 2011 年第 12 期, P5-13.

[33] 郑思齐, 符育明, 任荣荣《居民对城市生活质量的偏好: 从住房成本变动和收敛角度的研究》,《世界经济文汇》, 2011 年第 2 期, P35-51.

[34] 徐建炜, 徐奇渊, 何帆《房价上涨背后的人口结构因素: 国际经验、理论和中国实证》,《世界经济》, 2012 年第 1 期, P24-42.

[35] 沈悦, 李善燊《国际资本冲击、多重套利与异质性房价波动》,《中国软科学》, 2012 年第 9 期, P36-44.

[36] 赵华平, 张所地《城市宜居性特征对商品住宅价格的影响分析——基于中国 35 个大中城市静态和动态空间面板模型的实证研究》,《数理统计与管理》, 2013 年第 4 期, P706-717.

[37] 温海珍, 杨尚, 秦中伏《城市教育配套对住宅价格的影响: 基于公共品资本化视角的实证分析》,《中国土地科学》, 2013 年第 1 期, P34-40.

[38] 赵华平, 张所地《矿业城市商品住宅价格影响因素研究》,《中国土

地科学》, 2014 年第 7 期, P46–53.

[39] 谭政勋, 周利《房价波动的空间效应: 估计方法与我国实证》,《数理统计与管理》, 2013 年第 3 期, P401–413.

[40] 张红, 李洋《房地产市场对货币政策传导效应的区域差异研究——基于 GVAR 模型的实证研究》,《金融研究》, 2013 年第 2 期, P114–128.

[41] 王洋, 王德利, 王少剑《中国城市住宅价格的空间分异格局及影响因素》,《地理科学》, 2013 年第 10 期, P1157–1164.

[42] 张所地, 赵华平, 李斌《房地产宏观调控影响下的房价与租金关系研究——基于中国 35 个大中城市面板数据的实证分析》,《数理统计与管理》, 2014 年第 2 期, P305–316.

[43] 范允奇, 王艺明《中国房价影响因素的区域差异与时序变化研究》,《贵州财经大学学报》, 2014 年第 1 期, P62–67.

[44] 刘嘉毅, 陶婷芳, 夏鑫《产业结构变迁与住宅价格关系实证研究——来自中国内地的经验分析》,《财经研究》, 2014 年第 3 期, P73–84.

[45] 谢旦杏, 林雄斌《城市住房价格时空间特征及其影响因素研究》,《经济地理》, 2014 年第 4 期, P70–77.

[46] 张传勇《房价波动收入分配效应的区域差异分析——基于中国省际面板数据的实证研究》,《华东师范大学学报》(哲学社会科学版), 2014 年第 1 期, P113–120, 155.

[47] 范新英《中国城市房价的空间非线性机理研究》,《山西财经大学博士学位论文》, 2015 年.

[48] 李超, 倪鹏飞, 万海远《中国住房需求持续高涨之谜: 基于人口结构视角》,《经济研究》, 2015 年第 5 期, P118–133.

[49] 张所地, 范新英《基于面板分位数回归模型的收入、利率对房价的影响关系研究》,《数理统计与管理》, 2015 年第 6 期, P1057–1065.

[50] 张李昂, 朱显平《我国区域经济差异对房地产价格的影响分析与对策》,《经济问题探索》, 2015 年第 12 期, P100–105.

[51] 李仲飞, 张浩《成本推动、需求拉动——什么推动了中国房价上涨?》,《中国管理科学》, 2015 年第 5 期, P143–150.

[52] 陈鹏, 王聪《中国房价波动的联动效应及其宏观影响因素》,《华南师范大学学报》(社会科学版), 2017 年第 2 期, P18–25.

[53] Phillips R S. *Residential Capitalization Rates: Explaining Intermetropolitan Variation*, 1974–1979 [J]. *Journal of Urban Economics*, 1988, 23 (3): 278–290.

[54] Zorn T S. and Sackley W H. *Buyers and Sellers Markets: A simple Rational Expectations Search Model of the Housing Market* [J]. *The Journal of Real Estate Finance and Economics*, 1991, 4 (3): 332–348.

[55] Stephen Malpezzi, Susan M. Wachter. *The Role of Speculation in Real Estate Cycles* [J]. *Journal of Real Estate Literature*, 2005, 13(2): 143–164.

[56] Brueckner, I.K., P.S. Calem and L.I. Nakamura. *Subprime Mortgages and the Housing Bubble* [J]. *Journal of Urban Economics*, 2012, 71 (2): 230–243.

[57] Algieri B. *House Price Determinants: Fundamentals and Underlying Factors* [J]. *Comparative Economic Studies*, 2013, 55 (2): 315–341.

[58] Kim C. and K. Kim. *The Political Economy of Korean Government Policies and Real Estate* [J]. *Urban Studies*, 2000, 37 (7): 1157–1169.

[59] Glaeser, E. J. Gottlieb and J. Gyourko. *Did Credit Market Policies Cause the Housing Bubbles?* [R]. Harvard Kennedy School, 2010.

[60] Nannan Yuan & Shigeyuki Hamori. *Are government interventions effective in regulating China's house prices?* [A]. Graduate School of Economics

Kobe University, 2014.

[61] Wei Tang & Yuan Wang. *Incomplete information and real estate development strategy: Evidence from Hangzhou, China*[J]. *Habitat International*,(63): 1–10.

[62] Mika Hyötyläinen, Anne Haila. *Entrepreneurial public real estate policy: The case of Eiranranta, Helsinki* [J]. *Geoforum,* 2018(89): 137–144.

[63] 王松涛《中国住房市场政府干预的原理与效果评价》,《统计研究》, 2011 年第 1 期, P27–35.

[64] 张亚丽, 梁云芳, 高铁梅《预期收入、收益率和房价波动——基于 35 个城市动态面板模型的研究》,《财贸经济》, 2011 年第 1 期, P122–129.

[65] 范新英, 张所地《基于时变参数和 VAR 模型的土地政策和货币政策对房价影响作用机制研究》,《经济经纬》, 2013 年第 4 期, P88–93.

[66] 史金艳, 张娣, 谷宇《货币政策影响房地产价格的区域差异研究》,《大连理工大学学报》(社会科学版), 2013 年第 3 期, P8–13.

[67] 张娟锋, 任超群, 贾生华等《房地产干预政策冲击效果评价》,《中国软科学》, 2013 年第 1 期, P43–49.

[68] 张德荣, 郑晓婷《"限购令"是抑制房价上涨的有效政策工具吗?——基于 70 个大中城市的实证研究》,《数量经济技术经济研究》, 2013 年第 11 期, P56–72.

[69] 冯涛, 杨达, 张蕾《房地产价格与货币政策调控研究——基于贝叶斯估计的动态随机一般均衡模型》,《西安交通大学学报》, 2014 年第 1 期, P15–21.

[70] 高波, 王辉龙, 李伟军《预期、投机与中国城市房价泡沫》,《金融研究》, 2014 年第 2 期, P44–58.

[71] 林江, 徐世长, 黄建新《适应性预期、金融加速器效应与房价波

动——以深圳为例》,《现代财经》, 2015 年第 1 期, P22-31.

[72] 李斌《预期视角下住房需求调控效果的城市差异研究》,《数理统计与管理》, 2015 年第 4 期, P685-695.

[73] 叶杰, 王国松《基于一致性预期的房价波动影响因素实证研究》,《商业经济研究》, 2015 年第 27 期, P119-121.

[74] 陈忠斌, 黄露露《重购轻租还是租售并重: 居住方式对农民工举家迁移影响的实证研究》,《经济经纬》, 2018 年第 1 期.

[75] 马小香, 苏志芳《中国居民房价预期的微观影响因素——基于 CHFS 数据的实证分析》,《哈尔滨工业大学学报》, 2016 年第 4 期, P90-101.

[76] 唐凯, 庄新田, 卢盼盼等《基于联立方程的地价与房价波动关系》,《东北大学学报》(自科版), 2017 年第 4 期, P598-603.

[77] 刘乃全等著《空间集聚论》, 上海: 上海财经大学出版社, 2012 年.

[78] Dimitrios Bourletidis. *The Strategic Model of Innovation Clusters: Implementation of Blue Ocean Strategy in a Typical Greek Region* [J]. *Procedia -Social and Behavioral Sciences*, 2014 (148): 645-652.

[79] Wen-Min Lu, Qian Long Kweh, Chia-Liang Huang. *Intellectual capital and national innovation systems performance*[J]. *Knowledge-Based Systems*, 2014 (71): 201-210.

[80] Tor Eriksson, Zhihua Qin, Wenjing Wang. *Firm-level innovation activity, employee turnover and HRM practices-Evidence from Chinese firms* [J]. *China Economic Review*, 2014 (30): 583-597.

[81] Tayfun Yildiz, Zafer Aykanat. *Clustering and Innovation Concepts and Innovative Clusters: An Application on Technoparks in Turkey*[J]. *Procedia Social and Behavioral Sciences*, 2015(195): 1196-1205.

[82] Sri Herliana. *Regional Innovation Cluster for Small and Medium Ente-*

rprises (SME): A Triple Helix Concept [J]. *Procedia Social and Behavioral Sciences*, 2015 (169): 151–160.

[83] Adriana V. Saraceni, Luis Mauricio Martins de Resende, Luis Felipe Serpe, Pedro Paulo de Andrade Junior. *A comparative analysis between clustered and non–clustered companies using innovation indicators* [J]. *IFAC–Papers OnLine*, 2015 (48): 155–160.

[84] Tom Broekel, Dirk Fornahl, Andrea Morrison. *Another cluster premium: Innovation subsidies and R&D collaboration networks* [J]. *Research Policy*, 2015, 10 (44): 1431–1444.

[85] Ornella Wanda Maietta. *Determinants of university–firm R&D collaboration and its impact on innovation: A perspective from a low–tech industry* [J]. *Research Policy*, 2015, 7 (44): 1341–1359.

[86] Rune Dahl Fitjar, Andrés Rodríguez–Pose. *Networking, context and firm–level innovation: Cooperation through the regional filter in Norway* [J]. *Geoforum*, 2015 (63): 25–35.

[87] Ulrich Kaiser, Hans Christian Kongsted, Thomas Rønde. *Does the mobility of R&D labor increase innovation*? [J]. *Journal of Economic Behavior & Organization*, 2015 (110): 91–105.

[88] Pierre–Richard Agénor, Kyriakos C. Neanidis. *Innovation, public capital and growth* [J]. *Journal of Macroeconomics*, 2015 (44): 252–275.

[89] Lutao Ning, Fan Wang, Jian Li. *Urban innovation, regional extema-lities of foreign direct investment and industrial agglomeration: Evidence from Chinese cities* [J]. *Research Policy*, 2016, 45 (4): 830–843.

[90] Ward Ooms, Claudia Werker, Marjolein C.J. Caniels, Herman van den Bosch. *Research orientation and agglomeration: Can every region become*

a Silicon Valley? [J]. *Technovation*, 2016, 11(45): 78-92.

[91] Jose-Luis, Hervas-Oliver, Maria Lleo, Roberto Cervello. *The dynamics of cluster entrepreneurship: Knowledge legacy from parents or agglomeration effects? The case of the Castellon ceramic tile district* [J]. *Research Policy*, 2017, 46(1): 73-92.

[92] 邬滋《创新集聚的空间分布与空间关联模式》,《技术经济与管理研究》, 2010 年第 3 期, P38-41.

[93] 詹宇波, 张卉《修正的 E-G 指数与中国制造业区域集聚度量》,《东岳论丛》, 2010 年第 2 期, P50-55.

[94] 王桂新, 潘泽瀚, 陆燕秋《中国省际人口迁移区域模式变化及其影响因素》,《中国人口科学》, 2012 年第 5 期, P1-13.

[95] 任远, 吕永波, 刘建生等《企业技术创新能力区域评价与分布特征研究》,《中国科技论坛》, 2015 年第 5 期, P110-117.

[96] 陈玉娟《知识溢出、科技创新与区域竞争力关系的统计研究》,《浙江工商大学博士学位论文》, 2013 年.

[97] 刘孝斌《选择性迁移、创新集聚与经济转型升级》,《甘肃行政学院学报》, 2014 年第 2 期, P81-91.

[98] 石头, 马名杰《我国创新要素的集聚效应与跨区域流动》,《中国经济时报》, 2014 年 6 月 30 日.

[99] 王有国《区域经济和创新能力发展与人才资源结构相关性研究》,《北京理工大学博士学位论文》, 2015 年.

[100] 高丽娜, 朱舜, 李洁《创新能力、空间依赖与长三角城市群增长核心演化》,《科技进步与对策》, 2016 年第 5 期, P40-44.

[101] 冯南平等《我国区域创新要素集聚水平及发展重点分析》,《华东经济管理》, 2016 年第 9 期, P80-87.

[102] 胡琳娜,张所地,陈劲《锚定+创新街区的创新集聚模式研究》,《科学学研究》, 2016 年第 12 期, P1886-1896.

[103] 刘书瀚, 于化龙《基于生产性服务业集聚的中心城市等级划分及其空间溢出效应研究》,《城市发展研究》, 2017 年第 11 期, P138-143.

[104] 倪进峰, 李华《产业集聚、人力资本与区域创新——基于异质产业集聚与协同集聚视角的实证研究》,《经济问题探索》, 2017 年第 12 期, P165-171.

[105] 卓乘风等《创新要素集聚对区域创新绩效的非线性边际效应演化分析》,《统计与信息论坛》, 2017 年第 10 期, P84-90.

[106] Sergey Lychagin. *Spillovers,absorptive capacity and agglomeration* [J]. *Journal of Urban Economics*, 2016, 12(96): 17-35.

[107] 查尔斯·J. 雅各布斯著《房地产职业导论: 第八版》, 北京: 经济科学出版社, 2003 年.

[108] 熊彼特著《经济发展理论》, 北京: 商务印书馆, 1991 年.

[109] Wayne Fu. *Applying the Structure-Conduct-Performance framework in the media industry analysis*[J]. *International Journal on Media Management*, 2003(4): 108-137.

[110] 谢雄军《系统论视角下的园区循环经济物质流模型与实证研究》,《中南大学博士学位论文》, 2013 年.

[111] 刘炜《中国区域孵化能力评价研究报告》, 广东省社会科学现代化战略所, 2014 年.

[112] Amin, a., Robins, k. *The Reemergence of Regional Economics? The Mythical Geography of Flexible Accumulation Environment and Planning* [J]. *Society and Space*, 1990(8): 7-34.

[113] 李志刚, 汤书昆, 梁晓艳等《我国创新产出的空间分布特征研

究——基于省域专利统计数据的空间计量分析》,《科学学与科学技术管理》,2006 年第 8 期, P35-42.

[114] 张明倩著《中国产业集聚现象统计模型及应用研究》, 北京: 中国标准出版社, 2006 年, P88-152.

[115] 张玉明, 李凯《中国创新产出的空间分布及空间相关性研究——基于 1996—2000 年省域专利统计数据的空间计量分析》,《中国软科学》, 2007 年第 11 期, P97-103.

[116] Griliches. Z. *Patent Statistics as Economic Indicators: A Survey* [J]. *Journal of Economic*, 1990, 28(4): 1661-1707.

[117] 程华, 王金湘, 李冬琴等《区域技术创新与经济增长的系统动力学模型仿真——基于浙江省的研究》,《科技管理研究》, 2015 年第 10 期, P93-96.

[118] 张宗和, 彭昌奇《区域技术创新能力影响因素的实证分析——基于全国 30 个省市区的面板数据》,《中国工业经济》, 2009 年第 11 期, P35-44.

[119] 武进著《中国城市形态: 结构、特征及其演变》, 南京: 江苏科学技术出版社, 1990 年.

[120] Abagail McWilliams, Dennis L. *Efficiency v. structure-conduct-performance: Implications for strategy research and practice*[J]. *Journal of Management*, 1993, 19(1): 63-78.

[121] Roback J. *Wages, rents and the quality of life*[J]. *The Journal of Political Economy*, 1982, 90(6): 1257-1278.

[122] Roback J. *Wages, rents and amenities: Differences among workers and regional* [J]. *Economic Inquiry*, 1988, 26(1): 23-41.

[123] Glaeser E. L., J. Kolko and A. Saiz. *Cities and Skills*[J]. *Journal of Economic Geography*, 2001, 1(1): 27-50.

[124] 郑思齐, 符育明, 任荣荣《居民对城市生活质量的偏好: 从住房成本变动和收敛角度的研究》,《世界经济文汇》, 2011 年第 2 期, P35-51.

[125] 王荣, 张所地《城市创新能力对商品房房价的影响分析》,《上海经济研究》, 2016 年第 12 期, P113-119.

[126] 范新英, 张所地《创新集聚对城市房价影响的实证研究》,《经济问题探索》, 2018 年第 1 期, P63-69.

[127] 张所地, 王拉娣《影响城市地价最优因素组合的选择及权重确定》,《数理统计与管理》, 2002 年第 2 期, P1-3, 9.

[128] 张所地, 程小燕《城市创新性特质对房价分化影响的实证研究》,《数理统计与管理》, 2018 年 9 月: 网络首发.

[129] 科创中心: 全球城市的转型方向 [2015-04-01]. http: //www.cssn.cn/skyskl/201504/t20150401_1570583.shtml.

[130] 牛欣, 陈向东, 张古鹏《典型创新型城市创新特征对比研究》,《科技进步与对策》, 2013 年第 10 期, P34-40.

[131] 王仁祥, 邓平《创新型城市评价指标体系的构建》,《工业技术经济》, 2008 年第 1 期, P69-73.

[132] 程小燕, 张所地《高新区技术创新绩效对房地产业的影响研究》,《兰州大学学报》, 2017 年第 6 期, P120-128.

[133] 张新明《国家级高新技术产业开发区发展要素分析及上海张江高新区实证研究》,《华东师范大学博士学位论文》, 2013 年.

[134] Aye, G. C. and M. Balcilar, et al. *Housing and the business cycle in South Africa* [J]. *Journal of Policy Modeling*, 2014, 36 (3): 471-491.

[135] Kim, K. *Housing and the Korean Economy* [J]. *Journal of Housing Economics*, 2004, 13 (4): 321-341.

[136] Vargas-Silva, C. *Monetary policy and the US housing market: A VAR*

analysis imposing sign restrictions [J]. *Journal of Macroeconomics*. 2008, 30 (3): 977–990.

[137] Hongyu, L. and Y. W. Park, et al. *The interaction between housing investment and economic growth in China* [J]. *International Real Estate Review*, 2002. 5 (1): 40–60.

[138] Kuang, W. and H. Zhou. *Housing Investment, Housing Credit and Economic Growth in China* [J]. 2010 3rd International Conference on Information Management, Innovation Management and Industrial Engineering, 2010 (3): 3–6.

[139] Greasley, D. and J. B. Madsen. *The housing slump and the great depression in the USA* [J]. *Cliometrica*, 2013, 7 (1): 15–35.

[140] Greenwood, J. and Z. Hercowitz. *The Allocation of Capital and Time over the Business Cycle* [J]. *Journal of Political Economy*. 1991, 99 (6): 1188–1214.

[141] Leamer, E. E. *Housing is business cycle* [J]. *NBER Working Paper*, 2007, 13 (4): 1–72.

[142] 张清勇，郑环环《中国住宅投资引领经济增长吗？》，《经济研究》，2012 年第 2 期，P67–79.

[143] Morrisa A. Davis, J. H. *Housing and the business cycle* [J]. *International Economic Review*, 2005, 49 (3): 751–784.

[144] Bulligan, *G. Housing and the Macroeconomy: The Italian Case, in O.de Bandt et al.(eds.). Housing Markets in Europe: A Macroeconomic Perspective* [J]. *Heidelberg: Springer*, 2010: 19–38.

[145] Kim, M. *A Comparative Study on Residential Investment and Nonresidential Investment in GDP Fluctuation* [R]. 7th AsRES conference, Seoul. 2002.

[146] Hasan, M. S. and M. Taghavi. *Residential investment, macroeconomic activity and financial deregulation in the UK: an empirical investigation* [J]. *Journal of Economics and Business*. 2002, 54(4): 447-462.

[147] Madsen, J. B. *The causality between investment and economic growth* [J]. *Economics Letters*, 2002, 74(2): 157-163.

[148] 况伟大《房地产投资、房地产信贷与中国经济增长》,《经济理论与经济管理》, 2011 年第 1 期, P59-68.

[149] 虞晓芬, 张娟锋《我国房地产业健康稳定发展的若干问题——2010 中国房地产学术研讨会综述》,《经济研究》, 2011 年第 2 期, P149-152, 160.

[150] 郑思齐, 刘洪玉《住宅产业发展与国民经济增长》,《建筑经济》, 2002 年第 10 期, P29-32.

[151] Lambertini, L. and C. Mendicino, et al. *Expectation-driven cycles in the housing market: Evidence from survey data. Journal of Financial Stability*, 2013, 9(4): 518-529.

[152] 方莹, 袁晓玲, 张宝山《西部国家级高新区的集聚经济效应》,《西安交通大学学报》, 2011 年第 1 期, P62-64, 94.

[153] 范新英, 张所地《城市创新效率测度及其对房价分化影响的实证研究》,《数理统计与管理》, 2017 年第 7 期, P135-145.

[154] 陆铭《北京上海不是太大, 而是太小?》,《中国城市中心》, 2016 年 10 月 30 日.

[155] 余运江《城市集聚、外部性与劳动力流动研究——基于新经济地理学的视角》,《华东师范大学博士学位论文》, 2015 年.

[156] 唐国华《技术创新的动态就业效应: 基于结构 VAR 模型的实证研究》,《科学学与科学技术管理》, 2011 年第 4 期, P72-77.

[157] 胡蓓, 周均旭《产业集群人才吸引力纵向分层研究——以佛山地区

产业集群为例》,《中国科技论坛》, 2009 年第 1 期, P94-97.

[158] 李茂峰《科技创新对北京市就业数量和就业结构的影响研究》,《北京理工大学博士学位论文》, 2015 年.

[159] 吴军《流动的逻辑: 解读创新创业者大城市聚焦动力》,《城市发展研究》, 2016 年第 8 期, P1-7.

[160] 杨芝《我国科技人才集聚机理与实证研究》,《武汉理工大学博士学位论文》, 2012 年.

[161] 董微微《基于复杂网络的创新集群形成与发展机理研究》,《吉林大学博士学位论文》, 2013 年.

[162] 陈淑云, 杨建坤《人口集聚能促进区域技术创新吗——对 2005—2014 年省级面板数据的实证研究》,《科技进步与对策》, 2017 年第 5 期, P45-51.

[163] Bakshi, G.S. AND Z. CHEN. *Baby Boom, Population Aging and Capital Markets* [J]. *Journal of Business*, 1994 (67): 165-202.

[164] Bergantino, S.M. *Life Cycle Investment Behavior, Demographics and Asset Prices* [D]. Massachusetts Institute of Technology, 1998.

[165] Modigliani, F. *The Life Cycle Hypothesis of Saving, the Demand for Wealth and Supply* [J]. *Social Research*, 1966, 33 (2): 160-217.

[166] Blundell, R. and S. Bond. *Initial Conditions and Moment Restrictions in Dynamic Panel Data Models* [J]. *Journal of Econometrics*, 1998 (1): 115-143.

[167] 陈国进, 李威, 周洁《人口结构与房价关系研究——基于代际交叠模型和我国省际面析的分析》,《经济学家》, 2013 年第 10 期, P40-47.

[168] Denise, D. *Housing Market Dynamics and Future of Focusing Prices* [J]. *Journal of Urban Economics*, 1994, 35 (1): 1-27.

[169] Dent JR.H.S. *The Next Great Bubble Room*: *How to Profit from the Greatest Boom in History*: 2005-2009[R]. Black Inc, 2005.

[170] 陈斌开, 徐帆, 谭力《人口结构转变与中国住房需求: 1999—2025》,《金融研究》, 2012 年第 1 期, P129-140.

[171] 李超, 倪鹏飞, 万海远《中国住房需求持续高涨之谜: 基于人口结构视角》,《经济研究》, 2015 年第 5 期, P118-133.

[172] 况伟大, 李丽君, 钟萧阳《人口流动与住房市场去库存关系研究》,《价格理论与实践》, 2017 年第 4 期, P29-32.

[173] 陈斌开, 张川川《人力资本和中国城市住房价格》,《中国社会科学》, 2016 年第 5 期, P43-64+205.

[174] 李燕《日本新城建设的兴衰以及对中国的启示》,《国际城市规划》, 2017 年第 2 期, P18-25.

[175] Arellano, M., &Bover. *Another Look at the Instrumental Variable Estimation of Error Component Models* [J]. *Journal of Econometrics*, 1995（68）.

[176] Bruce Katz, Julie Wagner. *The Rise of Innovation Districts*: *A New Geography of Innovation in America* [R]. Brookings Institution, May 14th, 2014: 1-3; 10-14; 6-10; 6-7.

[177] 李健, 屠启宇《创新驱动发展: 世界城市体系重构的新动力》,《中国城市研究》, 2013 年第 6 期, P63-68.

[178] Thomas Hutton. *The New Economy of the Inner City* [J]. *Cities*, 2004, 21(2): 89-108.

[179] George Bugliarello. *Urban Knowledge Parks Knowledge Cities and Urban Sustainability* [J]. *International Journal Technology Management*, 2004, 28(3): 388-394.

[180] Michael Jaroff, Dennis Frenchman, Francisca Rojas. *New Century City Developments Creating Extraordinary Value* [M]. Cambridge: Massachusetts Institute of Technology, 2009: 92–96.

[181] Richard Florida. *Startup City: The Urban Shift in Venture Capital and High Technology* [M]. Toronto: Martin Prosperity Institute, 2014: 127–132.

[182] Jonathan Rothwell.*The Hidden STEM Economy* [R].Washington: Brookings Institution, 2013: 35–37.

[183] Gerald Carlino and Robert Hunt. *The Agglomeration of R & D Labs* [R]. Philadelphia: Federal Reserve Bank of Philadelphia, 2012: 42–45.

[184] Henry Chesbrough. *The Era of Open Innovation* [C]// *MIT Sloan Management Review*. 2003, 44 (3) : 35–41.

[185] Karen Weintraub. *Biotech Players Lead Boom in Cambridge* [N]. *The New York Times*, January 2, 2013: 2–3.

[186] Arthur C.Nelson. *Reshaping Metropolitan America: Development Trends and Opportunities to* 2030 [M]. Washington: Island Press, 2013: 85–89.

[187] Joseph Cortright. *Young and the Restless* 2011[M]. *Washington: CEO for Cities*, 2011: 68–72.

[188] Peter Hall. *Cities in Civilization: Culture, Innovation and Urban Order* [M]. *London: Phoenix Giant*, 1999: 84–86.

[189] 陶希东《中国城市旧区改造模式转型策略研究》,《城市发展研究》,2015 年第 4 期, P111–116.

[190] Bruce Katz, Julie Wagner. *The Rise of Innovation Districts: A New Geography of Innovation in America* [R]. Brookings Institution[2014–5–14].

[191] 22@ Barcelona Plan. *A programme of urban, Economic and social transformation* [J]. 22@ *Barcelona Urban Planning Management*, 2012 (6) .

[192] Barcelona City Council. *Modification of the PGM（General Municipal Plan）*[R]. Barcelona: Barcelona City Council, 2000.

[193] 周蜀秦, 钟晓华《弹性城市视角下的旧城更新与规划策略》,《现代经济探讨》, 2015 年第 12 期, P35–39.

[194] Barcelona City Council. 10 *Years of 22@: the Innovation District* [R]. Barcelona: Barcelona City Council, 2010.

[195] 陈艳鑫《巴塞罗那波里诺地区的合作创新》,《人类居住》, 2015 年第 1 期, P56–57.

[196] 周婷《巴塞罗那波布雷诺旧工业区更新策略探析》,《住区研究》, 2013 年第 3 期, P138 –144.

[197] Barcelona City Council. *Modification of the special plan to protect architectural heritage in the SantMarth District–Industrial heritage of Poblenou* [R].Barcelona: Barcelona City Council, 2006.

[198] 李健, 屠启宇《生态文明视野下特大城市空间结构的转型优化》,《上海城市管理特别策划》, 2014 年第 11 期, P9–14.

[199] Petra Wagner, Doris Wilhelme. *An Integrated Transformative Process Model for Social Innovation in Cities* [J]. *Procedia Engineering*, 2017（198）: 935–947.

[200] 李健《创新驱动城市更新改造: 巴塞罗那普布诺的经验与启示》,《城市发展研究》, 2016 年第 8 期, P45–51.

[201] *The Rise of Innovation Districts: A New Geography of Innovation in America* [R]. Brookings Institution, June, 2014.

[202] Thomas Hutton. *The New Economy of the Inner City* [J]. *Cities*, 2004, 21(2): 89–108.

[203] George Bugliarello. *Urban Knowledge Parks Knowledge Cities*

and Urban Sustainability [J]. *International Journal Technology Management*, 2004,28(3): 388–394.

[204] Michael Jaroff, Dennis Frenchman, Francisco a Rojas. *New Century City Developments Creating Extraordinary Value*[M]. Cambridge: Massachusetts Institute of Technology, 2009: 92–96.

[205] Niusha Esmaeil poorarabi, et al. *Evaluating place quality in innovation districts: A Delphic hierarchy process approach*[J]. *Research article. Land Use Policy*, 2018(76): 471–486.

[206] Richard Florida. *Startup City: The Urban Shift in Venture Capital and High Technology* [M]. Toronto: Martin Prosperity Institute, 2014: 127–132.

[207] 李健《创新驱动空间重塑: 创新城区的组织联系, 运行规律与功能体系》,《南京社会科学》, 2016 年第 7 期, P76–82.

[208] Niusha Esmaeilpoorarabi, et al. *Evaluating place quality in innovation districts: A Delphic hierarchy process approach*[J]. *Land Use Policy*, July 2018(76): 471–486.

[209] Niusha Esmaeilpoorarabi, et al. *Does place quality matter for innovation districts? Determining the essential place characteristics from Brisbane's knowledge precincts* [J]. *Land Use Policy*, 2018(79): 734–747.

[210] 程小燕, 张所地《创新城区不动产空间结构特征及优化路径》,《城市发展研究》, 2019 年第 2 期, P9–13.

[211] Duan Dezhong, Du Debin, Liu Chengliang, Seamus Grimes. *Spatiotemporal evolution of urban innovation structure based on zip code geodatabase: An empirical study from Shanghai and Beijing* [J]. *Journal of Geographical Sciences*, 2016, 26(12): 1707–1724.

[212] Christian Binz, Bernhard Truffer. *Global Innovation Systems— A conceptual framework for innovation dynamics in transnational contexts* [J]. *Research Policy*, September 2017(46): 1284–1298.

[213] 程小燕, 张所地《智慧城市空间模型的构建与解析》,《经济问题》, 2015 年第 11 期, P95–99.

[214] Bob Walrave, Madis Talmar, Ksenia. Podoynitsyna, A.Georges L.Romme, Geert P.J.Verbong. *A multi–level perspective on innovation ecosystems for path–breaking innovation* [J]. *Technological Forecasting and Social Change*, Available online 28 April 2017.

[215] Mandrita Banerjee, Junghee Lee, Kim–Kwang Raymond Choo. *A blockchain future to Internet of Things security: A position paper* [J]. *Digital Communications and Networks*. Available online 31 October 2017.

[216] Duncan R. Shaw, Tim Allen. *Studying innovation ecosystems using ecology theory* [J]. *Technological Forecasting and Social Change, In press, corrected proof*, Available online 8 December 2016.

[217] 郑德高, 袁海琴《校区、园区、社区: 三区融合的城市创新空间研究》,《国际城市规划》, 2017 年第 4 期, P67–75.

[218] Jan Kratzer, Dirk Meissner, Vitaly Roud. *Open innovation and company culture: Internal openness makes the difference* [J]. *Technological Forecasting and Social Change*, June 2017(119): 128–138.

[219] Peter Hall. *Cities in Civilization: Culture, Innovation and Urban Order*[M]. *London: Phoenix Giant*, 1999: 84–86.

致 谢

历时四年，终于完成本书的书写与最后校稿，面对初步成果，内心五味杂陈。我曾多次憧憬写致谢时的心境，多次勾画写致谢时的情景，多次斟酌写致谢时的用词，可是真的到来的时候，却内心起伏，无从下笔。

专心著书四年，斟字酌句的一点一滴总是在不经意间让我感动，同时在潜移默化中也养成了我很多优秀的品质。四年来，正是在多次走弯路、不断试错中让我开阔了学术视野，坚定了研究方向；让我喜欢上了科学研究，每一篇文献的查阅，每一份数据的收集与整理，每一次研究结果的梳理与解释，对于我而言，都是一种享受。

严为天性，爱是源泉，存一份敬重在心底，留万千感恩到永远——感谢山西财经大学张所地教授。张所地教授是我的博士生导师，初拜师门时的我才疏学浅，五年的读博生涯，张老师从基础开始教我做科研，事无巨细，劳心劳力。恩师国际化的视野，前沿而精髓的学术造诣，严谨勤奋的治学风格都让我受益匪浅，收获良多。毕业论文从选题立题、研究设计、结果分析，直至创新点凝练；从研究的每个阶段到整篇论文的构思撰写，均凝结着导师的心血和智慧。对研究问题严谨认真的态度，处处体现着张老师对人严格、对学严谨、对事严肃的优秀品格。张老师教我做人、做事、做学问，立言、立行、立作风，让我在坚持中久久为功，在前行中积蓄力量。在张老师的谆谆教诲之下，这才最终有了我的博士论文研究成果，而这些成果也成了本专著的核心。

新竹成长靠旧枝，全凭老干为扶持——感谢上海社会科学院城市与人口发展研究所李健研究员。李老师近年来主持国家级课题 6 项，省部级课题 10 项，院重大改革问题系列研究项目 1 项，在城市经济与空间规划等方面研究中硕果累累。初识李健老师，仅是通过自己求学需求中的一封邮件，在素未谋面的情况下,李老师即对我的问题进行详细解答。在创新城区的研究中,我得到了李健老师的太多帮助与悉心指点,李老师用心帮我凝练主题,细心帮我斟字酌句……在此,感谢李健研究员在我论著写作过程中的答疑解惑,我的科研路上处处浸透着李健老师的心血,蔓延着李健老师的恩情!

曾记同门日月酣,未忘分道梦魂憨——感谢太原师范学院的王川龙教授、王艳萍教授、李睿博士,你们对论文的悉心指导与准确修正,对论著修改所提出的每一条实质性的建议,都让我在科研这条路上走得更加勇敢和坚定。感谢同门吉迎东博士、赵华平博士、李斌博士、范新英博士、王荣博士生、周莉清博士生、张婷博士生、闫昱洁博士生,感谢程艳博士、安勇博士、周喜君博士等同窗好友,感谢你们在每一次讨论会上对我的论文写作所提出的宝贵意见,感谢你们与我并肩作战,携手共进!即使岁月风干了记忆,也磨灭不了心中这份友情的云彩!

几度不惮求学苦,悉心相伴一路来——感谢父母家人、亲朋好友对我的理解和支持,感谢你们在我辛苦求学过程中的一路相伴。四年来,岁月写在父母脸上的沧桑,时间留在公婆头上的白发,诉说着他们为我成长所付出的点点滴滴,见证着我一路走来的收获满满;默默付出的哥嫂、任劳任怨的爱人、勇敢乖巧的双儿,为我遮挡求学过程中的风风雨雨,为我筑起前进路上心中最坚定的堡垒。

幸遇专家开慧眼,他年应记帮扶心——感谢论著参考文献作者,你们的研究成果为我的研究奠定了基础,搭建了平台,给予了我研究过程中方法的启迪与创意的迸发。

感谢痛苦,让我懂得了幸福的快乐;感谢失败,让我懂得了成功的可贵;感谢挫折,让我懂得了坚持的重要;感谢寂寞,让我懂得战友的珍贵。该专著的书写,教会我的不仅仅是知识和技术,更多的是做人做事的道理和面对挫折的坚韧。铭记感恩之情,胸怀淡泊之心,遵循求学之理,吾将继续求索!

附 录

附表 1：因子贡献表（旋转后）

主因子	特征值	方差百分比	累计方差
F_1	3.705 96	0.336 9	0.336 9
F_2	2.290 95	0.208 3	0.545 2
F_3	2.142 16	0.194 7	0.739 9

附表 2：面板单位根检验表

变量	LLC 检验统计量	检验结论	HT 检验统计量	检验结论
pop	13.587 5	接受原假设，序列非平稳	7.941 9	接受原假设，序列非平稳
house	$-1.368\ 6^{*}$	拒绝原假设，序列平稳	−0.715 3	接受原假设，序列非平稳
inno	14.869 0	接受原假设，序列非平稳	$-13.518\ 2^{***}$	拒绝原假设，序列平稳
	$-47.780\ 2^{***}$	拒绝原假设，序列平稳	$-18.712\ 9^{***}$	拒绝原假设，序列平稳
	$-10.235\ 0^{***}$	拒绝原假设，序列平稳	$-17.964\ 5^{***}$	拒绝原假设，序列平稳
	$-2.368\ 6^{***}$	拒绝原假设，序列平稳	$-14.895\ 1^{***}$	拒绝原假设，序列平稳

附表 3：滞后阶数选择

滞后阶数	AIC	BIC	HQIC
1	$1.166\ 56^{*}$	$2.983\ 56^{*}$	$1.901\ 1^{*}$
2	1.404 11	3.628 5	2.306 39
3	1.842 16	4.615 71	2.969 25

附表 4：房价变化（dhouse）的方差分解表

时期	dhouse	dpop	dinno
1	1	0	0
2	0.918	0.061	0.021
3	0.835	0.126	0.039
4	0.714	0.219	0.067
5	0.573	0.327	0.1
6	0.432	0.436	0.132
7	0.312	0.528	0.16
8	0.225	0.596	0.18
9	0.166	0.64	0.193
10	0.13	0.668	0.202
11	0.109	0. 684	0.206
12	0.097	0.694	0.209
13	0.09	0.699	0.211
14	0.086	0.702	0.212
15	0.084	0.704	0.212

附表 5：人口就业性流动变化（dpop）的方差分解表

时期	dhouse	dpop	dinno
1	0.001	0.999	0
2	0.063	0.774	0.163
3	0.073	0.737	0.19
4	0.077	0.721	0.202
5	0.079	0.714	0.207
6	0.08	0.71	0.21
7	0.081	0.708	0.211
8	0.081	0.707	0.212
9	0.081	0.707	0.212
10	0.081	0.706	0.213

续 表

时期	dhouse	dpop	dinno
11	0.081	0.706	0.213
12	0.081	0.706	0.213
13	0.081	0.706	0.213
14	0.081	0.706	0.213
15	0.081	0.706	0.213